河南省“十四五”普通高等教育规划教材　　新闻学与传播学“十四五”规划教材·基础课程系列

电视新闻深度报道

TV NEWS IN-DEPTH REPORT

(SECOND EDITION)

（第二版）

主　编：王振宇

副主编：刘　君　刘阳

中国传媒大学出版社

·北京·

前　言

20世纪80年代，我国诞生第一个评述性电视新闻栏目《观察与思考》，可谓电视新闻深度报道的最早尝试。电视新闻深度报道以客观、深入、连续、解释等特点满足受众对于新闻的来龙去脉、前因后果的获知需求。在新的历史时期，随着互联网技术以及新媒体平台的不断普及，电视新闻深度报道作为电视媒体实施新闻报道的重要组成部分，要求电视媒体在抓住机遇的同时，进一步深化电视新闻深度报道的媒介形态转型，正确引导社会舆论。因此，电视新闻深度报道如何在新媒体环境下推陈出新、焕发生机，加快融合报道，构建深度报道的新样态，是这本教材所要研究和思考的。

讨论电视新闻深度报道，离不开对其概念的解释。有些人认为深度是模糊的概念。然而，无论对其内涵的阐述有多么困难，每个观众却能用最朴素、最直观的方式了解一次新闻报道、一档新闻节目的深层价值，这种直观的传播效果其实就是判断电视新闻报道深度的最有现实意义的方法。作为一本教材，本书还是要不遗余力地明确其概念，从创作与传播效果的角度说明电视新闻深度报道究竟是什么，基础是什么，通过什么方式能够实现报道深度；电视新闻深度报道在互联网时代如何把握自身内容优势，加速形态转型。

还有一些有关深度报道的言论认为，深度报道是文字擅长的，以视听语言为传播手段的电视媒体在深度上是无能为力的。这种观点在相关的理论研究中体现得非常明显。关于深度报道的理论主要集中在“因果关系”“普遍意义”“价值判断”等意义层面，对其实现方式的研究也主要体现为“调查”“解释”“预测”等媒介介入方式。于是，电视作为传播媒介这一重要元素在深度报道的研究中被忽视了。当然，“关系、判断”与“调查、解释”等方面的研究对电视新闻深度报道而言是必不可少的，但本书力图从新媒体技术背景下电视呈现的不同媒介形态的角度对电视新闻深度报道进行演绎，并结合我国电视新闻报道实践来分析、讨论深度报道中的诸多元素。

本教材一共分为八章，前两章从意义的角度入手，讨论了电视新闻深度报道的内涵与历史，以及电视新闻深度报道媒介转型的必要性。本书认为，新闻报道的深度主要体现为一种事实间的关系，电视新闻深度报道在描述具体事实和直观的强化关系层面是有一定优势的。在新媒体传播环境中，对视听手段表现深度的研究显得尤为重要。第三章从逻辑结构的角度，结合形式逻辑和先验逻辑的一些方法和范畴，讨论了电视新闻深度报道的整体规划，从电视叙事基本逻辑和因果关系的事实结构出发，具体讨论其在当下新闻报道中的应用以及应用的可能性。

第四章为电视新闻深度报道的有声语言，第五章为电视新闻深度报道的图像叙事，第六章为电视新闻报道的采访，第七章为电视新闻报道的编辑与评论，这四章内容从电视本身的传播技术特征出发，主要讨论了深度报道的电视特征。电视以图像传播和口语传播为基本手段，并且处于大众传播的模式之中，深度报道在电视上的传播必须结合上述两个方面。图像叙事有着自身的法则，通过语法可以体现其深度。也就是说，通过视觉形象的有机组织，可以表达“关系”“观念”“价值”等抽象含义，这种方式是直观的、直指人心的。这就是电视技术之于深度报道的最大优势。同样，有声语言也是体现电视新闻报道深度的不可或缺的手段，有声语言既保留了抽象语言表达的基本功能，同时又体现了一种形象的生活经验。因此，电视新闻深度报道的基本任务就是把本来属于思维范畴的“关系”“价值”还原成日常生活经验的形态，使受众能以直观的方式进行把握。本书的最后一章为电视新闻深度报道的品牌运营，以电视新闻深度报道栏目为对象，讲述了在当下复杂的传播环境中，电视新闻深度报道栏目如何健康地生存和发展，此章是本教材核心内容在宏观上的延伸。

编　者

2022 年 3 月

目　录

第一章　新媒体时代的电视新闻 //1

1//第一节　“后真相”时代的新闻传播
13//第二节　电视新闻媒介形态的变迁
31//第三节　电视新闻深度报道的价值

第二章　电视新闻深度报道的概念 //49

49//第一节　电视新闻深度报道的内涵
60//第二节　电视新闻深度报道的外延

第三章　电视新闻深度报道的结构 //81

81//第一节　电视新闻深度报道的基本逻辑
93//第二节　因果关系：电视新闻深度报道的结构基础
104//第三节　数据新闻：电视新闻深度报道的新形态

第四章　电视新闻深度报道的有声语言 //117

117//第一节　电视新闻深度报道有声语言的直观特征
120//第二节　电视新闻深度报道有声语言的功能
123//第三节　电视新闻深度报道的解说词创作

第五章　电视新闻深度报道中的图像叙事 //130

130 // 第一节　电视新闻图像的基础知识
141 // 第二节　图像叙事中的时空因素

第六章　电视新闻深度报道中的采访 //149

149 // 第一节　深度报道的采访理念
158 // 第二节　电视新闻深度报道采访的准备工作
164 // 第三节　电视新闻深度报道采访中的倾听与提问

第七章　电视新闻深度报道的编辑与评论 //172

172 // 第一节　电视新闻深度报道的编辑策略
182 // 第二节　电视新闻深度报道的评论边界
190 // 第三节　电视新闻深度报道发展方向的理论支撑

第八章　电视新闻深度报道的品牌运营 //200

200 // 第一节　新媒体时代的经济规律
205 // 第二节　新媒体时代的新闻传播
210 // 第三节　新媒体时代的品牌运营

参考文献 //225

后　记 //228

第一章　新媒体时代的电视新闻

▶章节大纲：

1. 新媒体环境下电视新闻深度报道的呈现形式与变迁；
2. “后真相”时代与电视新闻深度报道；
3. 电视新闻深度报道的价值。

▶章节内容：

本章介绍了在新媒体环境下电视新闻深度报道媒介形态的变迁，在“后真相”情绪下电视新闻深度报道能够起到何种作用，从而形成对“电视新闻深度报道”中的“深度”的整体认识。

第一节　“后真相”时代的新闻传播

一、“后真相”时代

（一）“后真相”的基本含义

英国脱欧是2016年标志性的事件。主张脱欧的人设计了一个简单然而十分有效的口号：“夺回控制权！”支持脱欧的英国人秉持着把钱从布鲁塞尔拿回来并投入国民健康系统的想法，为了在全民公决中获胜，脱欧阵营不惜谎称英国每周要向欧盟支付3.5亿英镑。虽然众多事实核查者指出该数字为虚构，但依然不妨碍它被刷在活动的大巴上，四处揽票。[①] 该事件说明，受众极易被政治化的宣传口号所左右，在情感上对政治意向形成向心力，这被学界称为“后真相政治”。

① 胡泳.后真相与政治的未来［J］.新闻与传播研究，2017（4）：5-13.

“后真相”（post-truth）是新媒体技术在全世界迅速普及语境下产生的概念，源于政治领域。2012 年，英德拉吉 · 帕玛尔提出了“后真相政治”的概念，揭示了总统竞选中的谎言、公共舆论与政策讨论相背离的事实。政治家在总统竞选的过程中，辩论与宣传将事实放置在“次要”的位置上，逐步与政策细节相脱离。政治家主要以激情的演讲语言和虚假的宣传内容来调动选举人的情感。

从字面上讲，“post”表示“超越”，“truth”表示“真相”，“后真相”也就意味着“真相”不再那么重要。在社会传播过程中，“后真相”表现为当群众面对某一舆论事件时，一般感性大于理性，情绪先于事实。“后真相”原本用于形容一种畸形的舆论生态环境。

关于“后真相”的来龙去脉，我们通过表 1-1 来看一下它的发展过程：

表 1-1 “后真相”含义的发展过程

时间	出处	含义
1992 年	美籍塞尔维亚剧作家史蒂夫 · 特西奇发表在《国家》杂志上的一篇文章	情感对舆论的影响力超过事实
2004 年	美国传播学者拉尔夫 · 凯伊斯《后真相领域：日常生活中的不诚实和骗局》	后真相领域是介于真相和谎言模棱两可的地域，这种骗局渗透于美国日常生活的方方面面，“后真相政治”出现在大众视野中
2016 年	《牛津英语词典》	“诉诸情感及个人信念，较客观事实更能影响民意”。“后真相”与政治和社会的发展密不可分

以上对“后真相”概念的发展过程进行了大致梳理，各位学者分别从政治、社会、群众心理等方面进行了阐释，基本上反映出一个趋势，即把“后真相”认知为一种社会传播现象，从传播机制出发去讨论“后真相”对受众情绪和行为的影响。本书将“后真相”一词定义为：传播主体在未完全呈现信息真实性的情况下，通过报道符合受众主观认知的内容，激发情绪，增强偏见，从而使事件偏离本来的面目，客观事实和理性思辨被情绪和舆论隐藏起来。

（二）“后真相”的哲学意义

史安斌、杨云康认为，从历史和哲学的宏观视角来看，“后真相”从某种意义上说符合西方主流思潮从“现代主义”① 到“后现代主义”② 的总体演进趋势。③ 现代

① 现代主义：西方各种与传统迥然有别的文学艺术思潮的统称，如超现实主义、表现主义等。

② 后现代主义：对现代化过程中出现的剥夺人的主体性和感觉丰富性、整体性、中心性、同一性等思维方式的批判与解构。

③ 史安斌，杨云康. 后真相时代政治传播的理论重建和路径重构［J］. 国际新闻界，2017（9）：54 –70.

主义哲学认为，文本、表征和符号都是唯一且权威的；后现代主义哲学认为文本、表征和符号可以有无限多解释的可能性。"后真相"也是如此。在现代主义兴盛的时代，客观事实占据最重要的地位。事实是新闻的基础，新闻又是事实的表征，新闻与事实是一对一确定的关系。而在"后真相"时代，这一舆论生态却体现了新闻和事实之间纽带的断裂。在众声喧哗的互联网时代，事实经过无数次的"再阐释"，逐渐让位于情绪、情感与观点，事实不再是新闻唯一的确定属性。总而言之，如今已经进入以"后现代主义"为指导的"互动新闻学"时代，多样化、差异化、碎片化、不确定性等成了新闻传播最主要的特征，"后真相"时代已悄然来临。

（三）"后真相"时代的基本含义

"后真相"时代一词是从"后真相"衍生出来的，即被"后真相"现象充斥的时代。"后真相"时代与互联网的发展息息相关。当前新媒体已经成为公众主要的新闻来源，随着移动互联网与新媒体的普及，"后真相"有了发展的空间，逐渐形成"后真相"时代。在互联网发达的人际社会下，受媒体的议程设置和拟态环境的影响，"后真相"时代也被赋予了第二层含义，即媒体消解了受众获取真相的渠道。受众宛如幕前的观众，在情绪化的生活中享受媒体带来信息的同时，却离幕后的真相越来越远。这也从侧面反映了媒体深度报道的重要性。

"后真相"时代的新闻报道具有以下特点：

新闻生产的时效性。时效性、重要性、接近性、显著性、趣味性是新闻价值的五个要素。随着新媒体平台和技术的层出不穷，信息呈指数级爆炸式增长，媒体为了吸引大众的注意力，时效性成为媒体新闻报道的第一法则。在"后真相"时代主导下的新闻传播，真实性逐渐让位于时效性，这有悖于新闻伦理。如果过度追求时效性而忽略了新闻的真实性，会造成舆论失焦，影响社会秩序。

新闻内容的娱乐化。尼尔·波兹曼在《娱乐至死》一书中说："当新闻被包装成一种娱乐形式时，它就不可避免起到蒙蔽作用。这种情况严重性不仅在于我们被剥夺了真实的信息，而且在于我们正在逐渐失去判断什么是信息的能力。"[①] 在商品经济和大众娱乐盛行的背景下，新闻大多不再以严肃的话语形式呈现，而是运用各种媒介形态，以精彩的画面和激昂的声音来吸引大众的注意力，新闻的真实性逐渐被隐藏在娱乐形式中。

新闻消费的情绪化。在"后真相"时代，传统媒介，例如报纸、广播等，无

---

① 波兹曼. 娱乐至死［M］. 章艳，译. 桂林：广西师范大学出版社，2004：139.

法满足新媒体时代信息碎片化的需求，人们更倾向于将自己的判断建立在更直接、更刺激的感性认识上。新媒体已成为大众主要的新闻来源，新媒体平台的多样性使得大众更愿意依赖“部落化小圈子”来获取相关新闻资讯，例如微博、微信、抖音、今日头条、知乎等。而各个平台之间的新闻内容具有相似性，相异的理念逐渐被同化。由此，公众的立场和情绪逐渐取代真相和事实。

由此可见，“后真相”时代下的新闻传播逐渐偏离真实、客观、理性的轨道，传统媒体陷入“公信力困境”。网络技术让“人人都拥有麦克风”，这使得传统媒体新闻报道在当下的新媒体时代发展得颇为艰难，尤其是以深度和长度为主的深度报道。

（四）深度报道的任务和挑战

深度报道作为新闻报道中的重要一环，理应借着新媒体技术平台的风口，生产出具有真实性、客观性的新闻报道，引领正确的舆论方向。沃尔特·李普曼在《公众舆论》中认为：“新闻的作用在于突出一个事件，而真相的作用则是揭示隐藏的事实，确立其相互关系，描绘出人们可以在其中采取行动的现实画面。只有当社会状况达到了可以辨认、可以检测的程度时，真相和新闻才会重叠。”[①] 在这种状态下，深度报道便成了连接新闻与真相的纽带。

在“后真相”时代下，深度报道要想准确地向受众传递真实信息，将面临前所未有的挑战。比如，来自新媒体平台虚假新闻的泛滥。在新媒体环境下，以微博、微信、抖音为代表的平台兴起，它们不是新闻内容的“制造者”，而是信息的“搬运者”，就缺少新闻事实核查环节。如果新闻发布的源头生产了假新闻，就会迅速造成假新闻的泛滥，对政治、社会产生不可估量的影响。除此之外，技术的加持也使得大量受众群体生产新闻，用户成为信息的传受者，他们通过多样化的社交媒体渠道进行信息分享。技术赋权改变了信息传播的单向互动模式，产生了UGC（用户生产内容）和PUGC（专业用户生产内容）等多种生产模式，专业与业余之间的界限变得模糊。在生产内容的过程中，一些虚假消息借助微博、微信等社交媒体平台，用夸张的标题吸引受众注意力、夺取流量、攫取经济利益。人们通过转载、点赞、评论等方式进行“二次传播”，虚假新闻在互联网空间得以大规模传播。

---

① 李普曼. 公众舆论［M］. 阎克文，江红，译. 上海：上海人民出版社，2006：283.

（五）深度报道的继承和嬗变

中国的深度报道经过了以报纸深度报道为主的20世纪80年代和以电视深度报道为主的20世纪90年代，正经历着以新媒体深度报道为主的21世纪。[①] 新媒体的激烈竞争促进了深度报道形式上的转变，给深度报道的发展带来了变革。

“十九大”报告指出：“高度重视传播手段建设和创新，提高新闻舆论传播力、引导力、影响力、公信力。”

传播力通常从到达率和接受度两个维度来考察。到达率是指信息传播能够到达和覆盖的范围；接受度是指受众对送达或覆盖到自己的信息的认可度，例如内容是否容易被接受，形式是否被喜爱等，属于软实力的部分。新闻舆论传播力面临的挑战主要来自新媒体，因此要把传播主流媒体声音的平台做好，提升深度报道的高度和深度。

引导力的前提是导向正确，导向正确是要以马克思主义新闻观[②]为指导方针。导向问题是根本问题，正确的舆论导向能凝聚人心，汇聚力量，推动党和人民事业的发展。

影响力基于传播力起作用。在新媒体时代，社会舆论来自多个主体，各种舆论之间存在着争取甚至争夺公众注意力的竞争，所以新闻报道要据事明理，以理服人，形成强大的社会影响力。

公信力是其他“三力”存在的基础。公信力要靠对新闻的真实、准确、客观、及时、全面、公正的报道来体现，它是衡量媒体报道权威性、信誉度和社会影响力的标尺。

随后，在中共中央政治局就全媒体时代和媒体融合发展举行第十二次集体学习时，习近平总书记指出，全媒体不断发展，出现了全程媒体、全息媒体、全员媒体、全效媒体。[③] 在“四全媒体”政策的引导和鼓励下，主流媒体深度报道迎来了转型机会。

全程媒体指在新闻报道过程中，媒体同步跟进、记录、播报新闻生产的全过程，全程跟进事件的发生和发展，使事件公开化、透明化成为可能。

全息媒体指在媒介技术方面打破现实世界与数字化领域之间的隔阂，在媒介

---

① 张昊韩. 新媒体时代深度报道的发展困境及突围路径［J］. 西部广播电视，2020（16）：71-73.

② 马克思主义新闻观：站在马克思主义立场上形成的关于新闻的看法。具体包括党性原则、人民中心、新闻规律、正确舆论四个核心观念。

③ 习近平主持中共中央政治局第十二次集体学习并发表重要讲话［EB/OL］.（2019-01-25）［2020-10-21］. http://www.gov.cn/xinwen/2019-01/25/content_5361197.htm.

产品的呈现方式上，做到沉浸式、还原式传播，让受众身临其境地感受新闻发布现场的魅力。

全员媒体指新闻生产的参与者不再局限于新闻专业生产人员，每个人都有麦克风，可以通过各种渠道发声。“全民皆媒”的时代悄然来临。

全效媒体指效率、效果与效能的一体优化。在发展媒介技术和新闻内容传播样态时，要合理组合利用现有的资源，达到传输效率、传播效果、传媒效能三位一体的最优化。

“四全媒体”的提出说明当前新闻业要积极跟上互联网时代的步伐，享受技术带来的红利。移动短视频、流媒体平台、AR 和人工智能等可视化平台，为传统的电视新闻深度报道转向利用新媒体技术革新传播机制带来了机遇。利用不同的新媒体技术，电视新闻深度报道可以创建不同的信息呈现方式；与此同时，新闻界对自身功能的自省和人们对媒体责任的期待也推动了深度报道的勃兴。

因此，在“后真相”时代背景下，深度报道一方面要坚守新闻价值理念，在追求注意力、舆论热点的同时自觉承担起社会责任，提高内容生产的质量；另一方面要将新媒体技术融合到深度报道中，创新报道呈现方式，建立多元化的沟通渠道，改变深度报道在传播方式和渠道上的被动局面。

二、“符合论”与“实用主义”真理观

传播学一直被誉为学科界的“十字路口”，这种形象的比喻说明该学科广泛涉及其他领域的专业知识。郭庆光在《传播学教程》一书中说：“传播学是一门交叉学科，它与新闻学、社会学、心理学、文化人类学、政治学、信息论、系统论、控制论等诸多学科有着千丝万缕的联系，彼此相互影响，相互渗透。”① 哲学是对基本和普遍问题进行研究的学科，所有学科和理论研究都各有一套世界观和方法论的支撑。本节内容着重讨论在“后真相”时代传播学与哲学之间的关系。

（一）“符合论”

“符合论”属于哲学的范畴，从属于真理论。“真”是哲学家们从古至今讨论的一个亘古不变的话题。在西方哲学史上，真理论主要包含五个方面：符合论、实用论、冗余论、融贯论和语义论。其中，符合论是一种非常直观的真理论，堪称哲学中的经典。

---

① 郭庆光. 传播学教程：第 2 版［M］. 北京：中国人民大学出版社，2011：1.

亚里士多德最先明确提出符合论这个概念。他对符合论有以下阐述："每一事物之真理与各事物之实是必相符合。"[①]"凡以不是为是，是为不是者，就是假。凡以是为是，以假为假，就是真。"[②]这两句话的意思是，一个人所陈述的观念的真假在于它是否与事实相符合，只有当观念与事实相符合时，这个观念才能被称为是真的。这就是符合论真理观的大致含义。举个例子，比如当你看到一片树叶时，会产生一个判断，即这片树叶是绿色的。实际上这片树叶就是绿色的，客观现实与主观判断相符合，这就属于符合论真理观的范畴，是对客观事物正确直观的表达。这里的"真理"我们可以理解为个人的观念，换句话说，就是观念要与事实相符合。

那么怎样才能使真理与事实相符合？这个问题简单来说，就是如何判断主观与客观之间的一致性关系。我们经常说："实践是检验真理的唯一标准。"这句话道出了真理与事实之间的桥梁——实践。首先从真理观来说，真理是人们对客观事物的正确反映，是主观与客观的统一。其次是实践，实践是人们改造客观世界的物质性活动，它可以把观念与客观世界联系起来。所以，要想证明符合论真理观是否适用于某个领域，必须通过实践。

以上讨论了符合论真理观的大致内容，接下来探讨符合论与"后真相"时代新闻传播之间的关系。前一节我们提到，在"后真相"时代，大量的假新闻占据了大众生活，新闻的真实性逐渐让位于情感。当下先进的新媒体技术，在某种程度上也体现了英国前首相丘吉尔所言的"当真相才穿上裤子的时候，谣言已经跑遍半个世界了"，这样的情况对新闻舆论传播环境造成了巨大破坏，如何利用深度报道传递真新闻、规避假新闻成为我们亟待解决的问题。这时可以用符合论来解决此类问题。符合论强调深度报道要与客观事实相符合，使其能够在"后真相"时代假新闻的泥淖中开拓出"真"新闻的康庄大道。

（二）"实用主义"真理观

"实用主义"真理观，顾名思义，对实际情况有用的就是真理。"实用主义"一词在希腊语中的意思是"行动"，它最早由皮尔士提出，后经詹姆斯将其发扬光大。在詹姆斯的"实用主义"真理观中，多了一层行动、条件、范围的意思。"一个观念的真理性并不是这个观念所固有的静止的属性。真理性是一个观念所碰到的。观念变成了真的，是事件使它为真的。它的真实性实际上是一个事件，一个过程：也就是它证实自身的过程，它的证实活动。它的有效性就是使之生效的活

---

① 亚里士多德. 形而上学［M］. 吴寿彭，译. 北京：商务印书馆，1959：81.

② 亚里士多德. 范畴篇　解释篇［M］. 方书春，译. 北京：商务印书馆，1959：46.

动过程。”[①]这句话的意思是，所谓的真理会随着时间、地点、环境、条件等客观因素的变化而变化。

举个例子来说，我们在日常生活中用手机、照相机等工具所照的照片，最大限度地还原了事物的本貌，目的是为了记录生活的美好，留下纪念；而在医学等生物科学领域，利用X线的穿透能力和对胶片感光的功能，将检查部位的影像摄成照片，以观察其内部结构，更好地分析和判断病情，更为准确地分析病变的性质。这说明不同的真理只有用于相对应的情境之中才会发生作用，才会为社会发展提供借鉴。

“实用主义”所承认的真理是有条件的，需要与具体的社会背景和实际情况一一对应的。如果一个真理不适用于当下的环境，就不是真正意义上的“实用主义”真理观。真理存在的意义一定是它有用，是它能够对人的实际生活起到引导作用。真理的存在并不仅仅因为它正确，而是能够满足大众的生活需要，最终获得幸福和满足。

“实用主义”真理观对于“后真相”时代下的新闻生产和发布方面也提供了理论借鉴。“实用主义”真理观对公众的实际生活产生有意义的作用，应用到新闻传播领域，就是媒体生产出来的新闻要对社会公众有用，起到正确引导舆论、安抚公众情绪、引领未来方向的作用。近些年来，中国的新闻业正面临着公众信任危机，后现代主义思潮下的“后真相”时代生产出来的新闻质疑着真相和客观性。这时新闻媒体要肩负起责任和道义，提高新闻质量，根据社会生活映射出的大众需求来生产相对应的新闻内容，以解决实际问题。

三、事实判断与价值判断

（一）事实判断与价值判断的关系

事实判断和价值判断经常在新闻报道中被提及，深度报道的内容介于两者之间。在“后真相”时代如何较好地将两者融合在一起，生产出高质量的深度报道是接下来我们要讨论的内容。

事实判断和价值判断同属于西方哲学的研究范畴。两者最早的划分来源于18世纪的英国哲学家休谟。休谟认为，事实和价值是两个不同的概念。所谓的事实判断，是关于一种事物的描述性判断，即你的判断要与事物客观的存在保持一致。例如“这朵花是红色的”“天空是蓝色的”诸如此类的判断，其实质是正确描述

① 詹姆斯．实用主义［M］．李步楼，译．北京：商务印书馆，2017：112．

客观事物的本貌，述说事实，不能添油加醋。所谓的价值判断，指有关主体自身态度的一种评价性判断，即人主观上对客观事物的感受，强调人的感性。“这朵花真好看”就是一种价值判断。与事实判断不同的是，它虽然也由一些形容词组成，但这些词语会随着主体感觉的不同而发生变化。比如在“这朵花真好看”这个价值判断中，A 觉得好看，但 B 可能觉得不好看，或者一般。这个“好看”指的是人对于花的主体感受，而不是花本身的固有属性。

休谟除了将事实判断和价值判断的概念区分开外，还注意到了人们经常在事实判断后面紧跟一句价值判断，但实际上由前半句是推不出后半句的。例如“在新冠肺炎疫情下网络谣言增多，所以我们应该抵制网络谣言。”在这句话中，前半句是事实判断，后半句为价值判断。单就这句话而言，如果不附加其他条件或逻辑，我们无法从中得出前后具有因果关系。谣言是增多了，可我们为什么要抵制呢？这中间缺少了某种客观原因来解释——因为谣言危害社会秩序，易引发群众恐慌，所以我们要加以抵制。合适的逻辑条件构成了事实判断和价值判断之间的关系。

说完了两者之间的区别和联系，接下来论述它们存在的意义。事实判断和价值判断之间基于不同的思考模式会给出不同的方法论，区分它们可以帮助人们对社会和文化领域的各种意识形态保持清醒的态度。事实判断有利于人们理解事件的深层内部逻辑关系，掌握事件的现状，预测未来的趋势。理论提出者可以利用自己的知识、经验和智慧为大众提供事实判断，以便人们更好地应对这一事件，采取有利的行动。价值判断涉及个人信念和价值观，人们如何看待世界上的一切以及生活中万物的意义。价值判断有利于人们时刻保持清醒的头脑和独立的判断，人们会参与事件本身，从而形成判断的依据，采取正确的决策。因此，即使人们同意评论者对事件的事实判断，也未必赞成评论者的价值判断。

区分了事实判断和价值判断，我们就能明白新闻报道的层次和原因，从而可以怀着开放的心态来接受别人可能正确的事实判断，并尝试设身处地地理解对方所作出的价值判断，从而得出自身的判断。

（二）新闻传播中的事实与价值

以上对事实判断和价值判断概念的分析，应用到新闻传播领域中，则表述为不同的文体所包含的判断不同。新闻报道类似于事实判断，即对客观事实的真实报道。新闻报道向大众提供事实性的信息，消除人们的未知，使得人们对事件有更好的应对能力。新闻评论则为价值判断，对某个事件进行主观评论和分析，从感性角度引导受众情绪。

有学者认为，新闻中事实判断和价值判断不能混为一谈，即新闻报道和新闻评论要分别以客观和主观为原则，主观描述不能融入新闻本身存在的客观真实中。中国近代著名新闻学者邵飘萍在《实际应用新闻学》一书中就提出这样的观点："新闻以不加批评为原则。盖外交记者之职务，只在供给消息，若批评则评价记者之事也。故外交记者之报告消息，纯为客观的调查所得之实状，而不以主观的意志左右之。"[①]这一观点将事实判断与价值判断对于新闻的意义分开来谈，认为新闻的真实性和客观性是本质属性，新闻报道的意义在于客观描述事件的发展过程，从而让受众从中得到理性的思考。如果添加主观描述，就会影响新闻的客观性，割裂事实与价值之间的关系，引导受众作出错误的判断，扭曲价值观。

下面这一新闻报道就体现了不正确的价值判断对舆论环境的危害：

16 日一早，一条新闻在朋友圈刷屏：巴黎圣母院突然遭遇大火，这座建筑史上的经典、世界文化遗产受损严重。

……

见证历史的建筑

说回到巴黎圣母院，建成后的巴黎圣母院见证了诸多历史。从 15 世纪英皇亨利四世的加冕礼到平反圣女贞德诉讼，从 19 世纪拿破仑加冕到 20 世纪举行巴黎解放纪念典礼。

期间圣母院也曾遭到损坏。18 世纪末的法国大革命时期，教堂的部分珍藏被破坏或掠夺。

法国著名作家维克多·雨果曾在小说《巴黎圣母院》中将巴黎圣母院大教堂描绘成"石头的交响乐"。

书籍出版后引起很大的反响，当时的法国政府和民众都希望重建已经残破不堪的巴黎圣母院大教堂。这次修缮过程从 1844 年开始也持续了 20 多年时间。

还有多少文物毁于大火？

值得一提的是，巴黎从 19 世纪已逐步建起消防机构。

古时的巴黎没有消防设施，市区发生火灾后，火势必然难以控制。到 19 世纪末，巴黎市区已有 12 支消防队，拥有 1,800 余名专职消防队员。

令人痛心的是，已有数百年历史的巴黎圣母院在此次大火中大教堂尖塔坠落，内部损伤严重。据报道，巴黎圣母院祭坛和十字架在火灾中幸存，包括荆棘王冠

① 邵飘萍. 实际应用新闻学［M］. 北京：京报馆，1923：479.

在内的部分珍贵文物获救。

……

怎能与圆明园混为一谈？

巴黎圣母院突遇大火，无论是在现场的群众还是网友都非常震惊，很多人都说，自己还没有去亲眼见过，为这一文化遗产的损毁表示哀悼。

但与此同时，网络上也出现了一些另类的声音。一些网友在得知巴黎圣母院起火时提到了圆明园，认为被英法联军焚毁的圆明园，比巴黎圣母院珍贵多了，将这形容为“天道轮回”。

许多网友对这种观点表达了反对，认为圆明园和巴黎圣母院是世界文明的珍贵遗产，本身是无罪的，它们不应该混为一谈。

……

一位网友的评论获得了很多赞：这是人类历史一个文明性标志。它的被毁也不只是法国的损失，是人类的损失。我们不能因为历史上的火烧圆明园而感到心情舒畅。同样，圆明园的被毁也不只是中国人民的悲哀，也是人类的悲哀。①

以上是环球网对于巴黎圣母院失火的价值判断。除此之外，《新京报》发布一篇题为《巴黎圣母院失火，修复或需十年，其间损失将超177亿元》的报道，客观地将巴黎圣母院失火的损失和严重性告诉公众；央视新闻客户端也立即发布了《巴黎圣母院遭遇火灾，顶部塔尖已倒塌》的连续报道，该连续报道以时间为线索，向公众展示巴黎圣母院发生大火后各个时间段的具体抢救措施。

然而，在一些社交媒体公众号和新闻资讯平台上出现了许多“标题新闻”，比如“十点读书”的《巴黎圣母院大火：每一次离开前，请用力拥抱》，《人民日报》公众号的《重建巴黎圣母院恐需几十年！全世界都在哭泣，你是否见过它的美》，《中国青年报》公众号的《巴黎圣母院大火后，圆明园官方发声！网友：大国风范！》，甚至有媒体认为巴黎圣母院大火是“天道轮回”。这些标题新闻的出现就是网络媒体抓住了某些受众的情感倾向开始在网络平台“煽风点火”，引起了受众不一样的舆论，使受众在大是大非面前做不出正确判断，瓦解了社会公众事件中的公共价值部分，扭曲了受众的价值观。

我们把以上对“巴黎圣母院失火”的相关新闻报道按照事实判断和价值判断进行分类，见表1-2：

---

① 巴黎圣母院大火是“天道轮回”？［EB/OL］.（2019-04-16）［2021-12-17］. https://baijiahao.baidu.com/s?id=1630950016104372723&wfr=spider&for=PC.

表 1-2 事实判断和价值判断的报道分类

事实判断	价值判断
《新京报》、央视新闻客户端等	十点读书及《人民日报》《中国青年报》公众号等

由以上分类可以看出，虽然是同一新闻事件，报道的方式却大相径庭。如果媒体用事实判断报道该则新闻，报道出来后公众或许会为此感到痛心和惋惜，事实判断无疑具有影响受众的价值判断和行动力的作用。而经由媒体“标题党”的大肆宣传，使得本应沉重的话题转向娱乐，不利于培养受众的理性素养。

（三）“后真相”时代下事实与价值的联系

在“后真相”时代，上述现象是非常普遍的。消费情绪、故弄玄虚，瓦解了社会公众事件中的公共价值部分，那么新闻报道中就不能把事实判断和价值判断融为一体吗？其实是可以的。有学者认为，新闻报道中不应含有评论和判断，只能是事实的展现。这种观点过分夸大了新闻报道和新闻评论的区别，其实，二者的区别只是形式上的，至少从深度报道的角度来看，只要价值判断是正确的，二者在目的上具有一致性，都要展现事物之间的联系，让受众获得一种价值判断。

现如今，新媒体技术的兴起给事实判断和价值判断提供了表达意见的平台，但同时也要警惕因事实判断与价值判断不平衡而引发的危害。在线新闻的内容非常繁杂，既有很多健康、进步和积极的信息，也有许多虚假、反动和消极的内容。随着互联网技术的发展，大众表达观点的门槛放低，网络民意呈现出互动性强和高度集中的特点。越来越多的人愿意通过网络渠道表达自己的观点，这在一定程度上也说明了在线舆论的激增将不可避免地影响互联网用户，使其将事实判断和价值判断相混合。这时就需要将事实判断和价值判断结合起来，生产出能够正确引导舆论和受众行为的新闻报道、新闻评论。

从逻辑学的角度进行分析，事实判断和价值判断具有不同的特性，但在具体实践中，两者相互依存，相互补充。总之，在新闻传播中正确的事实判断和价值判断都能缓解“后真相”时代受众不自知、盲目跟风的情况。随着两者的不断完善和发展，逐渐建立起一套方法论，新闻的报道形式也将更加自由。

第二节　电视新闻媒介形态的变迁

一、电视新闻深度报道的历史

（一）电视新闻理论溯源

新闻的英文是“news”，按照西方对新闻的定义，新闻是东（east）、西（west）、南（south）、北（north）来自四面八方的信息的集合。电视是诞生于20世纪的大众传播媒介，以19世纪电磁学的发展为技术基础。电视可以播出图像和声音，因而被称为“电视广播”，简称“电视”。电视作为一种传播媒介可以向受众传递来自世界各地的消息，丰富了新闻的样态和表达方式，电视新闻也由此诞生。

电视新闻是新闻以电视为信息传播载体的报道。《电视新闻分类与界定》一书中对电视新闻做以下描述：“电视新闻是以现代电子技术为传播手段，以声音、画面为传播符号，对新近或正在发生、发现的事实的报道。”① 据此定义，本书将电视新闻概念延伸为：电视传播者以电视媒介为传播载体，以电视展现的动画、声音为传播符号，以社会大众为传播受众群体，对新近发生的或同步发生的事实进行报道，有利于受众接收各式各样的新闻消息，采取相关决策。和原来对电视新闻的定义相比，此定义增加了传播者和受传者两个传播环节，以便更好地理解电视新闻传播的整条路径。

根据电视新闻的定义，我们从拉斯韦尔的“5W”模式简要概括电视新闻的传播特点：

第一，在传播者方面，电视新闻的发布者是多工种的层层配合。电视新闻是个集体性的工作，从事件到新闻需要经过采写、编辑、审核、发布等流程。选题的申报需要记者、主编、制片人的层层把关，以决定某一新闻素材是否被录用。前期的采访通常需要记者、主持人和摄像的密切配合，后期的撰稿、编辑往往由编审人员共同完成，需要经过责编、主编、制片人等的逐级审核，最后由电视传播的相关技术人员进行整合播报，电视新闻才得以播出展现给大众。

第二，在传播内容方面，电视新闻是对新近发生的或正在发生的事实的报道。由于电视媒介的特性，电视新闻可以将正在发生的事件同步向受众传播，具有实

---

① 杨伟光.电视新闻分类与界定［M］.北京：中国广播电视出版社，1994：3.

时性、时效性的特点。电视直播画面的形象报道可以如实地再现现场，现场感强是电视新闻的一大优势，可以满足观众“眼见为实”的需求。

第三，在传播受众方面，受众可以参与互动。受众参与电视新闻节目的方式分为两种：场内参与和场外参与。场内参与即受众可以亲临电视新闻节目的现场，沉浸式地体验电视新闻的制作过程。如CCTV-2的《对话》栏目，它的定位是大型演播室谈话节目，借助恰当、真实和生动的外拍画面，利用大屏幕、网络等多种交流手段和形式为演播室的对话、交流提供一个具有“兴奋点”且相对宽松的环境，每期营造一个引人入胜、生动活泼的特殊空间。场外参与即受众通过拨打栏目热线，或者利用互联网技术进入栏目官网参与新闻讨论互动，极大扩展了受众的“公共讨论空间”，缩短了与电视新闻的距离。

第四，在传播媒介方面，以电视为主要媒介。电视新闻综合声音和画面等视听语言，立体化地传播新闻。从符号学的角度看，符号分为“能指”和“所指”。“能指”为可以承载信息内容的符号，在电视新闻中表现为声音、画面、色彩、文字等；“所指”即符号所承担的意义，也就是电视新闻播报的内容。在新媒体技术迅速发展的今天，电视新闻媒介形态也逐渐发生变化。随着微博、微信、微视频、移动客户端等新媒体平台的兴起，电视新闻也开始向新媒体平台进军。具体表现为在社交媒体平台上开发电视新闻新的媒介样态，完成“大屏”向“小屏”的过渡，打造属于电视新闻的新媒体矩阵。

第五，在传播效果方面，电视新闻具有真实性和沉浸性的特点。作为报纸的传播符号，文字不能保证事实的真实性；报纸扩展了信息传播的距离，大大损耗了信息传播的真实度和时效性。而电视可以将发生的事实客观、公正、实时地播报给受众，实现了信息的即时、同步采录和传播。

（二）电视新闻深度报道的历史演进

电视新闻深度报道理论是20世纪初出现在美国新闻界的重要新闻理论，后来传到英国、法国、日本等国家，在指导新闻实践方面产生了广泛的影响。20世纪80年代，电视新闻深度报道理论正式传入中国，对促进我国新闻界的改革发挥了重要作用。

深度报道起源于西方新闻学，西方新闻学用“以今日的事态核对昨日的背景，从而说出明日的意义”来概括深度报道。

《新闻学大辞典》对深度报道做如下解释：“运用解释、分析、预测等方法，从历史渊源、因果关系、矛盾演变、影响作用、发展趋势等方面报道新闻的形式。

深度报道不满足于向受众提供简单的新闻事实，而是使新闻要素进一步深化，要求一方面剖析新闻事实的内部，另一方面展示新闻事实的宏观背景，从总体联系上把握其真实性。深度报道突破了一人、一地、一事的模式，要求对新闻事实进行跨时空的、由里及外的综合反映。对事件的采访应包括过去、现在、未来；采访地点不仅包括现场，还包括现场延伸或波及的地方；不仅要采访当事人，而且要采访其他有关人员；采访新闻事实时，一方面对事实本身的情形、细节要尽可能做详细采访，另一方面对相关的事实也应进行采访；应把主要精力放在 why（为什么）和 how（怎么样）上，说明来龙去脉，阐明本质意义，估计事件影响，揭示发展趋势。”①

当然，关于深度报道的界定还有很多。不论定义如何，深度报道都具有不变的特点，即深度报道要求对新闻事态的发生有前因后果的解释、分析和预测，要体现出新闻事件的因果关系，预测新闻事件的发展趋势。

以上讨论了深度报道的理论和定义，接下来进一步讲述深度报道的产生和发展过程。

深度报道起源于 19 世纪末 20 世纪初的美国，其发端阶段主要出现在纸质媒介——报刊，早期报刊深度报道主要有解释性报道和调查性报道两种形式。第一次世界大战和美国经济大萧条暴露出了客观报道的危机，新闻界逐渐意识到，人们不仅需要了解发生了什么事情，更需要了解事件发生的原因及政治、社会背景。于是，带有解释性和调查性的新闻应运而生，这便是深度报道的前身。

解释性报道的地位在 20 世纪 30 年代得以确立，调查性报道在 20 世纪 60 年代引起广泛的关注。1985 年，美国普利策新闻奖设置了解释性报道和调查性报道两个奖项。

深度报道是新闻传播活动深入发展的产物，它是随着社会、政治、经济、文化等因素的发展而发展变化的。同时，深度报道也是受众对新闻信息需求的日益增大和新闻事业所担负的媒体责任的必然要求。

在第一次世界大战中，美国大发战争财，再加上技术革命和拓展海外市场等因素，在战后的一段时间里，美国经济取得了快速发展。这一时期，正好是共和党总统柯立芝任期，所以人们把这一时期称为“柯立芝繁荣时期”。此时，面临突然来临的战争和社会生活的变化，人们要求新闻媒介做出解释，纯事实报道的新闻已经满足不了人们的日常需求。在短暂的繁荣之后，美国接踵而至的便是更

---

① 甘惜分. 新闻学大辞典［M］. 郑州：河南人民出版社，1993：153.

加动荡不安的政治、经济形势，人们对深度报道的呼声也随之日渐高涨。

1927年8月2日，柯立芝总统宣布他将不再参加下一届竞选。1929年3月4日，共和党候选人赫伯特·胡佛以很大优势击败民主党候选人，入主白宫。《华尔街日报》在庆祝胡佛就职时说，政府从来没有像今天这样与商业打成一片。毫无疑问，胡佛是一个很有活力的商业总统，也是美国第一个商业总统。胡佛信心满满，以为自己能为美国带来永久的繁荣。殊不知，剥开这层繁花似锦的外衣，美国的经济实则已经危机四伏，胡佛“每只锅里有两只鸡，每个车库里有两辆车”的许诺被接踵而至的经济危机无情粉碎。

在危机期间，胡佛政府被迫采取了一些措施，但是收效甚微。同时，他反对政府救助失业群众，以致人们讽刺地将用旧铁皮、纸板和粗麻布搭起的棚户区称为“胡佛村”。到1932年大选时，胡佛的支持率一落千丈。富兰克林·德拉诺·罗斯福作为共和党的候选人参加竞选，提出了实行“新政”和振兴经济的纲领，在1933年以绝对优势击败胡佛成为美国第32任总统。

罗斯福入主白宫后，积极推行以“3个R［改革（reform）、复兴（recovery）和救济（relief）］”为核心的“新政”。在“新政”时期，美国的政治、经济、社会都在经历一场大变革。值得一提的是，罗斯福经常在他的办公室会见记者，他以“炉边谈话”的方式加强与美国人民的交往，充分体现了他与新闻界的密切联系。

此时，国际局势和社会发展都变得复杂起来，人们需要探讨大量的问题，并期望得到解答。同时，处于“新政”时期的美国乃至整个世界的发展进程都在加快，人们前所未有地关注国计民生，关心世界局势。传统的“何时、何地、何事”的客观性新闻已经不能满足人们的需求，事件背后的“为什么”变得重要起来，人们需要求知、释疑，深度报道正是这一社会大变革时期的产物。

与此同时，新闻界对自身功能的反省和人们对媒体责任的期待也推动了深度报道的勃兴。人们逐渐意识到记者应当承担相应的社会责任，把一件事情的来龙去脉交代清楚，起到引导舆论和警醒受众的作用。美国新闻自由委员会在著名报告《一个自由而负责的新闻界》中对记者提出要求说：“对每日的事件给予真实的、全面的和理智的报道，并将它们置于能显示其意义的特定前后联系之中。”[①]还要求记者分析事件可能产生的原因、后果和社会影响。也就是说，深度报道要求记者跳出客观报道理论设置的“清规戒律”，在报道新闻事实的同时，深入地分析事实，指出其产生的原因、所包含的意义和所产生的影响。

---

① 杜骏飞. 深度报道写作［M］. 北京：中国广播电视出版社，2000：9.

由此可见，社会环境的变化和媒体责任理论为20世纪30年代深度报道的兴起创造了有利条件。

除了社会环境和媒体功能的影响外，还有不少人认为，深度报道的产生也源于对当时传统的客观性报道的挑战。客观性报道缘何产生？它又缘何成为新闻媒介的职业信条？同时，它与深度报道之间又存在哪些争议呢？

1833年9月3日，本杰明·H.戴创办了一份新颖的小报《纽约太阳报》，开创了新闻事业的新纪元。这份报纸一改传统的政治报纸路线，不再服务于党派争论，转而面向社会大众，主要刊登通俗易懂的社会性新闻，且售价低廉，一份报纸一便士，掀起了所谓“便士报运动”。很快，《纽约太阳报》的发行量超过了所有的竞争对手，在它的带动下，以普通劳动者为读者对象的通俗化报纸如雨后春笋般出现，占据了美国报业的半壁江山。这些报纸以刊登客观新闻为主，由此美国的报业由“政党报纸”进入“大众化报纸”时代，报纸真正成为“新闻纸”，客观性报道成为主流。

同时，客观性报道的产生还与美国联合通讯社（以下简称“美联社”）的出现和发展密不可分。1848年，纽约的六家报社达成协议，成立联合通讯社。其众多社员来自不同地区、不同阶层、不同党派，利益、喜好千差万别，因此，客观性报道就成为寻求彼此平衡点的最佳选择。美联社大力倡导客观性法则，认为客观性报道是“真正公平”的报道。

除了“大众化报纸”和美联社提倡客观性报道之外，1896年，奥克斯购买了《纽约时报》，这对客观性报道方式的最终确立并成为新闻报道的基本法则起到了关键的催化作用。奥克斯既不延续赫斯特和普利策的煽情主义，又坚决反对通俗化特色。他抨击黄色新闻，以“本报不会污染早餐桌布”为口号，以“力求真实，无畏无惧，不偏不倚，并不分党派、地域或任何特殊利益”为新闻报道原则，获得了国际的认可和良好的声誉。

当然客观性报道的产生不仅是新闻界自身改革的结果，也是19世纪美国民主政治、市场经济和文化发展的需要。那么，客观性报道又为何会遇到以解释性报道为代表的深度报道的挑战呢？

20世纪30年代，美国的政治、经济、文化都在经历飞速的变革。当时的美国科学技术发展迅速，人民的文化水平逐渐提高，越来越多的读者开始对单纯的事实性新闻表示不满，要求新闻报道提供事件的相关背景并加以解释。这种新观念不仅催生了深度报道，同时也指出了传统的客观性报道的局限性。首先，真正超越阶级党派利益的客观性报道难以实现。其次，这种报道方式给新闻的定义戴上了枷锁，似乎只有新闻事件才是新闻，忽略了新闻事件的真正含义以及可能造成的影响。最后，和客观性报道的即时性相比，深度报道还体现了全时性，它展示了新闻事件的来龙去脉，分析了前因后果，预测了未来发展和社会影响。深度报道和客观性报道最大的不同是深度报道中 why（为什么）和 how（怎么样）两个要素在新闻报道中有所突出，满足了受众精神上的需要。

客观性报道因为大众对于新闻信息的需求而产生，又因为大众对于新闻真相的需求而遭到批判，进而被深度报道所取代。这也体现了新闻事业由“政党报纸”到“事件报纸”又到“解说报纸”的发展脉络。

20 世纪初，美国进入广播时代。1927 年前后，广播电台已经遍布欧洲和北美。尤其是 20 世纪 30 年代电视出现之后，其因声音、画面等丰富直观的传播方式，很快地进入了公众的视线，成为人类最有影响力的大众传播媒介之一。相对于报纸，电视在新闻的时效性、现场感和表现力等方面有较大的优势。电视成为纸质媒体——报纸强有力的竞争对手。甚至有传播学家预言，电视的出现可能会导致报纸的消亡。电视新闻深度报道就是在电视媒介发展的基础上产生的，即深度报道借助电视传播媒介向大众传递新闻信息。见图 1-1。

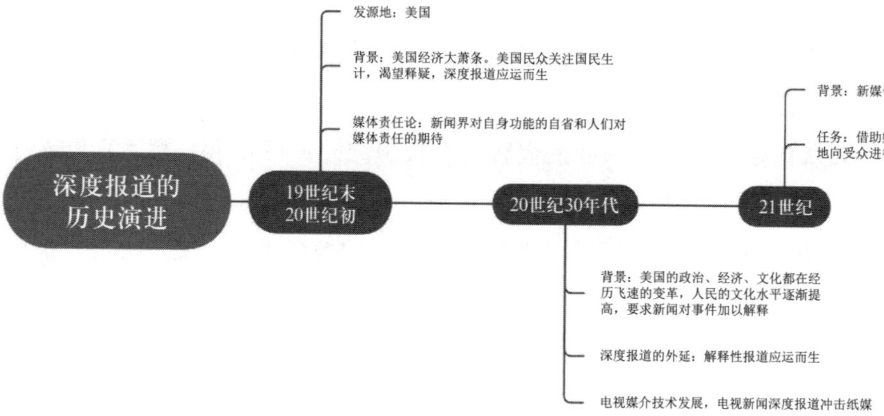

图 1-1　深度报道的历史演进

可以说，深度报道以全面深刻的特点，一度成为报纸与新媒体（电视）相抗衡的强有力的“武器”。同时，新媒体（电视）的激烈竞争也促进了深度报道的产生，给深度报道的发展带来机遇和变革。

（三）我国电视新闻深度报道的产生与发展

总的来说，我国电视新闻深度报道的发展经历了三个阶段：

第一阶段为20世纪70年代到80年代，即改革开放时期。1978年，十一届三中全会提出“解放思想，实事求是，团结一致向前看”的指导方针。此次会议的召开，也为中国的电视新闻事业奠定了思想理论基础。为了进一步贯彻十一届三中全会“解放思想，实事求是”的方针，1980年，中央广播事业局先后召开了全国广播事业规划会议和第十次全国广播工作会议。全国广播事业规划会议确定，以建设卫星广播系统为重点，把加速发展电视事业放在优先地位，实现电视媒介在全国的广泛覆盖。[①]第十次全国广播工作会议的主要任务是总结过去30年广播工作中的正反两方面经验教训，明确未来的发展目标及任务。除此之外，会议对过去的广播电视宣传工作进行批判总结，这些经验教训概括为以下六点（见表1-3）：

表1-3　广播电视工作的经验总结

序号	内容
1	要根据党的方针政策和中国新时代的变化，坚持独立自主地完成采编任务。
2	广播电视作为大众传播媒介，应该充分发挥媒介的特点和作用，扬长避短，密切联系实际，联系群众，扩大报道面，反映群众的呼声和愿望。
3	引进西方的先进媒介设备，改变中国陈旧落后的现状。
4	建设一支能独立采编的新闻媒体队伍，为党的新闻事业奋斗终身。
5	加强国际评论报道，增强新闻时效性和多样性。
6	中央广播电视台和地方广播电视台要紧密结合，互相补充，深耕传播渠道，形成全方位、立体化的传播格局，充分发挥广播电视媒体的宣传作用。

随着电视媒介在中国的普及，电视新闻深度报道应运而生。1980年7月，第一个具有深度报道特征的电视新闻栏目《观察与思考》开播。该栏目先后播出了一系列与民生息息相关的节目，如《北京居民为什么吃菜难》《有这样两个县委书记》等。这是因为在20世纪80年代随着改革开放政策的不断深化，国内物价上涨，各种民生问题迫切需要引起政府和社会的关注并予以解决。这样，一群掌握时代脉搏、具有社会责任感的媒体和新闻工作者开始了对电视新闻深度报道的新探索，试图利用新闻报道深入解决社会的病症和人民的困惑。的确，在改革开放的影响下，20世纪80年代具有包容、思辨、宽松的特点，这个年代也给中国的电视新闻深度报道的发展带来了机遇。1986年，中国新闻界最高荣誉“全国好新闻奖”下设立了“深度报道奖”，标志着深度报道已经得到社会的支持和认可。1987年，被中国新闻业内人士称为“深度报道年”。在这一年，有多篇深度报道给社

① 赵玉明，艾红红. 中国广播电视史教程［M］. 北京：中国广播影视出版社，2018：145.

会以深刻启迪，例如《中国青年报》有关大兴安岭火灾的“三色”报道、《经济日报》关于“关广梅现象”的大讨论、《人民日报》的《鲁布革冲击》等。从此，中国新闻深度报道走上了一边探索一边发展的道路。

第二阶段为20世纪90年代，这个时期为深度报道的上升期，电视新闻深度报道开始普及。1994年4月1日，中央电视台的深度新闻报道栏目《焦点访谈》以极高的收视率出现在全国观众的眼前，该栏目提出“用事实说话”，这句口号逐渐成为电视新闻深度报道的常识性概念，人们在此档电视新闻栏目中看到了以前看不到的社会民生问题。

电视新闻深度报道就是要起到揭示事实真相、正确引导舆论、关注社会民生的作用，将准确无误的新闻和正确的价值观带给观众，注重栏目责任感的塑造。在《焦点访谈》的带动下，中央电视台《东方时空》和《新闻调查》等栏目先后创立，加强了电视媒体深度报道的宣传力量。

第三阶段为21世纪初，这个时期是电视新闻深度报道发展的繁荣时期。这个阶段的中国处于发展转型期，不可避免地出现了一些矛盾和问题；同时，媒体也逐渐地细分化、专业化、市场化，社会上涌现出了一大批致力于电视新闻深度报道的新闻媒体和新闻从业人员。这一时期，《焦点访谈》《新闻调查》等老牌栏目也在不断地进行改版和创新，以期更加适应媒体环境的变化。例如《新闻调查》旗帜鲜明地打出了调查性报道的口号，《“非典”突袭人民医院》《农民连续自杀调查》《派出所里的坠楼事件》等产生极大社会影响力的节目相继产生。在历经7年多的探索与实践之后，《新闻调查》终于得以把调查性报道作为栏目的终极追求目标和核心竞争力。此外，《一线》等电视新闻栏目广泛涉及民生、法治、文化等社会多个领域，全方位满足百姓的需求，为推动和促进社会进步发挥着媒体监督的重要作用。

在此阶段，电视新闻不仅在内容上呈现出多元化的发展趋势，而且在媒介形态上也丰富了电视新闻的播出形态，例如网络电视、手机电视和移动电视等开拓了电视新闻传播的渠道，也为下一步的媒介融合和创新发展提供了新的媒介技术平台。传统媒体与新媒体相互融合、相互借鉴、相互补充，构成了当代中国电视新闻深度报道的基本格局。见图1-2。

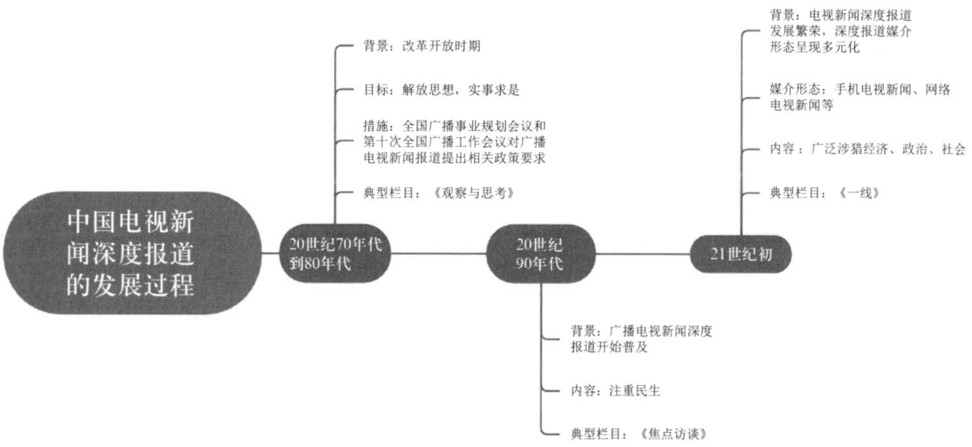

图 1-2　中国电视新闻深度报道的历史演进

综上所述，在深度报道的发展时期，伴随着媒体技术的繁荣，逐渐产生了以报纸媒介为主的深度报道专栏、以广播和电视为主的深度报道新闻栏目、以互联网技术打造的新媒体平台为主的深度报道版块，至此，以深度报道为主流的新闻报道格局在中国新闻界逐步形成。电视新闻深度报道要想在多家媒体平台中占据主流地位，必须以受众需求为转型目标，改变发展经营理念，融合新媒体技术，探索出新颖的媒介形态，优化深度报道，形成多元化的电视新闻深度报道方式。

二、电视新闻深度报道的媒介

（一）新媒体语境的特征

新媒体技术的发展对电视新闻的影响是十分巨大的：一方面新媒体平台的兴起冲击着电视新闻的主流地位；另一方面互联网技术也给电视新闻深度报道带来了发展机遇，由数字化浪潮引发的新一轮的新闻业革命已是大势所趋。在媒体融合的不断发展下，电视新闻深度报道从节目制作、传播方式到接收方式都在发生着变化。随着电视媒介数字化进程的不断推进，电视新闻也逐渐形成了实时性、交互性等特点，电视新闻媒介形态会愈加多样化。

新媒体技术平台是我国电视事业发展的重要方向，综合运用多样化的传播手段进行高效传播已经成为广播电视的基本运作方式。新闻传播在新媒体语境下具有以下特征：

第一，互联网技术极大地提高了传播时效。新媒体平台可以实现受众与新闻之间的实时互动，受众可借助平台第一时间了解到新鲜事件并发表言论。2019 年

1月10日，工信部宣布发放5G临时牌照，拉开了中国5G商用的大幕。5G技术具有高速度、高并发、高兼容、高安全、低时延的特点，这意味着“万物互联”的时代即将到来，将极大地推动社会的变革与发展。5G技术对新闻传播领域也会产生重要影响：首先，5G的到来将推动新闻“即摄即传”的完全实现。新闻编辑部借用该技术可以实现大量数据文件的瞬间传送，例如大容量的视频、上百张新闻照片等，大大提高了传播效率。其次，5G技术打破了4G的空间局限，为随时随地编发新闻提供了可能。记者可以在事件发生现场直接编辑好新闻传送至媒体平台，确保了新闻的时效性。

第二，新媒体实现了新闻与受众的双向互动，扩宽了受众的“公共话语空间”。新媒体技术强化“用户意识”，将传统媒体思维转换为互联网思维。在新媒体语境下，受众不再是单向度地接收信息，而是更加注重自我意见的表达。新媒体平台可以为受众提供更加自由的意见表达渠道，受众可以随时随地在平台上发表关于新闻事件的言论。新闻工作者也可以从中获取有效反馈，从而强化电视新闻深度报道的公信力。此外，新媒体技术可以保存新闻，无论何时播放的新闻都可以在媒体平台上进行追溯。受众可以按照个人喜好随时保存对自己有价值的新闻，实现新闻传播效益的最大化。

第三，媒介融合已成为新闻业发展的必然趋势。媒介融合是美国麻省理工学院的普尔最先提出的概念，本书所说的媒介融合主要指媒介形态的融合。随着社会化媒体的不断发展，电视作为传统主流媒体，应争夺公共议题的主动权，推进自身与其他媒体的融合。例如中央广播电视总台的《新闻联播》针对国际事务的锐评，除了在正常时段的电视节目中播放以外，还在微博上设置话题讨论，在短视频平台上发布评论视频，最大限度地触及各类受众群体。电视新闻深度报道的生产也应该借助媒介融合，提高传播效果，实现“多元呈现、多媒传播”的发展格局。

（二）电视媒介：单向与瞬时

电视是电视新闻深度报道的主要媒介载体。电视媒介主要依靠图像和声音两种信息符号传播新闻消息，即画面语言和声音语言。通过这两种信息符号，电视记者可以充分运用视听语言还原事件的原始信息，利用同期声和现场画面真实地再现事件，真正做到“用事实说话”。电视媒介具有以下特点：

视听语言的信息形态。从古至今，人类信息传播需要克服的最大困难是对时间和空间的突破，如何远距离、同时性地传播信息是所有传播要攻克的问题之一。传统媒介大都以单一的信息传输通道进行信息传播，如报纸通过文字传播事件，广播通过声音还原现场。与报纸、广播相比，电视媒介以画面和声音两种符号对事件现场进行最大限度的还原，并运用现代电子信息技术实现远距离的传播。电视新闻记者通过视听语言报道事实，而不只是依靠文字、声音、画面等单一的要素，这样最大限度地保留了信息的真实性和现场感。电视的长处也在于用视听语言表现感性的存在，向观众传达深度报道的信息和核心价值观，表达情感，深化主题，升华意义。

时新性和现场感。时新性和现场感是从时间和空间两个维度进行阐述的。时新性是新闻价值五要素之一，即新闻报道要讲究时效，第一时间将不同空间的事情利用电视媒介传播给观众。由于电子传播技术的进一步更新迭代，电视新闻逐渐有了电视新闻直播的分支，信息的还原在时新性的基础上进化为共时性。例如中国共产党召开领导人集体会议，会通过电视媒介实时直播到屏幕上，观众可以同时同步观看现场直播，最新、最快了解到会议的内容和会议所传递的精神。电视媒介的信息是“物质现实的复原”，电视本身就具有还原事件的特征。因此，纪实性的电视画面和声音被视为现实的真实还原，观众仿佛被画面带到事件发生的现场，去感受现场所发生的具体情况。[①] 电视新闻依靠摄像机的镜头真实再现了事件发生的场景，最大限度地还原了现场信息，所以记者在报道新闻事件时，应着重现场镜头的表达。这样不仅从头到尾交代了事件发生的起因、经过和结果，还展现了细节。画面、文字、解说词等多种通道的复合展现为电视新闻深度报道提供了媒介语言，形成比较好的表达节奏。

以上阐述了电视媒介报道新闻的技术优势和语言优势，但随着互联网技术的不断发展，如果深挖下去，电视媒介与互联网媒介相比也具有无法克服的缺点。

视听语言的“反深度”倾向。尼尔·波兹曼曾用“娱乐是电视中所有话语的超意识形态”[②] 来形容美国电视的一种状态。在这种状态下，电视中所有的内容都以娱乐的形式展现出来。我国的电视传播也明显表现出这种倾向。例如，新闻节目注重事件的冲突，强调事件的戏剧特征。大量所谓“民生新闻”节目充斥电视屏幕并且受到观众的喜爱，这些节目中的新闻不再具有传统意义上的新闻价值，人们所关心的也不再是“5 个 W”，而是事件展现出的强烈的戏剧冲突甚至是悬疑色彩。科教类的节目被各种视觉技术包装成一部部粗糙的悬疑电影；法制类节目则着重表现刑侦技术的复杂与高超，甚至有些时候有给潜在罪犯以指导的嫌疑。这些现象都在说明电视强烈的娱乐倾向。当然，这并不是说电视不能表现

---

① 曾祥敏. 电视新闻学［M］. 北京：中国传媒大学出版社，2012：13.

② 波兹曼. 娱乐至死［M］. 章艳，译. 桂林：广西师范大学出版社，2004：114.

深度，很多电视节目也在深度方面做了不少努力，但令人遗憾的是，这些节目往往不能获得更多受众的青睐。之所以说电视的娱乐倾向是一种技术倾向，是因为娱乐化主要来源于电视的技术传播特征。首先，视觉图像不善于表达深度。人通常用“看”和“读”两个不同的动词来表达一般性获取视觉信息的行为，如“读书”“读报”“看报”“看电视”等。二者的区别在于“读”的对象往往是抽象文字，“看”的对象一般是具体形象，而形象和文字在传播过程中有着不同的功能。对于新闻报道而言，图像丰富了新闻报道中的信息，但与此同时，信息的意义也变得模糊了；图像能较好地体现人的欲望、情绪，而面对表达抽象信息和思维过程的时候就显得有些困难，如哲学之于书本，艺术之于电影等。其次，信息的过度丰富影响了深度。在电视新闻报道中，信息的传播有两个基本特征：一个是繁复，另一个是瞬时，这二者都影响了深度的体现。在多数的电视新闻报道中，平均每三五秒钟就会切换一次画面，各种信息甚至是与主题无关的信息都能被观众看到，这在认知的过程中加重了主体的负担；观众需要在复杂的信息中筛选哪些是和主题事件相关性较大的，这样的认知过程也在一定程度上阻碍了作为一种“联系”的深度被观众认知；与此同时，电视图像的瞬时性使观众对信息的认知不可重复，“繁复”和“瞬时”的特征使“深度”几乎被完全掩盖了。因此，深度的体现需要更多修辞手段的参与。

信息传播的单向性。在前面论述电视媒介的优点时，我们说电视作为大众信息传播媒介，能给观众传递最新发生的事件的信息。但在这个传播过程中，信息是单向传播的，即由电视到观众，观众被动地接收信息，其意见无法便利地通过电视反馈给新闻媒体人，传受双方之间无法建立起便捷沟通的桥梁。即使现在电视新闻栏目设置了热线电话、短信等方式，给观众提供了参与新闻话题讨论的渠道，但与新媒体技术相比，传统的电视媒介反馈渠道在时效性和便捷性上都略逊一筹。在新媒体背景下，传播形式和信息载体朝着多样化的方向发展，观众的自主选择权也有所提高。尤其是近年来，随着智能手机的普及和网络技术的发展，受众使用手机获取信息的情况逐渐增多。借助网络终端和移动媒体，受众可以使用微信、微博等平台接收信息，并且可以与自身兴趣相结合，选取感兴趣的新闻内容。这些便捷的服务互动交流方式也冲击着电视作为主流媒介的地位。

（三）互联网媒介：交互与保留

21 世纪是互联网的蓬勃发展时期，新媒体的迅猛发展给传统媒体带来了严峻的挑战。电视新闻面对新媒体的冲击，必须与时俱进，改变媒介形态，加强深度报道，以吸引受众的注意力。

在媒介融合背景下，电视新闻深度报道的媒介形态应运而生，主要有以下两种：

网络电视新闻。网络电视，又称“IPTV”，也叫交互式网络电视，是“基于宽带高速 IP 网，以网络视频资源为主体，将电视机、个人计算机及手持设备作为显示终端，通过机顶盒或计算机接入宽带网络，实现数字电视、时移电视、互动电视等服务。网络电视的出现给人们带来了一种全新的电视观看方式，改变了人们以往被动的电视观看模式，实现了电视以网络为基础按需观看、随看随停的便捷方式”①。通俗意义上讲，电视新闻的媒介由传统的广播电视转变为以互联网技术为支撑的数字电视和计算机媒介。

手机电视新闻。手机电视的概念可以有两种理解。一种是从通信学角度理解，将手机电视看作一种通信业务，人们利用 4G/5G 智能手机收看电视节目，具有便捷性、可移动性，并且拓展了应用功能，深受人们喜爱。另一种是从传播学角度理解，将手机电视看作是一种电视传播媒介，只要安装数字电视接收模块，人们就可以在自己的手机上观看到电视节目。② 在这里我们采用第二种理解，手机电视是新闻传播的媒介载体，利用手机终端接收电视新闻信息的就是手机电视新闻。

基于手机媒介的特点，手机电视新闻具有以下传播优势：

首先是移动便携性。手机自身体积较小，所以手机电视新闻适用于填充受众的碎片化时间，例如上下班的途中、工作中的休息时间、排队等待期间等。手机使受众不再局限于客厅观看电视新闻，而是随时随地都可以了解到时事热点，实现时间效益的最大化。

其次是传受双方良好的交互性。手机媒介一改传统电视媒介信息传播的单向性，人们可以利用手机上的新媒体平台随时发表个人言论并相互交流。从某种角度看，受众不再是信息的接收者，而是新闻内容制作的参与者。受众拥有了多种身份，完善了其媒介接近权，逐渐具有话语权，例如受众可以随时在新闻客户端、微博、新闻短视频等媒体平台上留言，积极参与话题互动和讨论。这对于深度报道的发展来说也是至关重要的。

最后是个性化的内容传播。信息服务的个性化、分众化是新闻传播未来发展

---

① 网络电视［EB/OL］.［2021-07-28］. https://baike.baidu.com/item/%E7%BD%91%E7%BB%9C%E7%94%B5%E8%A7%86/158907?fr=aladdin.

② 手机电视［EB/OL］.［2021-07-28］. https://baike.baidu.com/item/%E6%89%8B%E6%9C%BA%E7%94%B5%E8%A7%86/1178416?fr=aladdin#reference-［1］-65029-wrap.

的主要方向，即根据不同受众的新闻获取需求生产相对应的新闻报道。手机本身属于个人私有物品，具有私密性的特点，人们可以根据自己的兴趣爱好来定制属于自己的个性化新闻，例如在微博平台上关注自己感兴趣的新闻公众号，在抖音短视频平台上利用算法推荐技术接收有关自身喜好的算法新闻，可以凭个人喜好去选择电视节目，并且随时随地在线观看。

三、新闻流与数据新闻

（一）新闻流与流媒体

新闻流有广义和狭义两种解释。从广义上讲，新闻流表示一组在空间和时间上朝相同方向移动的新闻，其具有共同的信息源和接收者，即从一个新闻源传输到另一单元的所有新闻的集合。从狭义上讲，它是指新闻传输的运动，这种传输运动是在现代信息技术的开发和应用条件下，根据一定的要求通过相应的渠道进行的。这里的“流”，可以理解为一种运动或方向，即向受众传输信息的过程。在新媒体环境中，新闻流通常指的是狭义的概念，即新闻通过新媒体技术生产的信息渠道流向受众的过程。随着大量信息的出现，以及人们对信息需求的激增，新闻流逐渐形成了复杂而多样的形态。

新闻流的前身是信息流或传播流。传播流的概念最早由美国传播学者罗杰斯提出，与“影响流”一起成为“N 级传播”的组成部分。所谓传播流，指由大众传媒发出的信息，经过各种中间环节，“流”向传播对象的社会过程。① 拉扎斯菲尔德等人的《人民的选择》、卡兹等人的《个人影响》、罗杰斯的《创新与普及》构成了传播流“三部曲”。这些著名传播学者的研究成果证明了大众传播效果的产生是一个极为复杂的社会过程，不仅依靠传播媒介来向受众传输信息，在传输的过程中还可能受到媒介管理者、意见领袖等众多中介环节和制约因素的影响。

英国学者雷蒙·威廉斯曾经用“流”（flow）这个概念来形容电视的特征。他认为电视这个介质的特殊性，就在于它提供了一种信息的拼接与流动。② 电视媒介通过数字技术将新闻压缩成数据传递给观众，实现新闻的流动。在互联网技术时代，流媒体技术应运而生。

所谓的流媒体是指通过互联网技术在媒体平台上播放的媒体格式。流媒体也称为流式媒体，意为传播者使用流媒体服务器将新闻信息作为数据包进行压缩，

---

① 郭庆光. 传播学教程：第 2 版［M］. 北京：中国人民大学出版社，2011：178.

② 张磊. 突发与常态的辩证法：BBC 的新闻流［J］. 青年记者，2011（13）：86-87.

并通过网络技术平台进行传播。在此过程中，有关联的一系列的压缩数据包被称为“流”，所以流媒体实际上是指一种新的媒体传递方法，而不是一种新媒体。

流媒体技术扩展了新闻流的流通渠道，在新闻传播领域也发挥着重要作用。流媒体技术通过网络技术加上现场录音、记者旁白、背景音乐等合成一种包含了图像、动画、视频、音频等的报道形式。流媒体是在网络时代出现的一种新型传播手段，它的出现满足了记者采编与传输一体化的需求，满足了受众随时随地观看新闻的诉求。

（二）大数据与新闻业

大数据指无法在一定时间内利用常规通信软件工具对信息内容进行抓取、管理和处理的数据集合。国际商业机器公司（IBM）将大数据的特点总结为 5 个 V，即 volume（大量）、velocity（高速）、variety（多样）、value（低价值密度）和 veracity（真实性）。大数据技术在新闻传播领域具有以下优势：

发展原有的电视新闻叙事结构。可以将叙事结构理解为叙事框架，即电视新闻的叙事顺序和内容的特点。在原有的电视新闻叙事结构中，通常以时间为线索，交代事件发生的地点、人物、起因、经过、结果等，遵循事件发展的逻辑。叙事结构总的来说可以分为两大类，时间叙事结构和逻辑叙事结构。而大数据电视新闻除了按以上的结构叙事外，还增添了事件发生中的细节。因为大数据可以捕捉到新闻事件发生过程中那些看不见的短期过程，按细节在新闻发展中的重要性重新排序，使得电视新闻叙事结构变得更加灵活。

事实判断。事实判断在上一节中已经讲到，即用摆事实、讲道理来判断一件事情的真伪。大数据通过数据分析展现直观的数字，更能证明事情的真实性和重要性。比起文字报道，数据报道表现得更清晰，说服力更强。

预测走向，提供决策。大数据能够预测社会和人们日常生活中的各个方面。通过挖掘大数据，媒体在平台上根据数据分析结果制作出图表和新闻，例如在新冠肺炎疫情中通过可视化图表预测未来的发展趋势（见图 1-3）。在宏观上，也可以预测经济指数的变动、某种社会危机的来临等。受众通过分析数据可以提前采取适当措施，应对未来的发展变化。

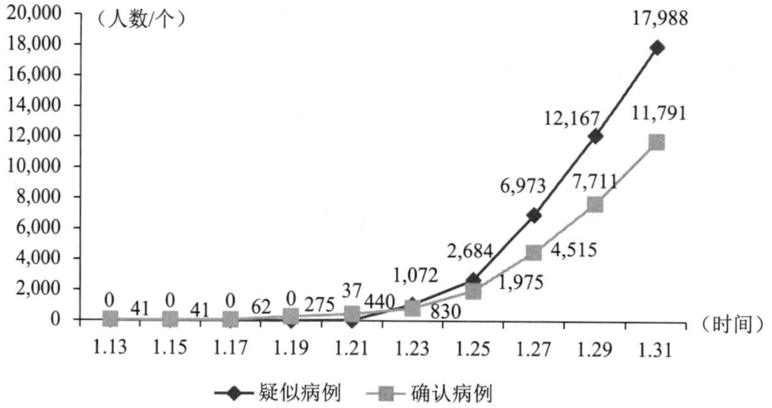

图 1–3　2020 年 1 月新冠肺炎疫情可视化图表

个性化的信息定制。大数据可以根据用户的需求提供个性化的大数据服务，这也是未来新闻传播领域的发展趋势。个性化的信息定制有一个共性，媒体致力于以用户需求为中心，利用大数据诠释社会中出现的宏观现象，解答用户的困惑。大数据可以精准定位，经过后台计算，按照用户平常的兴趣和习惯，将新闻分发到用户面前。

在大数据技术的广泛应用下，数据新闻应运而生。数据新闻是基于数据，依托对数据的加工和处理而生产出的可视化的新闻和报道。数据新闻以数据为核心，为新闻报道提供多元的信源支持，用来佐证新闻的真实性和客观性。数据新闻以可视化为呈现方式，将繁杂的数据信息用简单的图表呈现出来，让受众更容易理解新闻中所要表达的有用信息，提升新闻深度报道的释疑效果，增强用户交互式的阅读体验。

可视化的数据新闻成为当下新闻传播新形态之一。在过去，电视媒体对数据的使用主要体现在引用有关部门发布的统计数据和调查结果，这样的做法只是将数据直观地展现在观众面前，观众并未从中得到有价值的信息。而在大数据时代，传统电视媒体可以通过合法和开放的渠道获取更完整的数据，然后通过专业的分析和处理，让抽象的新闻数据变得具体化和直观化，呈现在电视屏幕上，形成电视数据新闻。具体做法如下：

首先，可以将数字变成图形，生动地表达“数”的特征。例如中央电视台于 2016 年推出的《数说命运共同体》，该节目由央视新闻中心跨行业、跨领域整合多方信息源，依托国家“一带一路”数据中心、国家统计局、海关总署、世界银行、世界贸易组织的权威数据库，动用两台超级计算机，历时 6 个月完成，通过讲述贸易、投资、中国制造、基础设施、饮食文化、人员往来等，呈现出“一带一路”沿线国家“命运共同体”图景。①

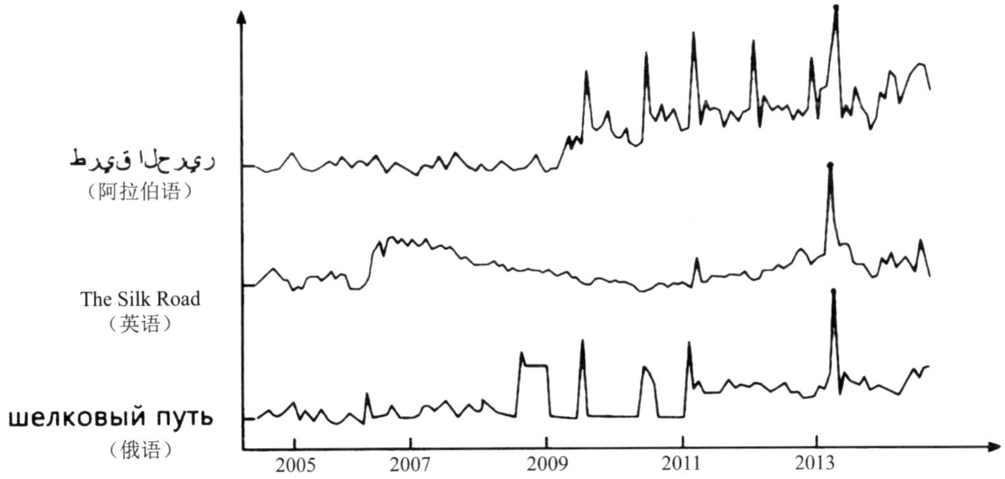

图 1-4 《数说命运共同体》可视化图像

从图 1-4 中可以看出，“一带一路”沿线国家使用最为广泛的语言是阿拉伯语、英语和俄语；2013 年 9 月，习近平主席提出“一带一路”倡议后，在“一带一路”沿线国家中使用最多的这三种语言都出现了最高峰。可视化的折线，准确、客观、生动地描摹出“一带一路”沿线语言使用的波动情况。

其次，将数据制作成具体的实物，实现数据的“可视化”。数据本身是客观中性的，不存在任何偏向，只有在特定的语境中才被赋予意义。在图像时代，电视新闻可视化的意义就是把单一的数据通过信息化图表呈现出来，这一过程是电视新闻工作者传递、解释新闻的重要路径。除此之外，还可以将数据变成具体的物品，让观众有更直观的了解。例如在《守住 18 亿亩耕地红线》中有这样一段表述：“1996 年我国的耕地面积是 19.51 亿亩，到了 2001 年下降到 19.14 万亩，这 5 年来下降了 3,700 万亩，这相当于 4 个上海的面积。”如果单纯表述 3,700 万亩，受众会对这个数字没有明确的概念，但把它与 4 个上海市的面积相比较时，受众对数据的感知就更加具体了。②见图 1-5。

① 央视推出大型数据新闻节目《数说命运共同体》[EB/OL].（2016-10-05）[2020-07-09]. http：//www.xinhuanet.com/zgjx/2016-10/05/c_135733069.htm.

② 辛梓，杜志红. 可视化“数据新闻”：电视新闻报道新形态 [J]. 中国传媒科技，2015（2）：74-76.

图 1–5 “数”到“物”的可视化

最后，将数据转化成“词云图”，即统计一个时期被大众讨论次数最多的词语，把之作为可视化数据新闻。电视新闻媒体可利用“词云”这一技术，将新闻所要表现的重要思想进行“可视化”的呈现。“词云”就是对网络文本中出现频率较高的关键词在大小、颜色、位置等方面予以视觉上的突出，形成“关键词云层”，从而过滤掉大量非重要文本信息，使受众较快了解此次新闻事件的主旨。例如在 2020 年政府工作报告中，出现频率最高的词为：发展（71 次）、就业（39 次）、经济（37 次）、企业（36 次）、疫情（31 次）。相比 2019 年，“就业”“企业”“疫情”成为新的高频关键词。[①] 见图 1–6。

图 1–6 2020 年政府工作报告“词云图”

① 一文看懂！2020 年政府工作报告这些“关键词”高频出现［EB/OL］.（2020–05–22）［2021–03–09］. https：//www.cls.cn/detail/502166.

电视新闻深度报道利用大数据技术对数据进行收集、分析、处理，最后以可视化方式呈现，形成完整的数据新闻报道，给观众带来了新的阅读体验。数字技术对电视新闻而言，不仅意味着制作、传输更加高效、便捷、直观，更重要的是数字平台的构建，让电视新闻获得了多媒体的环境，逐渐消除了电视新闻与互联网、手机等媒体之间的技术壁垒，出现了媒介融合的趋势。在这个趋势下，各个媒介之间的新闻工作者加深合作，取长补短，新闻资源则被进一步整合，取得效益最大化。电视新闻不断提升自身的传播竞争力和影响力，尽最大可能地为受众提供多媒介、多角度、多元化、多维度的新闻信息。

第三节　电视新闻深度报道的价值

一、电视新闻与拟态环境

上一节内容主要讨论了电视新闻媒介形态的变迁，电视新闻呈现的数据多样化形态逐渐消解传统媒介形态营造的拟态环境，并重新建构新型的拟态环境。大数据技术、虚拟现实技术、人工智能技术等使拟态环境越来越接近现实环境，在新媒体环境下越发呈现出“现实环境信息化，信息环境环境化”的趋势。接下来我们主要从拟态环境营造下的“后真相”时代入手，探讨媒介技术和大众传媒从业者呈现出来的拟态环境对电视新闻产生的影响，以及深度报道在拟态环境下如何发挥其优势正确引导受众情绪，牢牢把握舆论主导权，传递具有正能量的价值观念。

（一）拟态环境与新闻真实

1. 信息化的拟态环境

拟态环境又被称为信息环境，最早由美国学者李普曼在1922年出版的《公众舆论》一书中提出。在该书中，他对虚拟环境做以下定义：“偶然的事实，创造性的想象，情不自禁地信以为真，这三种因素便会产生一种虚假的现实，导致人们作出激烈的本能反应。这个环境在某种程度上是人类本身创造出来的，它是‘人性’和‘环境’的杂交物。”[①] 这里的“虚拟”不是制造谎言，而是对环境的描写。

① 李普曼. 公众舆论［M］. 阎克文，江红，译. 上海：上海人民出版社，2006：12-13.

简单来说，虚拟环境与大众传播中的拟态环境有异曲同工之妙。拟态环境，即大众传媒通过主观判断制造出来的信息环境。大众传播媒介在对现实世界中发生的事实进行新闻报道时，并不是镜子式的再现，而是一个有意识的加工过程。这个过程一般发生在媒介机构内部，不易被大众所察觉，因此大众通常会把拟态环境当作现实环境，人们对拟态环境作出的行为，实际作用于现实环境之中（见图 1-7）。

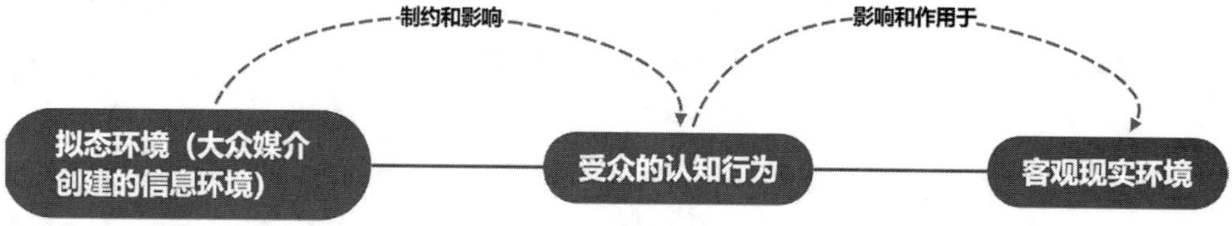

图 1-7　拟态环境对现实环境的作用机制

通过分析拟态环境的定义，可以总结出拟态环境有以下特点：

拟态环境并不是真实的现实环境。李普曼认为，在先进的大众传播时代，人们的行为实际上与三个现实联系在一起：一是客观存在的现实世界，它并不依赖于人的意志。二是大众传媒通过议程设置制造出来的“象征性现实”，即拟态环境。三是人类对“外部世界图像”的建构，仅存在于人的意识之中，即主观现实。主观现实基于客观现实，这一过程必须通过象征性现实作为中介来进行。总的来说，客观现实、象征性现实（拟态环境）、主观现实三者构成了人们认识世界和改造世界的作用机制，而信息是连接三种现实的桥梁。

拟态环境与现实环境有着密不可分的联系。拟态环境以现实环境为基础进行内容的二次生产和再创新，它是人脑对真实环境的主观反应，其中包含现实世界的某些要素，可以在一定程度上反映现实世界，与现实环境密不可分。拟态环境与现实环境相比，具有隐蔽性、长期性、潜移默化性的特点。媒体需要选择和处理现实环境中发生的真实事件，这个过程常常是隐蔽的，受众看到新闻报道后不易察觉，因此人们通常不会意识到他们所居住的环境实际上是大众传媒选择后的环境。

拟态环境具有社会控制的功能。大众传播通过形成信息环境来影响受众的认知、态度、行动。从这个角度来看，大众传播本身是一种强大的社会控制机制，其所营造的拟态环境也具备此特点。人们在这种虚拟的信息化环境中生存，思想受其控制，并最终改变了自己的行为。由此而言，媒介引导下的大众传播所呈现出的拟态环境本身就是一种有力的社会控制机制，这种控制的性质与方向取决于社会的政治、经济制度和意识形态。①

2. 新媒体时代下的拟态环境

拟态环境的概念是在 20 世纪 20 年代提出的，当时的美国只有报纸、广播等传统媒介。当互联网和新媒体技术出现之后，拟态环境理论在新媒体环境中变得更加复杂。如今传播技术发展迅猛，大众媒介的更新换代给信息通信领域带来了变革，人们由沉迷于过去的传统媒体转移到互联网媒体，尤其是社交媒体。以微博和抖音为代表的社交媒体对受众进行技术赋权，使原本被动接收信息的受众拥有了发言权，技术赋权使得全体网民都被赋予了生产新闻的权利，“技术把关”代替了传统的“价值把关”。受众也逐渐参与到拟态环境的建构之中，拟态环境逐步呈现出多方主体的形态，更难与现实环境划清界限。

新媒体时代下的拟态环境最显著的特征是公众参与拟态环境的建构。互联网平台营造的信息环境是与现实环境不同的大规模虚拟社区，在这里新媒体呈现的信息环境在某种程度上并不依赖传统大众媒体创造的拟态环境，且打破了传统媒体对信息生产和新闻报道的垄断。在互联网平台创建的拟态环境中，每个新媒体用户都可以成为信息的发布者和传播者，海量的信息在媒体与用户、用户与用户之间传播。受众对新闻信息的传播较少受到官方意识、政府政策、媒体从业方针的影响，有利于信息的多样化传播。

但是，用户生产新闻是一个缺乏“把关人”过程。媒介平台的泛滥导致用户生产出的新闻质量参差不齐，同一件新闻往往被碎片化传播，“多元真相”阻碍“总体真相”的传播，使得用户难以看到事件的全貌，难以把握总体的新闻事实。用户发布信息的拟态环境逐渐呈现出多层次、多维度、真假难辨等特点，这使得新媒体时代下网络拟态环境的影响被无限放大，新闻真实性和客观性受到了前所未有的挑战。

3. 湮没在拟态环境中的新闻真实

由于客观世界具有复杂性、多样性和不可知性，人们日益依赖媒介传递出的新闻信息来认识客观世界。媒体从业者通过议程设置营造的拟态环境挑战了新闻的真实性原则，不利于真相在大众社会的传播。除此之外，社交媒体、互联网传播技术以及个性化传播等介入新闻信息的生产和传播，满足用户个性化的新闻需求，新媒体平台和用户成为新的议程设置者和把关人，极大地挑战了新闻真实性和客观性原则。②

---

① 郭庆光. 大众传播、信息环境与社会控制：从“沉默的螺旋”假说谈起［J］. 国际新闻界，1995（2）：4-9，1.

② 张华. “后真相”时代的中国新闻业［J］. 新闻大学，2017（3）：28-33，61.

媒体通过对现实的描述、解释和再阐释，帮助人们构建可以认识世界的拟态环境，但在“后真相”时代和技术层出不穷的媒介环境下，传统媒体、新媒体、用户等来自多方的新闻生产主体不断涌现，逐渐冲击着新闻的真实性原则。如今，电视的媒介形态也在向着创新性方向转变，逐渐与多种新型媒介形态融合，这意味着电视新闻深度报道也将受到来自多元拟态环境的挑战，理性思考逐渐让位于情感诉求。

（二）电视新闻拟态环境建构中存在的问题

电视新闻的媒介形态不断发生转变，受众通过各种媒介形态不断了解外部世界和新闻信息，人们的行为常常表现出对电视新闻机构展示的某种拟态环境的关注和反应。传统媒体时代的电视新闻和新媒体时代的电视新闻所营造的拟态环境具有不同的特点。

传统电视新闻节目充满了精英主义[①]言论。中国新闻事业受马克思主义新闻观和意识形态的影响，电视媒体生产的新闻内容总是带有党性色彩。也就是说，在某种程度上，传统电视新闻传播的范式并不是独立的，它必须反映国家、政府、社会、民众等多方面的意愿。传播的时间、内容、形式和程度应受政府安排和政治利益支配，新闻生产的本质是文化控制，传递给受众的拟态环境具有政治倾向。电视新闻报道取向逐渐趋向精英集团的思维定式，导致某些议题被突出、强化，成为受众热议的对象。

新媒体形态下的电视新闻呈现出以“草根群众”为主体的内容。用户生产的新闻内容受新闻价值观影响较小，多以个人情感诉求为新闻生产和传播的依托，其所生产的内容具有多元化、多维度、多角度的特点。新媒体形态下的电视新闻经由互联网用户的转发、评论等，其所建构的拟态环境具有真假难辨的特征，充满主观色彩，因此电视新闻在媒介形态多样化的同时也面临着拟态环境带来的挑战。

1.“真”与“假”并存

电视新闻的主要目的是向社会公众传递真实信息，展现社会面貌，但电视新闻如今也面临着虚假新闻带来的挑战：一方面来自电视新闻从业者。传播人员主体观念的差异和媒介素养的不同，导致拟态环境与现实环境之间存在差异。另一方面来自电视新闻的受众群体和自媒体。由于该群体范围较大，同一新闻事件在

① 精英主义：一些特定阶级的成员或是特定人群，其在心智、社会地位或在财政资源上具有优势，对社会和民众具有意见指导作用。

网络社群中常常形成“意见气候”[①]，经信息扩散后使更多的用户卷入拟态环境中，导致新闻真假难辨。

2. 信息报道的失衡

在互联网时代，用户需求成为各家媒体竞相争抢的目标，电视新闻也不例外。电视新闻为了迎合受众需求，攫取经济利益与流量，新闻报道逐渐失衡。

第一，“标题党”[②]大肆横行。新闻标题的作用是让受众能够快速了解该篇新闻的主要内容，但如今很多电视新闻媒体为了吸引受众注意力，常常使用带有情绪的标题来报道新闻。例如2020年年中随着新冠肺炎疫情的好转，某些电视媒体常以“数字＋感叹号”的极简标题来发布疫情的最新消息，简单化的新闻标题会导致受众的误解，在一定程度上消解媒体的公信力和权威性。

第二，电视新闻中的娱乐信息不断增多。电视新闻媒体为了满足受众八卦、猎奇的心理诉求，从政治、经济等重大问题中挖掘娱乐价值，以吸引受众关注。相反，对正面新闻内容却很少报道，这就导致了新闻报道娱乐化倾向严重，走上了新闻故事化的歧路。

3. 深度报道的信息浪费

传统的信息获取渠道主要是通过报纸、广播、电视等媒介，新闻信息的采写、编辑、发布需要一定的过程，受众有足够的时间去了解新闻内容。如今随着电视新闻各种媒介形态的出现，网络成为受众获取信息的最主要途径。许多网络电视新闻更新速度快，导致新闻数量层出不穷，信息碎片化的现象不利于受众了解某一新闻的具体情况，无法获取深度报道的全面信息，导致大量的新闻信息被浪费。与此同时，地方媒体取材的有限性，导致电视新闻出现雷同现象，相似的拟态环境容易使受众产生视觉疲劳，不利于深度报道的有效传播。

（三）电视新闻拟态环境的价值重塑

在新媒体高度发达的情况下，人们对拟态环境的依赖越来越强。媒体生产的新闻已经覆盖并渗透了现代社会生活的方方面面，成为人们无法离开和不可或缺的获取信息的渠道。媒体所建立的拟态环境越来越接近现实环境，人们感知世界、认识世界必须借助媒体所建构的拟态环境。拟态环境是客观世界中人们主观知识的媒介表达，它的建构过程是客观和主观的统一，所以，电视新闻深度报道要想通过拟态环境向社会传递正确的主流价值观，需要协调统一各种主客观因素。

---

① 意见气候：即舆论环境，在包容领域较广的信息社会理论中则被称为信息环境。

② 标题党：通过鲜明标题来吸引读者的人群。

1. 拟态环境传播者的价值重塑

新闻真实性原则是新闻报道的首要法则。电视新闻报道应该实事求是，通过记者的观察、记录、描述和传播来建立拟态环境。在这个过程中，拟态环境的建构影响着受众对周围世界的感知和对重要性的判断，所以新闻事实和深度报道起着至关重要的作用，即新闻报道和信息传达活动赋予的“议题”应该是真实的。

一方面，传播主体和内容生产者应该将事实融入议题的建构和拟态环境的呈现之中，对客观现实环境进行客观、现实的反映，对新闻作出正确的事实判断，这样呈现出的拟态环境是“事实型”拟态环境。

另一方面，将事实与个人倾向性的表达结合在一起，对事实的意义、作用、影响等加以分析、提炼，在展现事实的同时表达对事实的价值判断，对受众产生影响，这时所呈现的拟态环境是“意见型”拟态环境。[①]

当今社会也被形容为经济控制下的利益社会，在媒体市场化的条件下，拟态环境受到的经济利益干扰十分明显。媒体在市场导向下建立的拟态环境可能会偏离事实，造成新闻内容的失真。所以，电视新闻拟态环境必须从受众接收信息的角度出发，通过改善受众的媒介素养来实现对拟态环境的价值重塑。

2. 拟态环境受众的价值重塑

所谓受众，即传播活动中信息的接收者，是信息传播活动的最终目的，受众可以通过反馈来验证电视新闻的传播效果。由传播者建构的拟态环境需要受众的解读才能形成一个完整的传播过程，即传播者和受众之间要有共同的意义空间。媒介表达的拟态环境既体现了传播者的认识能力和认知水平，也要求受众具有相应的认知水平和解读能力，但在现实生活中，因受众个体文化素养的差异，这样的情况很难实现，所以便形成了拟态环境的信息不对称性。

我国的电视新闻节目从诞生以来，从总领者变为信息的提供者和受众的服务者，媒介载体也由单一的电视分化为丰富多样的手机、电脑、iPad 等。这说明现在的电视新闻日益重视受众需求。拟态环境的受众建构过程反映了受众的主体意愿，这种主体意愿既可以是积极的，也可以是消极的。如果受众根据传播者的建构目标设定自己的建构目标，尊重并理解传播者的建构过程，积极响应电视新闻传递的价值观念，减少对电视新闻深度报道拟态环境的信息过滤，就会形成对电视新闻拟态环境的积极建构，重塑电视新闻的价值。

总之，在电视新闻拟态环境的价值重塑中，主体建构是十分重要的。无论是

---

① 曹劲松. 论拟态环境的主体建构［J］. 南京社会科学，2009（2）：98-103.

传播者还是受众，都体现了主观与客观矛盾的对立统一。拟态环境就是在这种矛盾运动中构建起了社会生活的方方面面，并在一定程度上反映了主客观的统一。电视新闻应“以受众为本”，深度报道应“以新闻价值为本”，不断扩展电视新闻深度报道的内涵和外延。

二、正面报道与负面报道

很长一段时间以来，我国新闻舆论都以正面引导为主，电视新闻呈现出深度报道、正面报道等多种正向报道形式。但在“后真相”时代，负面报道逐渐冲击着正面报道的主流地位。

（一）“正面”与“深度”的价值融合

早期的正面报道在国内又称“正面宣传”。早在 1948 年，毛泽东就强调报纸要宣传党的纲领路线、方针政策、工作任务和工作方法。随后正面宣传在历史的发展中变得尤为重要，在 1989 年 11 月的全国新闻工作研讨班会议上，明确提出把“正面宣传为主”作为新闻和宣传工作的指导方针，这意味着新闻媒体必须以正面报道为主，以“弘扬主旋律，传递正能量”为根本目标。

1. 正面报道与深度报道

所谓正面报道，即媒体对反映时代进步、代表社会主流、具有积极意义的人和事进行明确肯定的报道。正面报道是中国共产党历来新闻宣传的传统，党在各个历史时期都很重视这项工作，正面报道也是我国新闻工作的方针和规则。我国深度报道也依据马克思主义新闻观和党性原则，生产具有“以今日的事态核对昨日的背景，从而说出明日的意义”的新闻报道，对社会的发展起着事实判断和价值判断的作用。所以在中国，深度报道和正面报道是相辅相成的关系，二者有相同的主流价值观导向，你中有我，我中有你。

我国的深度报道具有很强的“中国意识形态”的特点，深度报道的新闻立场是以赞扬或歌颂的态度报道符合主流意识形态、道德和社会价值的新近发生的事实，赋予新闻报道较强的正面态度。在我国主流意识形态的影响下，深度报道和正面报道具有融合的趋势。

2. 电视新闻正面报道的媒体功能

电视新闻正面报道借助多样化的媒介形态，正确行使其媒体功能。

首先是舆论引导功能。坚持以正面报道为主，坚持正确的舆论导向，是我国电视媒体应该遵循和坚持的基本方向和要求。正面报道的舆论引导目的很明显，必须采取积极态度，弘扬主流价值观，积极宣传党的方针、政策和任务。正面报道的出发点是鼓舞士气，鼓励人们为社会主义服务，为人民服务，还要向公众展示社会正能量的一面，调动群众的热情和积极性。除此之外，宣传和赞扬党的方针政策，维护社会稳定，并使新闻报道成为促进社会主义建设的有力工具。例如在2020年新冠肺炎疫情期间发生的“双黄连”事件：1月31日晚，有知名媒体通过网络刊发了一则中成药双黄连口服液可抑制新型冠状病毒的消息。随后，被另外的知名媒体转载，引起公众高度关注，部分公众连夜出门抢购药品。

这则新闻后经专业媒体和专家证实，是一则假新闻。电视新闻媒体，例如中央广播电视总台《新闻联播》，通过健康传播①，普及有关双黄连药物的知识，并正面宣传钟南山院士针对此事件发表的辟谣话语，成功引导舆论转向，制止了某些不当行为。

其次是舆论监督功能。正面报道和舆论监督，一个是报道成绩，一个是曝光问题；一个重在表扬，一个重在批评。两者看似对立，实际上是有机统一的。2016年2月19日，习近平同志在党的新闻舆论工作座谈会上再次强调：“舆论监督和正面宣传是统一的。”②

从哲学角度看，正面报道和舆论监督是对立统一的关系，两者在报道内容和形式上虽然有明显差别，但在一定程度上能够相互转化。那些弘扬主旋律和褒扬真善美的正面报道，本身就包含着对假恶丑的鞭笞。

正面报道与舆论监督的共生关系是由新闻的本质决定的，新闻的本质是对事实的报道，事实有好的也有坏的，所以在新闻报道中，就有正面报道和舆论监督之分。如果只对事物好的一面进行报道，而掩饰坏的一面，这不符合新闻以客观事实为基础的报道原则。在这样的情况下，新闻传播催生了负面报道。

（二）负面报道：“情绪”与“真相”

所谓负面报道，国内学者将其定义为消极的、不好的、有害的新闻消息。在该定义中，“负面”被解读为不正确的含义。这样的解读并不准确，“负面”一词还有反面、背面的意思，即正面报道正向角度之外的反向角度。所以我们认为负面报道还有另一层含义：对社会的阴暗面和非主流价值观等方面的事实进行报道。

---

① 健康传播：是指人们通过各种渠道，运用各种传播媒介为促进健康的目的而制作、传递、分享健康信息的过程。

② 深入学习习近平关于党的新闻舆论工作的新论断新观点［EB/OL］.（2016-07-07）［2021-10-18］. http：//www.xinhuanet.com//politics/2016-07/07/c_1119181966.htm.

1. 中美深度报道的差异

在深度报道方面，美国和中国受社会环境的影响，所生产的正面报道和负面报道的比例也不相同。美国深度报道的代表——调查性报道含有浓重的“扒粪”①传统和揭丑色彩，这些深度报道调查和揭示了官员丑闻、犯罪活动、种族歧视、政府腐败等社会群众关心的焦点问题，目的在于批评政府。20 世纪 70 年代，《华盛顿邮报》对“水门事件”②进行了大规模报道，这是美国新闻历史上调查性报道的里程碑。负面深度报道在一定程度上起着维护公众利益、迎合受众口味的作用。

中美深度报道的异同不仅受社会环境的影响，还由两国的媒介生态环境和新闻制度所决定。复旦大学李良荣认为，媒介不是孤立存在的，它是一种社会子系统的有机组成部分，与其他子系统（诸如政治、经济、文化等）也存在着密切关系，其中联系的关键是媒介生态环境。③

首先，社会制度决定了媒体的性质。中国深度报道与美国深度报道在生产内容方面存在很大差异。中国偏爱政治会议、军事报道、正面积极的热点事件以及其他与党和国家政策有关的正向话题，而美国偏重于揭丑政治、批判社会和灾难性报道等服务于公众的议题。中国特色社会主义制度决定了新闻媒体既是党和政府的耳目喉舌，也是人民的耳目喉舌，因此，中国新闻媒体应在坚持党性原则的基础上，把正面的社会利益放在首位。相反，美国资本主义社会制度决定了其新闻媒体所有权是私有性质的，因此，增加发行量和获取经济利益是第一要务。

其次，媒体的性质决定了媒体的功能。在中国，新闻媒体作为党、政府和人民的耳目喉舌决定了其最重要的功能是宣传。相反，美国新闻媒体的私有制性质决定了其最重要的功能是利润，即经济效益，并且它们独立于政党和政府，因此，美国新闻媒体可以利用丑闻、犯罪和政府腐败等负面信息，引起受众的注意。

但随着新媒体技术的发展和媒介生态的多样化，近几年中国的电视新闻关于负面报道的数量开始逐渐增多。尤其在“后真相”时代下，负面报道因其夸张的标题和煽动性的言论更能吸引受众的注意力，在一定程度上起到了舆论引导和监督的作用，对解决社会问题产生了积极的影响。

2. 负面报道的积极效果

“电视是当今社会的第一媒介，它的社会影响超过了其他的任何媒介。世界传

---

① “扒粪”：揭露新闻的阴暗面。

② 水门事件：美国共和党竞选人尼克松的竞选班子潜入位于华盛顿水门大厦的民主党全国委员会办公室，以取得民主党内部竞选策略的情报。

③ 李良荣. 新闻学概论［M］. 上海：复旦大学出版社，2001：127.

播大师麦克卢汉著名的传播理论‘媒介即讯息’充分说明了这一点。由于电视具有直观化、形象化和直接传播的特点，对社会的影响也比其他的媒介来得更为直接和深刻。”[①] 这说明负面报道通过电视媒介的传播在社会中更具影响力。

负面报道有助于电视新闻媒体履行舆论监督职能。电视媒体通过对负面新闻进行报道，有助于建立社会预警机制，加强舆论监督力度，对政府不积极、不到位，对涉及人民群众切身利益问题不闻不问、不担当不作为甚至违法乱纪的行为予以曝光。

舆论监督不是做“挠痒痒”的表面文章，而是要把住命脉、直击社会痛点。在新媒体环境下，电视新闻媒体的舆论监督也要讲究方式方法。多渠道汇集信息、多形式整合信源、融合传播报道成为舆论监督的着力方向。

负面报道有利于群众更好地认识世界，加强对新闻价值的理解。在“后真相”时代，受众的情绪极易被媒体报道“牵着鼻子走”，所以负面报道通过对社会中某些现象的传播，能够更好地在群众中间形成对负面现象的认知，从而进一步引起受众对自身行为的审视和批判。

在这里我们需要注意，灾难报道属于负面报道，因为地震、台风、海啸等自然灾害会危及人类生命和财产，造成社会动荡，影响社会发展。在新闻学界，灾难报道倡导人文关怀的理念，要以人为本，尊重每个人的价值和尊严。除此之外，媒体通过对自然灾害的报道，可以使受众重新审视个体与自然之间的关系，反思个体错误行为，提高保护自然环境的意识，并最大限度地激发民众的正义感。

负面报道有助于受众更加全面地认识世界，促进社会的公开透明。负面报道以揭丑为主要手段，这样的内容往往涉及政府的不正当作为，满足受众当下对政府监督的诉求。尤其是在“后真相”社会中，负面报道往往会在受众群体形成舆论中心，对国家机关和政府工作人员形成较大的舆论压力，从而迫使政治决策的公开透明，激发群众的参政热情，提高政府的办事效率，完善社会主义民主制度。负面报道往往从一件事情的多个侧面进行报道，展现多元观点，有利于受众全面地了解事件，让受众在“兼听”中找寻符合自己诉求的新闻。

综上所述，负面报道只要选取恰当的传播方式，采取合理的报道策略，生产受众需要的新闻，就可以对社会产生积极的影响。不过，电视新闻负面报道要注意度的把握，一旦超越这个度，则容易产生消极影响，强化负面效应，不利于社会的稳定发展。

---

① 雷跃捷. 新闻理论［M］. 北京：北京广播学院出版社，2003：121.

3. 负面报道的消极效果

过量报道负面新闻，会煽动受众不安情绪，引起社会恐慌。传播技术的发展和传播观念的转变使得许多媒体争相报道社会突发公共事件，抢占先机赢得话语权，这就导致生产出的负面新闻过于追求时新性而忽略了新闻最重要的真实性。负面报道本身具与煽动性和戏剧冲突等特点，在情绪先于事实的社会背景下，负面报道的负面效应显得尤为突出。加上多媒介形态的电视新闻可以全天候、不间断地大量发布负面新闻，社会群众借助移动设备随时随地都能看到负面新闻，容易引起群众集合行为①和舆论风暴。

负面新闻引发社会恐慌最为著名的事件要数 2011 年的“抢盐风波”。事件发生的具体情况见表 1-4：

表 1-4　媒体对“抢盐风波”报道的时间表

时间	事件进展	发布主体
2011 年 3 月 16 日 2:36	搜狐网转载《东方早报》的一篇文章《美国人开始抢购碘化钾》，引起社会关注	《东方早报》、搜狐网
2011 年 3 月 17 日 12:50	财新网发布《日本核泄漏引发中国各地抢盐狂潮》，自 16 日起，中国沿海城市，如浙江、江苏、山东等地，发生大规模的购盐潮，盐价一路飙升至 20 元 / 袋	央视新闻、财新网等各大新闻媒体
2011 年 3 月 17 日	国家发改委针对抢盐风波发出紧急通知，要求各地立即开展市场检查，坚决打击造谣惑众、恶意囤积、哄抬价格、扰乱市场等不法行为	国家发改委、各大媒体
2011 年 3 月 18 日 23:21	央视发布关于“抢盐”事件的报道并进行辟谣，题为《“来也匆匆　去也匆匆”的抢盐风潮》	中央电视台

“抢盐风波”是典型的媒体大量播报负面消息而导致的社会恐慌事件，不负责任的媒体大量发布负面新闻，一味地追求经济效益、渲染恐慌氛围、博取受众注意力，使得多数不具备“免疫”不良媒体信息的受众采取错误行为，最终形成严重的大规模社会恐慌现象。

负面报道还会形成负面价值观，使受众作出错误判断。电视新闻媒体制作负面报道的目的是为了满足受众的知情权，宣扬正确的价值观，但当新闻媒体人偏离主流价值观，生产有悖于社会稳定发展的新闻时，就会在潜移默化中误导受众的价值观，使其逐渐偏离主流价值观。

超越司法程序，带来“媒介审判”。媒介审判，即媒体对某一具有争议的事件进行评论，添加主观的价值判断，解读其是否有罪。这个过程超越了法院客观公

① 集合行为：当社会秩序发生动荡或失衡时引发的受众聚集行为，通常是无明确目的和行动计划的众人行为。

正的判决，不利于法院作出正确的判决。我国刑事诉讼法明确规定，未经人民法院的判决，任何人都不会被判有罪。但是，在许多对案件的报道中，我们经常可以看到一些未经法庭审理的案件已被媒体、社会群众“审判”。

正面报道和负面报道在当下是一个长久的议题，我们既不能简单地断定一个报道究竟是正面报道还是负面报道，也不能直接从字面上认为正面报道就是正确的，负面报道就是错误的。目前，正面报道在“后真相”时代下也面临着严峻的挑战。

（三）“后真相”时代下正面报道面临的挑战

正面报道在社会传播和舆论引导中具有合理性和合法性，它的合理性与合法性源于它是站在人民的立场和角度看问题。① 但在“后真相”时代和技术层出不穷的媒介环境下，电视新闻正面报道要想准确地向受众传递真实、正面的信息，将面临前所未有的挑战。

1. 客观：技术理性让位于情感诉求

首先来自新媒体平台虚假新闻的泛滥和情绪的极端化。在新媒体环境下，以微博、微信、抖音为代表的新媒体平台兴起，这些平台可以广泛转载电视新闻，平台技术特征打破媒体与受众之间的情感、话语隔阂，带有主观价值判断的新闻内容大量产出，极易左右受众的情感。正面报道在鱼龙混杂且形态各异的新闻报道中难以突出内容优势，进行有效传播，正确引导舆论。

其次来自正面报道与受众之间的信任纽带断裂。传播技术的变革使得新媒体平台不断发展，逐渐冲击传统主流媒体的主导地位。益普索发布的《2018 年全球假新闻报告》指出，“人们对媒体的信任正在下降，大部分人表示他们经常看到假新闻，而且人们认为媒体上的假新闻正在增长”②。这说明在高度发达的信息社会中，一些新媒体平台以“流量为王”为价值导向，过多采用带有情绪性的标题进行所谓的“正面”报道，导致受众选择信息时无所适从，难以辨别真假信息，越来越多的受众开始质疑主流媒体报道的权威性。这在受众对真相的感知中形成了认知鸿沟，切断了主流媒体新闻报道与受众之间的信任纽带。

2. 主观：正面报道的负面效应

深入研究近年来正面报道的表现，发现很多正面报道出发点是好的，但在报

---

① 张斯琦. 正面报道：中国特色新闻实践的制度机理与策略选择［J］. 现代传播（中国传媒大学学报），2020（5）：57-60.

② 益索普：2018 年全球假新闻报告［EB/OL］.（2019-02-08）［2021-10-07］. http：// www.199it.com/archives/775547.html.

道之后，有的却产生了负面影响。具体表现如下：

宣传过度。电视新闻正面报道首先必须服从党的领导，服务于经济社会发展的大局，在这个过程中，不可避免地要承担许多正面宣传任务，有一段时间，电视新闻中连篇累牍地出现关于政府官员积极做事的正面报道，导致正面报道的内容同质化严重，“八股文风”[①]盛行。例如我们经常会看到以下类型的正面报道：重要会议后的报告往往是领导人的指示和观念，各级机构必须认真学习、严格执行；新闻发布会之后，往往是各种政策的颁布，对过去的总结和对未来的展望；重大节假日之后，常常看到某个地方旅游收入数据的增加，较往年增长多少，得益于当地的旅游优惠政策等。这样狂轰滥炸的正面报道违背了新闻规律，无视受众的新闻需求。这样的正面宣传不仅不能产生积极效果，反而会失去受众的关注和信任。

媒介语言使用不均衡。电视主要以文字、图片、视频、音频等作为主要传播符号，图像、画面等视觉符号尤为重要。“电视最大的长处是它让具体的形象进入我们的心里，而不是让抽象的概念留在我们脑中”[②]。但是在正面报道中，经常会出现强调文字而忽略图像的现象。例如，对政府工作报告的报道采用大量的文字+重复画面的形式，使受众对本应引起高度重视的内容产生枯燥、乏味的感觉，不利于正面报道的传播效果。

正面报道面临的来自各方的挑战还有很多。关键是我们在实际操作中如何找到引起负面效应的真正原因，加以预防并有效解决，避免正面报道的负面影响，使正面报道产生正面宣传的预期效果。

三、如何做好正面报道

习近平总书记提出“以正面宣传为主的舆论引导体系”，为新时期我国“以正面宣传为主”方针的价值提供了新的理论契机。电视新闻媒体只有认真履行“社会公器”的职责，审时度势地进行正面报道，才能有效发挥舆论的正向引导作用。此外，还需把握好技术带来的传播形态变革以及社会各界人士的共同努力。

（一）媒体从业者：提高素养，加强把关

生产电视新闻正面报道的主体依然是电视媒体从业人员，包括记者的采写、编辑的审稿与把关等多个环节。《人民日报》副总编辑梁衡认为：“记者要顾大局，

---

① 八股文风：即写作时套用固定的模板。

② 波兹曼. 娱乐至死［M］. 章艳，译. 桂林：广西师范大学出版社，2004：159.

要遵守宣传纪律，还要讲究报道方法，要掌握一个度。”①

首先要把握大局观。这里的大局观是“以正面宣传为主”作为新闻报道的方针。大局观对新闻事业和新闻工作者抱有殷切期待，要求正面报道要以中国国情为背景选择新闻报道的内容，把握新闻宣传的效果，高举“为人民服务”的大旗。

其次应把握好时、度、效三者之间的关系。2013 年在全国宣传思想工作会议上，习近平总书记指出“必须坚持巩固壮大主流思想舆论，弘扬主旋律，传播正能量，激发全社会团结奋进的强大力量。关键是要提高质量和水平，把握好时、度、效，增强吸引力和感染力，让群众爱听爱看、产生共鸣，充分发挥正面宣传鼓舞人、激励人的作用”②。

时，就是把握时机、时效，赢得舆论引导先机。追求时效的前提是要保持新闻的真实性，在体现新闻真实性的原则上及时、适时发声，赢得话语权。如今新媒体迅猛发展，“人人都有麦克风”，对舆论引导的时效性提出了较高要求。各级电视台，尤其是央媒应该牢牢把握舆论的主动权，坚持公开透明的原则，第一时间发布权威信息。媒体不仅要进行正面宣传，还要增加发声的频率，最大限度地挤压负面信息的空间。

度，就是掌握分寸，把握力度，不过度宣传正面报道。度是一个哲学问题，在哲学领域表现为量变和质变的中间界限。正面宣传的过量报道，一旦超越这个度，就会引发负面效应。就报道数量而言，要因地制宜、因时制宜，根据实际情况宣传某一正面事件，减少原有的全天候播报的次数。从报道类型上，必须准确地掌握正面报道的高度和深度，不夸大主要问题和次要问题。既报足“喜”，也解好“忧”，要紧紧围绕人们普遍关心的就业、医疗、住房、食品安全等社会问题，客观报道热点新闻，理性引导受众舆论。

效，即宣传效果，要求实效。传播效果以不断增强影响力为目标，发挥正面报道在社会发展中的建设性作用。在百姓民生问题上，坚持全局视野、百姓视角，把宏大叙事与新闻故事结合起来，把政策解读与民生问题串联起来，突出正面报道对百姓有利的思想内涵，使正面报道更加鲜活，具有生命力。

最后应加强新闻从业人员的把关。对正面报道而言，要在两个方面进行审核与把关：文稿和画面。③

---

① 范敬宜，李彬. 马克思主义新闻观十五讲［M］. 北京：清华大学出版社，2007：88–89.

② 做好宣传思想工作，习近平提出要因势而谋应势而动顺势而为［EB/OL］.（2018–08–21）［2020–11–18］. http：//cpc.people.com.cn/n1/2018/0821/c164113-30242126.html?from=singlemessage&ivk_sa=1024320u.

③ 翁振月. 论电视新闻节目的审核把关［J］. 电视指南，2018（10）：62.

电视新闻文稿，一般是经过记者一线采访、拍摄后撰写的稿件，后期经电视台总编辑进行审核。在文稿审核方面，正面报道的内容要始终坚持以正确的舆论引导人，以优秀的作品鼓舞人。电视新闻作为正面报道传播的主要媒介，是联系党与人民的桥梁，它汇聚了人民对议题的关心，因此，正面报道的内容不仅应侧重于口语，使观众易于理解和接受，而且还应严格检查文稿的标题和正文，以免造成误解，欺骗公众。在政策导向方面，正面报道新闻文稿的导向不能有悖于党的路线、方针和政策。在内容真实性方面，一定要客观准确地进行正面报道，不能借助电视媒介视听的技术优势来夸大正面，煽动情绪。

电视新闻画面，是经由电视媒介向受众展示的图片、文字、视频等声画一体的动态图像。电视新闻在播出之前，一般是要经过拍摄、文稿、配音、剪辑、包装等环节。电视新闻是可视化的语言，在审片过程中，不仅要审配音，还要审画面。正面报道的画面应以百姓人物形象、事件本体为主，多角度、多层次地展现新闻事实，而不是过多地关注领导视察、会议讲话等。

（二）新媒体技术：遵循价值，创新形式

新媒体的激烈竞争促进电视新闻正面报道传播形式上的转变，正面报道在发展过程中要不忘推陈出新、革故鼎新，在尊重新闻规律的同时进行传播方式的变革。

1. 遵循以人为本的新闻规律

从技术哲学视角论述电视新闻正面报道未来的媒介形态发展规律，既是从历史沿革中发现轨迹的新闻报道技术问题，又是在认识世界之后如何改造世界的哲学命题。海德格尔批判技术对人类的异化，从“以人为本”出发，提出让人类从技术异化中解脱出来的关键在于正视人类与技术之间的关系，重申技术发展的出发点是人类本身。① 所以，正面报道的内容首先要满足人本主义观念，坚持全心全意为人民服务的最高宗旨，在新闻工作中尊重客观事实，承认新闻规律。

自“十八大”以来，习近平总书记一直强调文化自信。文化自信是一个国家、政党、人民对其自身文化价值的充分肯定和积极实践，也是对其文化生命力、民族精神的坚定信心。电视新闻正面报道坚持人本主义观念，有助于彰显文化自信的作用和价值，电视新闻媒体要通过正面报道继承和弘扬优秀的传统文化，使先进的社会主义文化更加繁荣。

---

① 刘磊，刘瑞. 人工智能时代的教师角色转变：困境与突围：基于海德格尔技术哲学视角［J］. 开放教育研究，2020（3）：44-50.

2. 创新立体多样的媒介形态

当下，电视新闻要把握好新媒体技术变革带来的机遇，在遵循新闻价值理念的同时打造“互联网 + 正面报道”的发展模式，以用户为核心，强化内容创新，搭建技术平台。

自“十八大”以来，习近平总书记针对迅速发展的互联网新媒体传播渠道，更加重视正面报道舆论的导向引领作用。2017 年在党的“十九大”会议关于新闻舆论工作的论述中，习近平总书记提出：“高度重视传播手段建设和创新，提高新闻舆论传播力、引导力、影响力、公信力。着力打造一批形态多样、手段先进、具有竞争力的新型主流媒体，建成几家拥有强大实力和传播力、公信力、影响力的新兴媒体集团，形成立体多样、融合发展的现代传播体系。”①2019 年 1 月 25 日，中共中央政治局就全媒体时代和媒体融合发展举行第十二次集体学习时，习近平总书记指出，全媒体不断发展，出现了全程媒体、全息媒体、全员媒体、全效媒体。② 在政策的支持和鼓励下，电视新闻正面报道迎来了转型机会。

近几年，移动短视频、流媒体平台、AR 和人工智能等可视化平台的出现，为传统的正面报道利用新媒体技术革新传播机制带来了机遇。利用不同的新媒体技术，正面报道可以创建不同的信息呈现方式，通过多样化的视听语言传播正能量新闻。

（三）受众：理性思考，正确解读

互联网技术的发展降低了内容发布和评论的门槛，把关主体角色泛化，从新闻从业人员扩展到了社会普通受众。电视新闻正面报道的标准受到受众喜好的胁迫，受众不仅能选择看什么正面新闻，而且能通过一系列评论、转发等社会互动模式引起舆论，导致社会出现盲目跟风现象，感性大于理性。所以在“后真相”时代，正面报道要真正发挥出优势，需受众群体的共同努力。

1. 培养受众的媒介素养，强化参与意识

社会要不断加强受众的媒介素养，把电视媒介和意见领袖③的话语作为提升受众素养不可或缺的途径。例如《新闻联播》的延伸栏目——《主播说联播》。在每次《新闻联播》节目播送完正面报道后，《主播说联播》会增添主持人正确的评论

---

① 国务院新闻办，中央文献研究室，中国外文局. 习近平谈治国理政：第 2 卷［M］. 北京：外文出版社，2017：331.

② 习近平主持中共中央政治局第十二次集体学习并发表重要讲话［EB/OL］.（2019-01-25）［2020-10-21］. http://www.gov.cn/xinwen/2019-01/25/content_5361197.htm.

③ 意见领袖：在群众中有一定的权威性，并能左右多数人态度倾向的少数人。

性内容，起到教化群众的作用，让把关活动收到良好的效果，使正面报道的媒介舆论环境变得越来越和谐、健康。除此之外，要制定、完善相关的政策条例，健全法律法规，加强网民的法律素质教育，用权威去落实“把关”。

2. 受众要提高新闻分析能力，辩证思考

如今的“后真相”媒介生态呈现出观点先于事实、感性代替理性、情绪过剩、事实稀缺等特征，在面对复杂的舆论生态和大量的新闻信息的情况下，如何提高获取有价值信息的能力，在信息的汪洋中保持冷静的态度是十分必要的。

首先是高效阅读。这种能力可以有效避免信息过载。在电视新闻正面报道超负荷的情况下，受众的阅读效率需要提高。当电视新闻多次重复报道同一事件时，受众可快速浏览，甚至拒收；还应查看新闻的来源，看新闻是否有明确的发布机构，验证信息来源是判断正面报道真实性的重要前提；进行信息交叉确认，从不同的渠道读取信息对同一正面报道进行验证，从而得知报道的真实性和全貌，有助于提高自己的批判能力。

其次是不断提高受众与媒体之间的沟通能力。一是避免采用和传播来历不明的信息；二是谨慎对待可疑、不可验证的信息；三是提供有关可疑信息的来源，进行多方验证，自觉遵守新闻适用的法律和法规。

最后要辩证地看待正面报道与负面报道之间的关系。受众对待某些负面报道也要发挥正面的舆论效应，对媒体和相关部门进行有效监督。

中共中央宣传部、新华社将改进与加强正面新闻报道问题列为工作重点之一，并多次提出具体要求与措施：“一是强调报道要有全局观点，二是强调努力扩大报道范围，三是要求新闻报道必须准确、迅速、简练。”① 以我国目前的形势来看，未来的新闻报道之路应该以正面报道为主，负面报道为辅，正确履行电视新闻的媒体责任。

本章小结：

1. 在新媒体技术导致的“后真相”时代，电视新闻深度报道应该积极借助媒体技术，改变自身媒介形态，在“四全媒体”政策的引导和鼓励下，把握转型机会，充分发挥“深度”的特点。

2. 新媒体技术的发展对电视新闻的影响是十分巨大的：一方面新媒体平台的兴起冲击着电视新闻的主流地位；另一方面互联网技术也给电视新闻深度报道带

---

① 方汉奇. 中国新闻传播史［M］. 北京：中国人民大学出版社，2009：290.

来了发展机遇，由数字化浪潮引发的新一轮新闻业革命已是大势所趋。

3.“符合论”与“实用主义”真理观对于“后真相”时代的新闻生产和发布提供了理论借鉴。应用到新闻传播领域，就是媒体生产出来的新闻要对社会公众有用，起到正确引导舆论、安抚公众情绪、引领未来方向的作用。

关键术语：

1.“后真相”（post-truth）：从字面上讲，“post”表示“超越”，“truth”表示“真相”，“后真相”也就意味着“真相”不再那么重要。在社会传播过程中，“后真相”表现为当群众面对某一舆论事件时，一般感性大于理性，情绪先于事实。“后真相”原本用于形容一种畸形的舆论生态环境。

2. 马克思主义新闻观：是马克思主义关于人类新闻传播活动规律的总的看法，是无产阶级政党领导的新闻舆论事业的指导思想和行动指南。

3. 拟态环境：最早由美国学者李普曼在其著作《公众舆论》中提出。大众传播媒介在对现实世界中发生的事实进行新闻报道时，并不是镜子式的再现，而是一个有意识的加工过程。即拟态环境是指大众传播媒介通过对新闻和信息的选择、加工、报道，重新加以结构化以后向人们所展示的环境。

思考与研讨题：

1. 在“后真相”时代，电视新闻深度报道除了改变媒介形态外，还采取了哪些措施？

2. 思考事实判断、价值判断与电视新闻深度报道有何关联。

3. 电视新闻深度报道中的“深度”具体体现在哪里？

4. 电视新闻报道的深度和题材有关吗？试举例论证。

延伸阅读：

1. 麦克唐纳. 后真相时代［M］. 北京：民主与建设出版社，2019.

2. 李普曼. 公众舆论［M］. 阎克文，江红，译. 上海：上海人民出版社，2006.

3. 波兹曼. 娱乐至死［M］. 章艳，译. 桂林：广西师范大学出版社，2004.

第二章　电视新闻深度报道的概念

▶章节大纲：

1. 电视新闻深度报道的内涵；
2. 电视新闻深度报道的类型；
3. 电视新闻深度报道如何保持长久的生命力。

▶章节内容：

本章主要介绍了电视新闻深度报道的内涵、产生和发展的历史脉络，以及电视新闻深度报道的不同类型，便于学生全方位了解电视新闻深度报道。

第一节　电视新闻深度报道的内涵

一、深度与平面

1994 年 4 月 1 日，中央电视台新闻评论部创办了《焦点访谈》栏目，该栏目活跃至今。《焦点访谈》以电视新闻深度报道为主，以“用事实说话”作为栏目的宗旨。“用事实说话”这句口号逐渐成了人们认识电视新闻深度报道的常识性概念。

（一）深度：纵向的追踪

“用事实说话”总是试图提醒人们事实的说服力，强调事实在新闻报道中比教条或者逻辑推理更有现实意义。在强调事实的同时，这句话的另一层意思却被忽略了，那就是说话。既然是“用事实说话”，那么要说的话和所用的事实，就不是相同的内容。也就是说，事实仅仅是手段，说话才是真正的目的。电视新闻报道的深度正是从说话的角度体现的，有关深度报道的问题就简化成了需要通过事实来说些什么，怎么完整地交代事实的起因、经过和结果。

首先来看一些有关深度报道的概念。

它是一种长篇的报道，主要用于对重大新闻事件的反映。它不是一般的报道现象，而是深入内部和各个侧面……并能预示事物发展的趋势和矛盾。

运用解释、分析、预测的方法，从历史溯源、因果关系、矛盾演变、影响作用、发展趋势等方面报道新闻的形式。

一种阐明事件因果关系、预测事件发展趋势的报道形式。诞生于20世纪40年代，是新闻5个“W”和1个“H”的进一步深入的报道方式。它的主要特点是要在“why”（为什么）和“how”（怎么样）中进一步深化，要求以今日的事态核对昨日的背景，从而说出明日的意义来。①

这些概念描述了深度报道的目的性，或者从篇幅、题材等方面对深度报道进行了界定。类似的对深度报道的界定不胜枚举，但基本上有一个共性，就是把深度报道认知为一种形式，从手段和方法上对其概念进行界定。不过，这样的界定是有所缺失的，因为动机和手段都不能代替深度报道作为结果的意义。陈作平曾赋予深度报道更多的结果性意义，指出深度报道实质上是对新闻信息的拓展和延伸，其拓展和延伸集中体现在对新闻事物的事实判断和价值判断上。这个概念使深度的含义和作为新闻作品的报道产生了密切的联系，强调了结果性的意义。

下面来考察一下报道在程序和结果两个层面的不同意义。

人们从两个方面使用“报道”这个词：一方面指新闻实践中的行为或者活动，如“张三负责这次新闻报道”；另一方面指已经完成的新闻作品，如“这篇报道非常出色”。在深度报道的相关概念中，第一个方面往往被强调，而第二个方面往往被忽略，这一点从对深度报道的划分中可以看出。深度报道通常分为解释性报道、调查性报道、预测性报道、分析性报道、述评性报道等，甚至还有复活性报道、开拓性报道这样模糊的概念。我们选取其中比较有代表性的三类深度报道具体予以分析。

解释性报道以解释新闻事件产生、发展的原因和背景为主，把握事件的主要矛盾是做好解释性报道的关键。

调查性报道是指以调查新闻事件产生的原因、展示新闻事件发展过程为主的

① 余家宏，等.新闻学简明词典［M］.杭州：浙江人民出版社，1984：172.

深度报道。

预测性报道主要指通过了解新闻事件产生、发展的原因和背景，把握其运动规律，并结合现实条件对它的前景做出预见性的报道。

这三种报道形式之所以能成为典型，是因为它们在时间上较完整地涵盖了事件的全过程。解释针对过去，调查针对当下，预测针对未来，这种划分能在一个统一的维度上保持其逻辑的一致性。然而，这种划分结果从形式逻辑上看，在外延上存在交叉重复，如在报道中调查往往是解释的依据；对很多电视新闻报道而言，调查的过程就是解释的过程，也恰恰是在解释中形成对事态发展的预测。

深度指在报道形式上对某一事件进行前因后果的描述和对未来的展望；在认知和行为上指主观对客观进行反映的深入程度，它实质上是一个认知程度的问题。“深度报道再深，也不是理论文章，不能从概念到概念，推理了再推理。深度报道需要具备可读性和知识性，让人思考，引人入胜。”①这一概念表述虽然有些同义复指，但从接受与认识的层面提出了深度概念中不可忽视的内容。有关深度报道的很多概念表述是毫无意义的，例如，“深度报道是一种以‘深’见长的报道方式”。这种对概念的解析就陷入了无穷尽的同义反复——不能用“深浅”的概念来衡量认知程度，认知程度的差异应从“量”和“质”两个更科学的范畴进行考察。

首先，从量的角度看，不同的新闻报道包含的信息量有多与少的区别。受众在对新闻报道的认知过程中，获取信息量的不同导致了其认知程度的差异。新闻报道中的信息量一方面在时间和空间的维度上展开，另一方面和媒介的形式有较大的相关性。在时间上，事实通常从因果关系的角度延伸；在空间上，事实通常在类比的逻辑上展开。早期的研究中有把新闻报道的“广度”和“深度”混淆的情况，认为背景事件的丰富程度就是新闻报道的深度，这种观点可能不够深入，因为广度仅仅体现信息的量，而深度显现为大量事实基础上的一种联系。

新闻事件在时空上的扩展使认知对象不再是孤立的新闻事件，信息转化为一种联系。新闻报道中信息的核心不再是新闻事件本身或者由其展开的其他事件，而是经过扩展的时空之中一系列事件的关系。在这个意义上，每个新闻事件实际上就是一个关系网络。新闻报道的深度，从量的角度衡量，正是从这个关系的意义上体现的。例如，《新闻学简明词典》中对“深度报道”的描述：“它的主要特点是要在‘why’（为什么）和‘how’（怎么样）中进一步深化，要求以今日的事态核对昨日的背景，从而说出明日的意义来。”②是从时间的维度上阐释联系。前

① 陈力丹. 深度报道“深”在哪儿？[J]. 新闻与写作，2004（4）：10–11,17.

② 余家宏，等. 新闻学简明词典［M］. 杭州：浙江人民出版社，1984：172.

面提到的对深度报道的划分是从时间的因果联系上展开的：调查性报道针对过去，是原因；预测性报道指向未来，是一种可能的结果；解释性报道分析当下，阐释因果联系。所以说划分的三个子项之间是相互交叉的，调查与预测在解释中得到统一。

然而，仅仅从对象的角度来看，狭义的因果关系也不能涵盖所有的联系，事件之间还存在着条件关系。这些条件被亚里士多德描述为“质料因”①和“形式因”②，它们不对事件的发生产生直接的动力。在新闻报道中，这些条件关系往往更有价值，是受众更关心的问题。例如，在“百香果女孩遇害”新闻事件中，事件的基本事实比较清楚，受众更关心的问题逐渐指向犯罪嫌疑人的教育背景和社会环境等，这种联系其实是一种条件关系。电视新闻深度报道要向受众展示“为什么”。“为什么”有时针对客观事实，有时也指向主观目的，并且扩展到促成主观目的的客观事实。例如，“他为什么要杀人”这个问题就有多种指向性。新闻报道中的“为什么”与司法审判中的“为什么”有较大差异，前者注重客观因素，后者注重主观因素。

从量的角度对认知程度进行衡量，新闻事件背景的丰富程度及在时空上扩展的程度都不能决定新闻报道的深度，深度必须通过报道所展现的事件之间的联系来确定。简单地说，新闻事实多而全面并不能体现出深度，相关性较高的联系多并且被受众认知才能体现深度。另外，这种联系的量还和报道媒介相关。

其次，从质的角度看，受众在新闻报道认知过程中获得信息的性质使认知程度产生差异。深度报道实际上是对新闻信息的拓展和延伸，其拓展和延伸集中体现在对新闻事件的事实判断和价值判断上。上述论断的核心意义集中体现在“判断”一词上，如果仍然从因果关系的角度出发，那么“判断”体现为一种从事实到思维的延伸。因果关系从本质上来说属于思维的范畴，有些思想家还认为它是先验的。这里不讨论这个概念的形而上学意义，从直观经验中人们也能感觉到因果关系在事实领域和思维领域的不同作用。例如，在数学演算中人们经常使用“因为”“所以”，在逻辑推理中人们也经常使用“因为”“所以”。这里的“因为”“所以”就属于思维领域。在新闻报道中，关系从事实的联系转化为一种思维的联系，其本质也就发生了变化。新闻报道的意义从事实层面进入了思维层面，于是深度就得到了体现。

---

① 质料因：天然的、未分化的材料，事物就是由质料因构成的。

② 形式因：指当事物完全实现其目的时，在事物身上所体现出来的模式或结构。

（二）平面：横向的直叙

平面报道不仅是上述“量”的角度中广度的范畴，在这里“平面”主要指的是平面媒体。通常，我们把报纸、杂志等传统媒体称为“平面媒体”，它们是以纸张为载体发布新闻或者资讯的。前面我们已经阐述了深度报道的相关概念，作为一种报道形式，它可以系统地反映重大时事和社会问题，深化和阐明事件的因果关系，以揭示事件的实质和意义，并加深受众的认知，引导受众的行为。在当今社会转型时期，受众特别需要了解关于报道对象的分析、解释和预测，这也是深度报道应努力发展的目标。

在新媒体时代，面对日益多样化的沟通渠道和媒体，平面媒体进行深度报道的优势是什么，如何利用这些优势在互联网发展的浪潮下实现深度报道的创新，这是我们目前所要关注的。

1. 平面媒体深度报道的优势

报道方式加深内容的深度。深度报道是新媒体之短，传统媒体之长。在网络大潮的冲击下，深度报道可以凸显平面媒体在网络时代的优势，平面媒体也为深度报道提供传播载体。平面媒体的深度报道是报纸与广播、电视、互联网等媒体形态竞争的一种武器，因为在新闻传播的时效性、交互性、沉浸性等方面，传统印刷的纸质媒体无法与电子媒体和社交媒体竞争，所以，平面媒体必须在新闻的深度上努力，并为读者提供尽可能详细的背景信息、事发原因、具体过程、发展趋势和未来展望等，使读者可以从微观和宏观的角度来体验，以更好地理解新闻事件的整体脉络。

受众对深度报道的要求越来越高，渴望听到权威的声音。在新媒体时代，信息的传播和接收已变得空前便利。对受众而言，新闻和信息已从过去的稀缺资源变得泛滥。如今，受众需要的不再是大量的碎片化信息，而是渴望从信息中获得安全感和满足感，故此，新闻报道也应从告知转变为解释。2007 年，拥有一百多年历史的《华尔街日报》进行了重大变革。报纸的编辑说，读者已经习惯于从互联网上获取即时信息，故此，报纸继续报道昨天的新闻不再有用。预测、分析和解释深度信息应成为《华尔街日报》竞争力的核心，于是，《华尔街日报》极大地压缩了信息，扩大了深度，增加了新闻的附加值，这在某种程度上不仅是为了减少新媒体对传统媒体的冲击而采取的防御措施，而且也是为应对当下受众需求而主动采取的措施。

2. 新媒体时代平面媒体深度报道的变革

尽管平面媒体能为深度报道的发展提供有利场所，但在互联网新媒体的冲击下，平面媒体发展普遍放缓是个不争的事实。与新兴媒体不同，中国印刷媒体仍处于仅拥有一个地区市场的阶段，因此，在新旧媒体的竞争中，平面媒体显然缺乏发展的动力。从全球来看，许多国家的平面媒体整合已经成为过去，而我国的平面媒体仍处于过渡时期，无法实现有效的扩张，所以平面媒体在互联网时代，应充分利用媒介形态创新形式，发挥优势，避免弱点，吸引和稳定读者，巩固和扩展交流平台。

报网联动，形成合力。我国许多平面媒体都在互联网上建立了平台，这无疑扩大了报纸的深度报道范围，并增加了读者人数；网站创建的新闻论坛和微博也增强了平面媒体与广大受众之间的互动交流。与以前的纸质媒体相比，报网联动后的平面媒体具有及时性、准确性、生动性、交互性等特点，它除了将信息完全准确地发布在自己的平面媒体外，还可以借助互联网将信息传播到更广泛的区域。显然，报纸和网络之间的联系已导致印刷媒体的可见性提高。

打破隔断，吸引人才。虽然平面媒体深度报道具有一定的优势，但它没有理由因此而沾沾自喜。相反，为了获得最佳的传播效果，有必要打破以往的优势和狭隘的视野，以创新的思维积极引进新媒体人才，这些人才了解新媒体的运作方式，他们知道平面媒体的“短板”在哪里；同时，这些新媒体人才的新闻搜集意识远胜传统报纸编辑人员，引入他们，可以从整体上提高深度报道的及时性。

在新媒体的影响下，平面媒体对深度报道的关注和发展将不可避免地对报业的发展产生重大影响。深度意味着吸引力，深入的报道可以使受众无限接近问题的真相，这正是许多读者所期望的，也是如今仍有读者阅读报纸的原因。深度报道不仅可以提高读者的认知水平，还可以增强读者与报纸之间的共鸣。随着深度报道的发展，平面媒体不再是可以被看到和丢弃的即时信息媒介，对时事的全面报道以及向读者提供理论观点和评论将成为其具有竞争力的手段之一。

二、电视与新媒体

在前一小节中，我们主要探讨了深度报道的内涵、特点和平面媒体深度报道的发展现状。本书中所讨论的深度报道主要是电视新闻深度报道。电视新闻深度报道的特点主要是从与纸媒、新媒体的比较中得出的。

（一）电视与纸媒："说"与"写"的区别

纸媒属于平面媒体，因此纸媒的深度报道内容结构特征在这里不再赘述。我们主要从电视的技术特征入手，讨论电视新闻深度报道的特点以及与纸媒深度报道的区别。

在电视新闻报道中，信息的传播有两个基本特征：一个是繁复，另一个是瞬时。在多数的电视新闻报道中，平均每三五秒钟就会切换一次画面，各种信息甚至是与主题无关的信息都能被受众看到。这在认知的过程中加重了主体的负担，受众总是有新的信息可以看到，一直在"有什么、是什么"的层面接收信息，同时还要在复杂的信息中筛选哪些是和主题事件相关性较大的，哪些是无关的，这样的过程阻碍了作为一种"联系"的深度被受众认知。与此同时，电视图像的瞬时性使受众对信息的认知不可重复。因此，"繁复"和"瞬时"的特征使深度几乎被完全遮蔽了，于是，电视新闻报道深度的体现就需要更多修辞手段的参与，后面章节会详细讨论这个问题。

这种"反深度"的技术倾向并不是不可逆转的，电视的技术特征同样可以丰富新闻深度报道的形式，甚至在某些方面相对于报纸而言，电视的视听手段可以转化为在深度方面的一种优势。

纸质媒体的深度报道和电视新闻的深度报道有着巨大的区别，这种区别不仅体现在传播手段上，还进一步地通过传播手段的不同在内容上显现出明显的差异。人们可以回想一下自己曾经阅读过的"深刻"的作品，无论是文学作品还是电视新闻报道，文字的深刻性往往体现为一种"一般性"或者"普遍性"。人们说《红楼梦》是深刻的，因为它体现了时代文化；人们说《战争与和平》是深刻的，因为它反映了厚重的历史。文字的深度体现为对事实、现象的一种超越。这种超越是外在的，是通过文字进行的一种直接表达，因为阅读与写作本身就是一种思维活动，写作的结果也是一种思考的结果，于是深度和文字之间有了一种天然的联系。

对图像和声音而言，深度的显现呈现为不同的状态。图像在人的意识中与欲望、情感等初级的意识形态相联系。例如，人在饥饿的时候，"吃"的欲望在头脑中表现为一种形象。某人想吃馒头，他的头脑中往往呈现的是馒头的样子，而不是"馒头"两个字。当涉及思维的复杂活动时，如推理、判断，形象就不起作用了，需要抽象的语言的介入，这时，声音形象成为一种思维的表征。例如，人在读书的时候总是默默地用自己的声音在读。这里的声音形象是思维的工具，而不是表达的工具，二者呈现出不同的特征。对于以口语、图像为传播方式的电视媒体而言，深度的体现是内在的，是通过口语和图像进行的一种潜在的表达。这种深度体验的获得不仅仅是推理的过程，经常也是一种直观的过程。所以说，电视新闻深度报道更需要立足经验事实，需要受众对事实进行直观的把握。

（二）电视与新媒体："窄"与"泛"的形式

2020年，中国互联网用户数量超过9亿，中国移动互联网用户数量为8.97亿。"三微一端"等新媒体平台已超越传统媒体，成为最具影响力的新闻载体。在激烈的市场竞争中，纸媒、广播和电视逐渐失去竞争力。

但是，我们还必须意识到，目前正处于全面创新的历史性时刻，创新是发展的第一动力。社会现实为电视新闻深度报道提供了丰富的信息和充足的写作空间；与此同时，在深度报道编写过程中，大数据算法、虚拟现实、人工智能、区块链等技术不仅可以缩短编写时间，还可以为编写者提供专业的数据分析，最终通过立体化的矩阵分发给受众。可以说，在智能媒体环境下，电视新闻深度报道虽然面临着巨大的挑战，但也意味着前所未有的机遇。

首先，电视新闻深度报道因循守旧，传播方式较为单一。电视新闻深度报道与传统的纸媒相比，其视听化语言有利于受众更好地接受信息，但与新媒体相比，其媒介形态还停留在文字、图片、视频等方面。新媒体媒介形态呈现新闻的方式更为丰富，具体而言，新媒体是在互联网的帮助下使用新技术、新思想形成的通信渠道和互动平台，可分发各种形态的信息，信息产品将通过不同的渠道、平台和终端进行传播，形成媒体生产和发行的新形式。与电视媒体相比，新媒体的语言符号更为丰富。

其次，电视新闻深度报道传播平台单一，受众无法随时随地获取最新消息。在新媒体时代，受众最直观的体验是各种新技术和新平台的开发与应用，这些新技术不仅丰富了电视新闻的表达，提高了对受众的吸引力，还为受众提供了更多的沟通渠道，受众不再被动地接收，而是参与新闻内容的生产和传播。与此同时，手机、iPad等移动设备使得受众可以随时随地观看自己感兴趣的新闻。

迄今为止，许多电视频道都开发了专用的新闻移动客户端，并且在微博、微信、抖音等社交媒体平台上注册了官方公众号。值得注意的是，在电视受众的基础上，一些电视频道的新闻服务也在开发电视新闻深度报道方面的客户端，专门用于新闻评论、深度报道；借助移动数字技术，即时向广大受众传递新闻资讯，多角度、全方位地整合新闻资源，不断扩大深度报道的影响力。电视新闻深度报道的媒介形态也在不断发生转变，这在以后的章节中会详细阐述。

三、报道与评论

有观点认为，新闻报道中不应含有评论和判断，只能是事实的展现。这种观点过分夸大了深度报道和新闻评论的区别，其实，深度报道和新闻评论二者的区别只是形式上的，至少从深度报道的角度来看，二者在目的上具有一致性，都要展现事物之间的联系，让受众获得一种价值判断。

（一）深度的显现

下面通过对电视新闻深度报道与电视新闻评论的比较，来直观地了解深度的内涵，以及深度在不同题材新闻作品中的具体展现方式。在电视新闻深度报道中，深度是潜在的，隐藏在诸多事实的关系中；在电视新闻评论中，深度是直接呈现的，主要通过评论员的话语传达。通过本章前面的讨论可以看出，深度的实现最终依赖受众判断的形成。在具体的报道或评论中，深度以观点的形式展现。当然，并不是所有的观点都能体现深度，在电视新闻深度报道和电视新闻评论中，观点的表达通常从不同的角度展开，以不同的形式体现。

1. 正确性是深度的前提

观点的深度与其显现的程序有关。观点在显现的过程中由论证和论据两个方面构成。论证过程的正确指的是没有逻辑错误，论据的正确指的是新闻事实的真实性。任何具有深度的观点必须建立在正确的显现过程基础上。当然，并不是所有正确的观点都是具有深度的，而且在电视新闻深度报道与电视新闻评论中，这种正确性的体现也是有差异的，比如在电视新闻评论中，从论据、论证到观点都是直接展现的，而且多通过评论员或者主持人的话语来展现。正确性不仅关系到程序的真实程度，也关系到结论表达的严谨程度。

对于电视新闻深度报道和电视新闻评论而言，论证的过程及其正确性尤为重要，并不是只要有论证过程、结论正确就可以敷衍了事的。在当下的电视新闻报道和评论中，不科学的归纳、偷换概念等论证错误非常常见，这有悖于深度报道的实质。

2. 论证难度与深度正相关

在电视新闻深度报道与电视新闻评论中，论证问题的难度有两个方面，一方面是对事实之间逻辑关系的分析，另一方面是事实论据的获得，后者相对更为重要。重分析的一般呈现为解释性报道，重事实的一般呈现为调查性报道。解释需要建立在事实的基础上，事实展现需要通过合理的结构，二者是相辅相成的关系。

（二）角度的区分

陈力丹在《新闻理论十讲》中归纳了影响新闻价值的要素。（1）事实发生的概率越小，便越有新闻价值。（2）事实或状态的不确定性越大，减少不确定性的事实或信息便越具有新闻价值。（3）事实的发生与受众的利益越相关，便越具有新闻价值。（4）事实的影响力越大，影响面越广，越能立即产生影响力，这三个条件同时存在，便会具有更大的新闻价值。（5）事实与接收者的心理距离越近（兴趣、生活地域、性别、年龄、教育程度和专业、经济收入、民族或种族或宗教的心理距离），便越具有新闻价值。（6）越是著名的人物，其身上发生的事实，越具有新闻价值；越是著名的地点，那里发生的事实，也越容易引起受众的关注。（7）凡是含有冲突的事实，多少都有新闻价值：内涵的冲突越大，越具有新闻价值。（8）越能表现人的情感的事实（悲欢离合），便越具有新闻价值。（9）越有心理代替性的故事性事实（各种成功者、英雄主题、大团圆主题等），越具有新闻价值。（10）事实在比较中带有的反差越大，越具有新闻价值。①

上述十个要素细致地描述了新闻价值的体现。其中（1）强调新奇，即事实本身含有的吸引力，其新闻价值从事实角度显现；而（2）（3）（4）（5）强调了新闻事件对受众的影响，通常聚焦于功利性，其新闻价值从善的角度显现；（6）（7）（8）（9）（10）强调了新闻事件的戏剧性，其新闻价值从审美的角度或通过艺术的表达显现。电视新闻深度报道和电视新闻评论在上述角度的选择中是有明显偏好的。

电视新闻深度报道通常从事实角度，即客观角度体现价值，报道以对核心事件的调查为主要内容，报道的目的首先体现为事实判断，然后延伸至价值判断、道德判断乃至审美判断；而电视新闻评论通常从善的角度和主观印象体现其新闻价值，评论以对核心事件的分析为主体。即报道与评论的区分体现为对价值判断和事实判断的区分，这在以后的章节会具体阐述。

（三）形式的区分

形式的不同直接体现了“隐”与“显”的差异。对电视新闻来讲，形式首先可以划分为视觉形式和听觉形式两个方面，二者分别承担着不同的任务。

---

① 陈力丹. 新闻理论十讲［M］. 上海：复旦大学出版社，2008：35–47.

1. 视觉形式的主要类型

第一，新闻现场图像。新闻现场图像是叙事的重要手段，一般通过现场直播或跟踪摄录的方式获得，是对新闻事件最直接的再现。对于电视新闻而言，新闻现场图像是极其珍贵的。从新闻事件的发生到媒体对新闻事件做出反应总是有时间差的，新闻报道几乎都是滞后的，尤其对于电视新闻深度报道而言，为了获得更多的有效信息，对新闻事件进行深度报道的滞后性往往更强。

第二，图文。图文是电视新闻的必要补充手段，电视媒体传达抽象信息的能力较弱，仅仅通过单向传播的口语传达抽象信息经常会造成信息传递的障碍。例如，较大的数字、复杂的名称、方言以及非标准的口语表达都会造成受众认知的困难。在这种情况下，字幕和说明性的图文能弥补缺陷。

第三，动画和图表。动画多用于解释性的新闻报道。与图文不同的是，动画是对口语抽象性的弥补。有些信息需要经过视觉才能更有效地被认知，如某个建筑的整体结构、某种工具的工作原理等。图表通常用于解释复杂的事物关系，如对核心新闻事件的因果阐释往往用图表的形式来表达。

第四，情景再现。在电视新闻深度报道中，情景再现的使用是存在争议的，需谨慎使用。情景再现是指通过“表演”的方式把新闻事件再现出来。在视觉效果上，情景再现往往是模糊的，是使电视新闻深度报道形象化的一种手段。

第五，隐喻性画面。在很多电视新闻节目中，尤其是新闻评论节目中会使用大量的隐喻性画面。这种画面的作用主要是增强新闻节目的趣味性，通过形象化的方式把某种情绪传达给受众，例如某些影视作品的画面、抒情性空镜头都能起到这样的作用。

第六，图像。在电视新闻的访谈中，信息的传递主要依靠有声语言，但是，图像所传达的信息同样不可忽视。图像使受众对采访对象的印象更具体、直观，这直接影响了受众对采访对象话语的认可。同时，图像也能增强访谈的真实性。

2. 听觉形式的主要类型

第一，主持人或评论员的话语。主持人或评论员的话语起提纲挈领的作用，对新闻事件的概括、对事件态度的解读都需要通过这种直接的口语形式来完成。这是电视新闻节目中最重要的声音。

第二，解说词。解说词往往起到概括叙事、解释背景等作用。在各种类型的电视新闻节目中，解说词几乎都是不可或缺的声音形式。

第三，访谈话语。在电视新闻中，被访者通过口语表达信息，这些信息有叙事性的，也有评论性的。这些有声语言承担了传递信息的任务。

第四，音乐和音效。在电视新闻中，音乐的作用是烘托气氛，渲染情绪；音效的作用是体现现场感与真实感。这些方式虽然只是辅助手段，但也往往是电视新闻所需要的。

以上对电视新闻的表达形式做了简单的介绍。其中，新闻现场图像作为最重要的视觉形式，在观点的表达上是隐性的。图像本身不包含观点，观点潜在地存在于图像的叙事之中。主持人或评论员话语作为最主要的听觉形式，在观点的表达上是显性的，这些语言直接表达主体对新闻事件的判断。

从电视新闻深度报道和电视新闻评论不同的表达形式中可以印证上述判断。电视新闻深度报道往往以跟踪拍摄的现场图像为主，配合解说词的概括和说明作用，经常使用隐喻性的空镜头来抒发情绪，偶尔通过解说词点题或发表评论。而电视新闻评论则主要通过评论员发表观点，在评论的间隙通过一些视觉形式来提供经验论证的支持；一些风格相对轻松的电视评论还经常使用隐喻性的画面来增强节目的趣味性。

第二节　电视新闻深度报道的外延

一、电视新闻深度报道的类型

在本章第一节中，我们简单提到了深度报道主要包括了解释性报道、调查性报道、预测性报道等多种报道形式，下面逐一对它们进行阐释。

（一）解释性报道

1. 发展背景

解释性报道起源于 20 世纪 20 年代的美国。美国在经历了第一次世界大战和经济危机之后的“新政”时期，政治、经济、社会都发生了重大变化，人们在了解发生了什么事情的同时，需要了解事件发生的原因、背景以及产生的影响。李普曼指出：“各种事件接踵而至，而这些事件本身是毫无意义的。于是，一个‘为什么’变得与‘是什么’同样重要的时代开始了。当时，如果驻白宫的记者仅仅报道发生了什么而没有提供事件发生的原因和含义，那他只完成了一半工作。”[1]同

① 李良荣. 西方新闻事业概论［M］. 上海：复旦大学出版社，1997：121.

时，西方新闻界一直奉行的客观性原则遭到质疑，不少记者对新闻采访进行改进，加强了新闻报道的解释性。

1923 年，亨利·R. 卢斯创办了在美国颇具影响力的杂志《时代》周刊（*Times*），宣称，它旨在使“忙人”能够充分了解世界大事。该刊的特色是将一周的新闻加以组织、分类，并提供背景材料，进行分析解释。这种新闻报道方式新颖特别，不同于美国传统的纯事实报道，一下子引起了读者的关注，成为解释性报道的先驱。

解释性报道这一新概念很快渗透到政治、经济、劳工、农业等各个方面的新闻报道。在“新政”期间，劳工享有集体谈判的权利，劳工新闻成为新闻报道的重要组成部分，一些优秀记者更加注重对劳资关系等问题进行详尽的分析。《纽约时报》的记者路易斯·斯塔克与最早涉足这一报道领域的记者之一、《纽约世界报》的约翰·利里一起，于 1933 年将驻地转移到华盛顿。在华盛顿，记者们报道钢铁和煤炭工业的全国劳资谈判、全国劳工关系委员会的活动，以及以《塔夫脱—哈特利法》代替《瓦格纳法》而告终的立法斗争。① 路易斯·斯塔克被公认为美国劳工记者的泰斗，并于 1942 年获得美国普利策新闻奖。

1933 年，美国报纸编辑协会通过决议，承认并强调新闻的解释和分析功能，正式确立解释性报道的名称和地位。1938 年，麦克道格尔修订了自己 6 年前出版的《新闻报道入门》一书，并更名为《解释性报道》，使得解释性报道在理论上得到了系统化的完善。

解释性报道逐渐发展成熟。1960 年，美国学者尼尔·高普鲁刊行《深度报道》，称其以今日的事态，核对昨日的背景，从而说出明日的意义，从理论和学术上稳固了深度报道的地位。1978 年，《世界大百科全书》将深度报道列为 20 世纪美国新闻发展的一大趋势。1985 年，美国普利策新闻奖开设调查性报道和解释性报道两个奖项，这标志着深度报道的地位开始得到广泛认同。20 世纪 80 年代以来，美国《纽约时报》《华盛顿时报》《洛杉矶时报》等重要报纸的解释性报道篇幅占据 70% 以上的新闻版面，而在英国、法国等国报纸上，解释性报道一般占据 50% 的版面。至此，深度报道在西方新闻界有了相当重要的地位。

解释性报道最初产生于报刊，而后随着广播、电视等媒体的发展，做有深度的报道成为纸质媒体的核心竞争力。同时，广播、电视媒体认识到自身的易逝性，也开始使用深度报道的手法挖掘新闻事件的潜力。日本广播协会设有专门的解说

---

① 埃默里 M，埃默里 A，罗伯茨. 美国新闻史：大众传播媒介解释史：第 9 版［M］. 展江，译. 北京：中国人民大学出版社，2009：394.

委员室，他们制作了不少优秀的解释性报道，如《二二六事件被掩盖的真相——陆军军法会议秘密》等，为电子媒体节目的深化提供了可借鉴的经验。[①]20 世纪 90 年代，互联网的兴起使深度报道一步步走出纸质媒体，实现泛媒体化，成为西方新闻界的主要报道形式。

2. 特点

解释性报道通常是一种做解释或者做分析的报道，它主要为事件的来龙去脉提供背景材料。解释性报道作为深度报道的一种类型，应用领域十分广泛，因此该报道在写作要求上也有其独特性。

解释性报道的内容具有内在的逻辑性。与仅报道当前事实的报道方法相比，解释性报道没有固定的结构，比较关注新闻要素的各种连接，例如条件关系、主次关系、因果关系和事实之间的点对点关系等。解释性新闻的结构安排不仅应反映新闻事件发生和发展的逻辑水平，而且应符合公众认知的逻辑顺序，因此，说明性的信息强调其固有的逻辑。此外，在深度报道中，解释性报道不仅必须正确反映事实之间的联系，而且必须有机地统一这些联系。

解释性报道的新闻内容是真实的。作为深度报道的一种类型，解释性报道的重点是用事实进行交谈，通过添加基本事实信息（背景材料）进一步解释时事，然后阐述事件的起因、经过和结果。用于解释新闻事件原因的解释性信息，必须包含新闻工作者的个人意见和见解。但是，与时事评论不同，解释性报道中表达的观点是由记者补充的事实简报材料来表达的，并被当事方的“评论”直接引用，而不是直接由记者发表评论。解释性报道更多地是用事实解释时事，因此，解释性信息作为一种报道方法，虽然倾向于表达意见，但与新闻评论有着根本的区别。

（二）调查性报道

1. 发展背景

挖掘五角大楼、中央情报局、联邦调查局、卡车司机工会、犯罪集团和腐败政客的活动信息是 20 世纪 60—70 年代调查性新闻记者的主要工作内容。作为深度报道的一个重要组成部分，迈克尔・埃默里、埃德温・埃默里、南希・L. 罗伯茨在其编著的《美国新闻史：大众传播媒介解释史（第 9 版）》一书中认为，调查性报道是指利用长时间积累起来的足够的信息来源和文件，向公众提供对某一事件的强有力的解释。

---

① 芮必峰，姜红. 新闻报道方式论［M］. 合肥：安徽大学出版社，2001：88.

早在 20 世纪初的黑幕揭发运动时期，调查性报道就已经开始。19 世纪下半叶，美国的商品经济高度发展，资本主义从自由竞争走向垄断，引起了公众舆论的强烈不满。新闻记者利用报刊业这个有力阵地，发表了大量揭露实业界丑闻的调查性报道，这就是美国近代史上著名的“扒粪运动”（又称“揭丑运动”）。美国总统罗斯福把当时从事揭露新闻写作的记者们比作班扬的小说《天路历程》中的“扒粪男子”，记者们却把它视作光荣的奖赏欣然接受，自称“黑幕揭发者”。

1903 年 1 月，《麦克卢尔》同时刊载了林肯・斯蒂芬斯的《明尼阿波利斯之羞》、埃达・塔贝尔的《美孚石油公司史：1872 年石油战》和雷・贝克的《工作的权利》三篇文章，吹响了黑幕揭发运动的号角。这三篇文章分别从政界、企业界和劳工界三大领域对美国社会进行了无情的揭露。《麦克卢尔》配发社论，呼吁人们维护法律。这场黑幕揭发运动无疑为美国调查性报道的发展打响了第一枪。20 世纪初被称为“公共服务新闻业的黄金时代”，1902 年至 1912 年，经常刊登揭丑文章的十家刊物都红极一时。不可否认的是，揭丑性报道对改变公共政策的贡献是不容忽视的，它确实影响了美国政府的政策制定，与一系列的改革密切相关。它对公司垄断的讨伐直接促成了谢尔曼反托拉斯法的实施，对财富分布不均的报道导致了 1909 年宪法对税收的修正。在这期间，童工的问题也得以立法。尽管如此，此时的调查性报道与成熟完备的调查性报道还有一定的距离。“揭丑运动”的黄金期仅持续了大约 20 年，1906 年达到巅峰后，1907 年开始下滑，而后经过第一次世界大战的冲击，“揭丑运动”的时代终止了。

20 世纪 60 年代末期调查性报道迎来了觉醒，并在 70 年代达到了全盛时期。1969 年 10 月，美联社记者西摩・赫什得到消息——美国军方正秘密通过军事法庭对一个屠杀了大量平民的越战军官进行审判。赫什开始追踪这一事件，揭露了越南美莱屠杀的真相。他的文章《在美莱，我们发疯了》被美国《华盛顿邮报》《旧金山时报》等 36 家媒体转载。1970 年，赫什凭借《美莱四号：对一场大屠杀和其后果的报道》赢得了普利策新闻奖的国际报道奖，“调查性”一词自此变得极为流行。同时，调查性报道达到全盛时期的另一代表为《华盛顿邮报》的鲍勃・伍德沃德和卡尔・伯恩斯坦对“水门事件”的调查报道。记者们争相报道，挖掘出了各种政治间谍行为，揭露了被法院和国会隐瞒的事实，引起社会一片哗然。1974 年 8 月 9 日，时任总统尼克松宣布辞职，成为美国历史上首位辞职的总统。鲍勃・伍德沃德和卡尔・伯恩斯坦因为最早揭露“水门事件”而获得了 1973 年的普利策新闻奖。

“水门事件”对新闻界的影响是很深远的，1974 年，4 项普利策大奖都颁给了调查性报道，以至《时代》周刊将这一年称为“揭丑者的年代”。与早期的揭丑性报道相比，现代的调查性报道信息来源更加广泛，其不再是肤浅的判断，而是更加认同社会价值，并且将“媒体社会责任理论”奉为现代新闻业的从业标准。通过对罪行和受害者的报道，调查性报道的记者们试图达到现代新闻业所要达到的理想目标：激发公众的良知以促进公共利益的实现。

新的调查性报道承担了更多的社会义务，此时电视媒体也开始跃跃欲试，新兴的新闻力量使调查性报道更广泛地触达受众。哥伦比亚广播公司一马当先，1951 年爱德华·罗斯科·默罗开办了第一个电视纪录片节目《现在请看》，该节目就当时颇具争议的社会问题，如种族隔离、“麦卡锡主义”等，进行了大胆的报道，得到了美国人的普遍认可和信赖。1971 年春，哥伦比亚广播公司播送的节目《五角大楼的出卖》，长达 1 小时，揭露了国防部宣传机器的内幕。1973 春，美国参议院成立“水门事件”调查组，在“水门事件”的后续报道中，电视媒体凭借其视听优势参与其中，成为美国人每天的必看。

20 世纪 60—70 年代是电视新闻深度报道蓬勃发展的时期，这一时期的佼佼者是哥伦比亚广播公司 1968 年推出的电视新闻杂志节目《60 分钟》，该节目在选题上以政府行为、社会事件、司法公正、人类灾难、战火纷争等“硬新闻”为主，每期的《60 分钟》基本由 3 个独立的电视新闻深度报道和 1 个新闻评论版块组成，深度报道各占 13 分钟左右，评论版块为 4 分钟左右，加上片头导视、片花和广告，总共 60 分钟。《60 分钟》成为美国调查类电视新闻报道的先驱者。事实证明，这种崭新的节目形式成功地抓住了受众的眼球，一跃成为美国历史上收视率最高的 10 个节目之一，连续 22 年高居排行榜前 10 名。

随后，美国三大电视网和公共电视都开始出现严肃的新闻节目，每年都会制作一些调查性报道，探究毒品、犯罪、过度富有和腐败等问题。20世纪70年代后，调查性报道逐步走向繁荣，这一时期的调查性报道内容更加深入，范围更加广泛，影响也更加深远。1975 年，美国成立了调查报道记者编辑协会（IRE），负责具体组织、指导和协调记者关于调查性报道的工作，调查性报道从此正式确立了它在新闻界的地位。1978 年，《世界大百科全书》把深度报道列为 20 世纪美国新闻发展的一大趋势。1985 年，美国普利策新闻奖开始设置解释性报道和调查性报道两个专项奖，至此，深度报道在新闻界得到了广泛的认同。以美国新闻界为例，在 1917—1992 年颁发的 580 项新闻奖中，调查性报道摘取了 40% 的奖项。目前，调查性报道的数量约占全部普利策新闻奖获奖作品的 30%，与解释性报道和客观性报道呈三足鼎立之势。[①]

2. 特点

调查性报道比较特殊，有些观点认为调查性报道在题材上有着自身的偏好，例如，“为了达到目的，调查性新闻记者通常需要（合乎正当理由地）诋毁某些个人或者机构，从而揭露丑闻，以期加快制度性或立法性改革”[②]。前面我们介绍了在西方国家，调查性报道在其产生与发展之初和丑闻、犯罪、官员腐败、权力集团内幕等题材紧密相连，而在我国，调查性报道只是部分保留了这种题材上的特征，“调查性”主要是指参与性的报道手段，其目的性和“解释性”“预测性”互相交织。

内容主要选择受人关注的议题。调查性报道在西方以负面题材的新闻报道为主，常常带有批评性质，但在我国，调查性报道将关注点和新闻点更多地放在百姓所关注的问题上，所以当电视新闻记者遇到该类新闻题材时，立刻做好新闻策划和访谈，将模糊的信息转化为受众可认知的信息是生成调查性报道的第一步，也是至关重要的一步。调查性报道的记者应该善于从已发现的“表层弊端事实”中探索其背后的原因，从而将更多的未知信息转化为深度事实。

多角度的叙事方法。作为新闻节目的一种特殊形式，调查性报道的叙事非常重要。在我国，调查性报道有时类似于案件调查，记者需要通过走访调查、找寻线索等使调查持续推进、深入，给受众留下该电视节目正在关注某事件整个过程的印象。这种讲故事的方法比原始的新闻表达要好得多。调查性报道的基本出发点是捕捉受众的思想，使受众和记者同时面对问题，随着调查的推进，层层剥笋，最终揭开事情的事相。

在我国电视新闻调查性报道栏目中，《新闻调查》堪称典范。自 1996 年开播至今，《新闻调查》一直备受关注。它的内容定位十分明确，即以调查性报道为内容基调，对社会问题进行探究，对内幕进行揭露。2003 年，该栏目明确提出“调查性报道是《新闻调查》的核心竞争力”的宗旨。只有深度调查，才能发挥深度报道的最大价值。

解说词：武汉全民健身中心，这是武汉市投入使用的第七家方舱医院。2 月 2 日，武汉市提出将对“四类人员”集中收治和隔离。6 天后，这个全民健身中心改建成为今天的江岸方舱医院，从开始筹备到接收患者仅用了 4 天时间。2 月 12 日，杨晶成为首批入驻该方舱医院的患者。

---

① 杜骏飞. 深度报道写作［M］. 北京：中国广播电视出版社，2000：82–83.

② 富兰克林，等. 新闻学关键概念［M］. 诸葛蔚东，等译. 北京：北京大学出版社，2008：159.

杨　晶：今天这边好像刚刚开始收人，还没有完全收满，估计明天就会满了。还不错，还发了一个小台灯，还有接线板，还有拖鞋、水壶，还有眼罩。空调开得还挺暖和，被子一床薄的、一床厚的，都是新的。在这里有男女隔离区，木板隔开，床和床之间的距离最少 1 米，这比我想象的要好太多了。江岸方舱医院分为 A、B、C 三个区域，开放床位 1,000 张，收治 18 至 65 周岁的新冠确诊轻症患者。早上护士要来监测体温，测血氧。方舱里所有病人都可以自由走动，这和来之前想象的截然不同。

……

解说词：方舱生活的第 22 天，杨晶康复出舱了。她要和 39 名治愈病友一起到康复驿站继续 14 天的医学观察。5 天前，杨妈妈已经结束隔离。两周后，爸爸也会解除隔离。到那时候，花就会真的开了。①

以上是《新闻调查》2020 年 3 月 7 日播出的一期节目《方舱》节选。这期节目从杨晶这位患者出发，以小见大，以充满生活性、共情性的报道语言逐步调查江岸方舱医院及其背后的运营。从对杨晶亲身经历方舱医院的设施和服务，附近餐馆负责为方舱供餐可以保证饭菜的温度，护士时时刻刻对流动厕所进行消毒，环卫工人 5 小时一班、三班轮班地清理医疗垃圾，公安人员负责患者与家人之间的联系以及紧急事件的处理等多个维度展开调查，向观众展现了一个有温度、井然有序的真实的方舱生活。这也说明在进行调查性报道时，新闻工作者不仅要对人物和事件的现状有全面的了解，而且对历史渊源和演变过程也要有深入的了解；不仅能准确认知特定事件的结果，而且能深入追寻个中原因，揭示事物因果之间的联系；不仅要采访当事人、知情人、目击者等多个新闻主体，而且要采访有关专家等权威人士。②

（三）预测性报道

1. 发展背景

20 世纪 30 年代，伴随着解释性报道、调查性报道等深度报道的崛起，预测性报道随之登上新闻的舞台。在新闻报道中，记者通过对翔实的素材进行分析，来预测和判断新闻事件的未来走向，以及可能产生的后果和影响。这样的新闻报道方式能体现一种倾向，为受众提供一种思路。从一开始，预测性报道就受到了西

---

① 该期节目完整视频网址为 https：//tv.cctv.com/2020/03/07/VIDEoumPgTTpXN6hPxWTz3l4200307.shtml?spm=C45404.P77ldJVKmIOQ.Ec1WNkSKyLJt.12.

② 丁柏铨. 调查性报道的若干理性思考［J］. 当代传播，2013（4）：10–13.

方新闻界和受众的普遍关注。

预测性报道的兴起还有一个重要的学术背景，那就是未来学的诞生。1943 年，德国社会学家奥西普·库特·弗勒希特海姆在美国首创未来学，20 世纪 50 年代后未来学迅速发展。广义的未来学包括预测研究，因而有人主张将广义的未来学称为未来预测学或预测学。未来学的研究领域包括社会、经济、科学、技术、军事等，这些领域的发展动态同时也是新闻报道的关注点。一方面，与时代发展紧密相连的新闻报道需要专业的科学研究予以佐证；另一方面，未来学这一新兴学科也需要借助媒介向大众传播其研究成果。就这样，新闻媒介与未来学连接在了起来，直接带动了预测性报道的产生和发展。

2. 特点

在我国，预测性报道主要兴起于 20 世纪 90 年代后半期，以一些预测性新闻报道的专栏、专版出现为标志，如《人民日报》的“农村经济观察”“农经望”，《解放军报》的“国际观察”，《中国经营报》的“财经观察”“调查预测”，《经济观察报》的“观察家”“趋势”等。①总体来说，预测性报道就是对新近发生的事实进行预测性的反映，进一步分析未来可能出现的问题和情况的报道。

内容多见于经济和体育新闻。经济涉及国民经济和人民生活，与社会每个人的生活息息相关；体育运动是大众娱乐的重要领域。这两个领域的受众数量、社会关注度、报告数量和相关数据均高于其他领域。为了满足受众的需求，电视新闻媒体在这两个领域也予以了高度关注，并产生了一系列的商业和体育新闻栏目，例如央视财经频道推出的《经济半小时》和《消费主张》，用经济的眼光关注社会热点，深度报道经济事件，透彻分析经济现象，关注大众消费生活领域的动态变化，为广大消费者提供有价值的资讯、观点和判断依据；央视体育频道的《体育新闻》在为广大观众提供各项体育赛事的进展和结果的同时，也为将来的筹备活动提供数据支持，进行前瞻性的分析报道。

呈现形式上与大数据技术密切相连。大数据技术的核心就是预测，电视新闻预测性报道也紧跟时代潮流，在大数据时代，电视新闻可以利用或分析大数据来进行一系列的预测性报道。大量的数据可以极大地减少偶然因素导致的预测结果与实际的偏差。预测是否准确并不重要，预测性报道的关键在于原始数据的收集是否广泛且完整，是否可以收集所有相关的信息和数据，做到没有遗漏或偏差，以及统计数据、算法是否科学合理。

① 李晓静. 中国预测性报道：现状、问题及前瞻［J］. 现代传播（中国传媒大学学报），2004（2）：45-48.

解释、调查、预测从报道程序的方面描述了新闻深度报道的主要类型（见表 2-1）。可以看出，新闻报道是否具有深度与其报道的程序和手段有较大的关系，但是程序和手段对报道作品的影响不是决定性的。作为作品呈现的电视新闻深度报道，只有在传播效果层面上才能最终实现其深度。简单来说，调查一件事情，未必能调查清楚；解释一件事情，未必能解释清楚；预测一件事情，未必能预测准确。所以，如何报道不是深度的关键，报道的结果才是。这种深度往往体现在受众对新闻作品的认知上。

表 2-1　深度报道三种类型的主要区别

类型	发展背景	宗旨	内容	侧重
解释性报道	起源于 20 世纪 20 年代的美国	对公众关切的社会现象进行解疑释惑	用事实解释时事，多直接引用当事方的“评论”	对报道内容进行分析、解释
调查性报道	起源于 20 世纪初美国黑幕揭发运动，商品经济快速发展	对抗和揭露	客观地呈现记者采访的过程和所得	对特定事件的调查过程和结果
预测性报道	起源于 20 世纪 30 年代的美国，伴随着解释性报道、调查性报道等深度报道而崛起	预测未来趋势，提供可行性建议	通过大数据技术对新近发生的事实进行预测性的反映	对未来可能出现的问题和情况进行预测

二、电视新闻深度报道的主体

在媒体融合时代，各种新型互联网媒体技术正以不可思议的速度发展着。不同媒体之间的界限越来越模糊，甚至电视新闻深度报道的形式和内容也在融合和相互影响的过程中逐步更新与发展。中央级融媒体、省级融媒体、县级融媒体作为深度报道的新闻传播主体，理应占领传播高地，让电视这一媒介形态的价值和功能得到进一步发挥。

（一）中央级融媒体

1. 发展现状

第一，政策驱动广电融合发展。

近年来，党中央高度重视媒体融合工作，多次召开专题会议，研究部署我国融媒体的发展方向。2019 年 1 月 25 日，中共中央政治局第十二次集体学习把“课堂”设在了媒体融合发展的第一线，习近平总书记在主持学习时强调：“要坚持移动优先策略，建设好自己的移动传播平台，管好用好商业化、社会化的互联网平台，让主流媒体借助移动传播，牢牢占据舆论引导、思想引领、文化传承、服务人民的传播制高点。”①

针对近两年重点被媒体所关注的县级融媒体中心建设，2019 年，国家在宏观政策的指引下制定了更加具体的建设标准、运行规范，并加大专项资金的支持力度，加快县级融媒体中心的建设进程。同时，国家广播电视总局积极谋划具有牵引性、示范性、带动性的工作项目，陆续发布了《关于建立“国家广播电视总局媒体融合发展专家库”的通知》《关于推动国家广播电视和网络视听产业基地（园区）建设发展的通知》《关于建立广播电视和网络视听产业发展项目库的通知》等文件。②

在政策的指导下，中央广播电视总台着力打造 CGTN 融媒中心。CGTN 融媒中心是中国国际电视台融合生产和传播的核心业务平台，针对海外受众，生产适应电视、网站、移动端、社交媒体、通讯社等多渠道、多形态、多语种传播的新闻内容和产品，于 2017 年 10 月正式投入使用，改版升级的 CGTN 客户端也同步上线。CGTN 的属性不是电视、媒介，而是视频媒体。CGTN 融媒中心在“移动优先”战略下，充分释放视频基因，持续推进大小屏融合传播，将视频作为传播的最高形态，持续打造评论短视频集群等系列具有强大穿透力的视频产品。③

毫无疑问，中央级融媒体为媒体融合的转型制订了高屋建瓴的计划，也为在各个地区建立下级融媒体提供了有力的支持。正确地走媒体融合这条路，建立主流舆论的新领域，不仅是积极应对互联网浪潮的必然选择，而且也是重大的政治任务。2019 年，地方广播电视媒体根据自身实际，充分发扬习近平总书记在媒体融合与发展中的重要讲话精神，促进自我转化和转型的深入发展。

第二，技术推进多元分发模式。

自媒体融合的发展理念提出以来，越来越多的媒体组织开始关注技术研发，将新技术应用到产品创新中，无论是中央级融媒体、省级融媒体还是县级融媒体，“新闻内容 + 算法推荐 + 可视化新闻”已成为标准分发模式。近几年的新闻报道完成了“ 5G + 4K + VR”等传播技术新闻制作、分发的全过程，例如，在 2019 年“两会”期间，新闻报道实现了“5G+VR”多维超清信号全覆盖，让“全息”更“全效”，丰富了受众的感官体验。此外，广播电视媒体还积极推动智能技术的突

① 媒体融合：用得好是真本事［EB/OL］.（2019-03-16）［2021-06-09］. https：//baijiahao.baidu.com/s?id=1628149847368930892&wfr=spider&for=pc.

② 杨余.2019 年全国广电媒体融合调研报告［J］. 中国广播影视，2019（23）：28-33.

③ “广播电视媒体融合先进经验”系列报道（一）［J］. 广播电视信息，2020（5）：8-28.

破，以充分实现新闻与受众之间的良好互动。

第三，互动合作打破新闻壁垒。

新旧媒体的联动传播是当前媒体行业的发展趋势。传统电视媒体可以结合全新的多媒体平台，完美呈现电视报道的视听效果，与受众沟通的方式更立体、更多样化。“央媒＋地方卫视＋新媒体平台”的跨平台联合传播的尝试，实现了传播渠道和传播内容的双重联合。

例如，2019 年 7 月 22 日，由中央广播电视总台牵头制作的大型直播特别节目《共和国发展巡礼》开播。该节目涵盖了 32 个省、自治区、直辖市，央视和各省市地方电视台同步直播，央视网、新浪微博、抖音、快手等新媒体平台广泛传播，形成了从中央媒体到地方媒体、从传统媒体到新媒体的强大传播矩阵。这种模式可以让更多受众直观地感受祖国日新月异的巨大进步，从而收获了良好的传播效果，是中央广播电视总台跨平台传播的一次成功实践。中央广播电视总台通过客户端、微博、微信公众号、抖音等移动媒体的大力传播，向国内外受众展示新中国成立 70 周年的伟大成就，形成传播广泛、影响深远的传播效果，这无疑是对重大主题进行全媒体报道的成功范例。①

2. 发展策略

作为党、政府和人民的代言人，中央级媒体一方面要对媒体产业未来生态系统的平衡和发展进行引领；另一方面要充分发挥纽带作用，提高主流媒体的传播力、影响力、引导力和公信力，促进新闻和舆论工作的协调发展，提高国际交流能力。

做国内广电媒体融合的“风向标”。作为中央级媒体，中央广播电视总台已经成为国家广播电视媒体视听内容制作的主力军，是我国各级媒体发展的“领军者”。在体制方面，央媒创建了三个媒体融合中心，分别是综合开发中心、新媒体中心和视听媒体中心，这表明国家广电媒体融合机制结构开始进入常规操作阶段，实现了各个融合领域的操作一体化。在内容制作方面，央媒努力提升融媒体深度报道的能力，例如 2019 年的全国“两会”、新中国成立 70 周年重大主题报道等，中央级广播电视媒体都采用了全方位、多角度的矩阵传播模式。

“横”“竖”屏协同发展，打造多元传播格局。由大屏变小屏、横屏变竖屏是现如今新闻报道分发的趋势，这样更符合新媒体时代受众的阅读习惯。例如中央广播电视总台《新闻联播》栏目推出《主播说联播》，并入驻微博、抖音等多个

---

① 史灵君. 中央广播电视总台打造全方位矩阵式融媒体传播平台　献礼新中国成立 70 周年［J］. 广电时评，2019（20）：7–8.

短视频平台，截至 2021 年 3 月，抖音粉丝量达到 2,943.3 万人，点赞量 2.1 亿次。这些数字充分说明多平台分发新闻报道的策略是正确的，真正实现了传播方式上横竖屏、传播内容上新闻报道和评论的有机结合。

依靠自身的品牌优势和内容优势形成传播矩阵。长期以来，中央主流媒体一直依靠自身的能力来制作高质量的内容，以形成强大的品牌矩阵和独特的品牌优势。中央广播电视总台坚持整合发展，品牌效应明显。例如，“CCTV 国家品牌计划——广告精准扶贫”助力国家 2020 年实现农村贫困人口脱贫，通过“品牌升级项目”形成优秀产品品牌，取得了良好的社会效益，更好地树立了中央级融媒体的品牌形象。

除此之外，中央级主流媒体长期报道全国的新闻并引导舆论，其人才积累和生产能力是其他各级媒体无法比拟的，在内容制作上更具权威性和专业性。在“后真相”时代下，鱼龙混杂的信息在网络空间中传播，很容易掩盖事实本身，导致谣言和虚假新闻的大肆盛行，因此，中央级主流媒体必须生产权威内容，在新媒体时代吸引更多受众的注意力。

（二）省级融媒体

近年来，全国媒体整合工作正在有条不紊地进行着，作为传统主流媒体重要组成部分的省级广播电视台也积极参与融媒体的进程中。对于已投入运营的各省级融媒体广播电视平台，“共享”和“融创”已成为其不变的目标。省级融媒体整合全省各级媒体资源，涵盖广播、电视、互联网和移动互联网，将其扩展到省、市、县三级媒体，为全省各级各类融媒体产品的生产和技术服务提供支持。

1. 发展现状

从 2014 年融媒体元年以来，截至 2019 年，加快融合媒体生产和广播云平台建设，探索“多屏”新闻发行系统是省级媒体发展的主要方向。如今，越来越多的省级云媒体平台正在扩建，它将大大加强我国各地广电媒体平台间的联系，有利于形成更大的生产协同效应。例如湖北长江云新媒体集团有限公司，是湖北广播电视台全资的子公司，以“全媒体要素融合，全地域媒介统筹”为发展宗旨。“长江云”的融合不仅是媒介本身的合并，而且是跨省的区域级平台媒体整合，不仅涉及媒体本身的整合，还涉及与政务、商业等跨行业部门的整合。

在内容建设方面，各省级融媒体注重内容策划与技术优势并行。近几年，春节、“两会”、新中国成立 70 周年等大型活动都成为省级媒体真正的战斗“训练场”。这些新闻报道形式多样，种类繁多。当策划此类报道时，当地媒体注重与当地用户的喜好、利益建立牢固的关系，形成情感共鸣。例如湖南广播电视台旗下的芒果超媒股份有限公司，积极建设主流阵地。作为国有主流媒体，芒果超媒不忘初心、牢记使命，全面打造 PC 端、移动端、OTT 端、IPTV 端正能量新闻矩阵，深化“头条工程”建设，确保党和国家领导人重要报道占据首页、首屏、首条。与湖南卫视和芒果系其他地面频道合作，推出《新时代学习大会》《我的青春在丝路》《我爱你，中国》《故园长歌》《时光的旋律》等新时代新闻大片，凭借强大的制播实力，努力做大做强主流舆论。①

2. 发展策略

省、市、县三级融媒体联动。建立区域融媒体的基础是在特定领域整合有益的资源，建立集成媒体的主要发展方向是在县级融媒体的基础上，创建省、市、县三级联动。广播和电视是县级媒体资源的基础，从全国范围来看，广播和电视是在县级建立综合媒体的主体。与报纸行业不同，由广播电视台运营的县级融媒体中心面临着省、市和部门媒体的结构性问题，因此，在建立省级融媒体的过程中，我们必须避免独立治理，要加强整合。从总体布局的角度来看，将省与市、县的资源聚集起来，结成联盟，在省、市、县三级媒体之间形成汇聚点；可以基于资源的整合来创建全媒体资源库，以提高多媒体系统的内部通信能力。

着力打造省级品牌电视新闻 IP。省级广播电视作为该省最有权威的新闻报道主体，必须保持信誉，结合本省政策、经济、文化、生活等各领域内容，打造本省专属的品牌 IP。省级融媒体应该摒弃传统媒体时代的运营思维，结合新媒体重新设计一个新的沟通渠道，建立一个涵盖所有地区受众的媒体矩阵，传播优质的内容资源，将自身高质量的知识产权实现价值转换。

例如陕西广电网络打造的“秦岭云”，该融媒体中心调度指挥协同引导，统一平台发挥重要作用。“秦岭云”融媒体平台在疫情防控防治期间坚持省级引领带动，积极自产优质内容，通过省市县三级指挥调度、“爱系列”App 以及微博、微信、抖音等新媒体平台的联动，同步进行本地防控措施、疫情防控知识、一线典型事迹的宣传报道，实时转发中央、省级主流媒体的多方权威报道，及时回应群众关切的热点话题，为用户提供全面、多元的新闻服务。②

在原有技术的基础上重塑人才队伍。归根结底，技术的竞争就是人才的竞争，融媒体的成功离不开整合媒体人才，这是传统媒体转型的重要途径。除了传统的采访和写作技巧外，记者还需要掌握新技能，例如视频编辑和融合媒体产品的制

---

① “广播电视媒体融合先进经验”系列报道（一）[J]. 广播电视信息，2020（5）：8–28.

② 吴君. “广播电视媒体融合先进经验”系列报道（三）[J]. 广播电视信息，2020（8）：11–27.

作，这样才能进行协调与合作，最大限度地发挥其作用。

（三）县级融媒体

县级融媒体中心是整合县级广播电视、报纸、新媒体等资源，开展媒体服务、党建服务、政务服务、公共服务、增值服务等业务的融合媒体平台。在2018年8月21日的全国宣传思想工作会议上，习近平总书记提出要“扎实抓好县级融媒体中心建设”，把“引导群众、服务群众”作为建设标准。这意味着县级融媒体不是单纯的新闻宣传平台，而是一种服务于基层治理的手段。2018年9月20日，中宣部召开县级融媒体中心建设现场推进会，要求2020年年底基本实现县级融媒体中心的全国覆盖。

1. 发展现状

宏观政策的引导为县级融媒体建设提供良好环境。据北京大学新媒体研究院数据显示，截至2019年，全国共有县级微信公众号7,019个、县级新闻网站2,302个、县级微博账号4,587个、县级新闻客户端677个，拥有“两微一网一端”平台的县级媒体达21%。[①] 2019年中国县级融媒体中心数量呈井喷式增长。

随着全国县级融媒体中心建设进度的不断推进，多个省市陆续提前完成2020年县级融媒体中心全覆盖的目标。这其中，宏观政策的引导一直发挥着引领作用，为基层的落地实践创造了良好的环境。2019年1月15日，受中共中央宣传部委托，国家广播电视总局组织编制并审查了《县级融媒体中心省级技术平台规范要求》，批准为中华人民共和国广播电视推荐性行业标准，予以发布并实施。《县级融媒体中心建设规范》由中共中央宣传部和国家广播电视总局于2019年1月15日联合发布。

《县级融媒体中心省级技术平台规范要求》规定了对县级融媒体中心提供业务和技术支撑的省级技术平台规范要求，适用于支撑县级融媒体中心的省级技术平台的设计、建设和运行维护。该规范指出，县级融媒体中心应整合县级媒体资源，巩固壮大主流思想舆论，不断提高县级媒体传播力、引导力、影响力、公信力，总体要求是：按照移动优先的原则，利用移动传播技术，形成渠道丰富、覆盖广泛、传播有效、可管可控的移动传播矩阵；按照“媒体+”的理念，从单纯的新闻宣传向公共服务领域拓展，增强互动性，从单向传播向多元互动传播延伸，将媒体与政务、服务等业务相结合，提供多样化综合服务，满足用户多样化的需求，开展“媒体+政务”“媒体+服务”等业务；开展综合服务业务，面向用户提供政务服务、

---

① 这七大县级融媒体中心是如何实现百万甚至上亿收入的？[EB/OL].（2019-05-30）[2021-02-12]. https：//www.sohu.com/a/317618127_99997521.

生活服务、社交传播、教育培训等服务。[①] 迄今为止，县级融媒体中心标准体系基本建立，为指导全国县级融媒体中心建设提供了关键性、基础性的技术支撑。

密集建设，挂牌上线迎来“小高峰”。首先，直辖市领头，区级融媒中心陆续挂牌上线。2019 年，北京全市 16 个区级融媒体中心均已建立；上海首批 10 个区级融媒体中心成立；天津 16 个区级融媒体中心全部挂牌成立。除了直辖市以外，各地县级融媒体中心也在加速推进。据媒体报道，福建广电网络全面加快县级融媒体平台全省落地；浙江目前已挂牌 53 家，率先完成县级融媒体中心全覆盖；江西已经实现县级融媒体中心全覆盖……[②]

县级融媒体要想真正发挥作用，重要的是与目标受众建立联系，充分利用各种新闻资源，在所有级别、各个县级之间建立纵向、横向的联系。

内容同质化，融媒体人才不足。县级媒体受众覆盖率有限，媒体基础设施不足，很难建立有竞争力的品牌，这些客观情况限制了县级融媒体的发展。在内容制作方面，大多数县级融媒体仍处于“复制”“转发”主流媒体的新闻和信息的阶段，这将导致内容的严重同质化；它们没有利用互联网思维进行综合发展，没有为当地群众服务，也没有生产具有地方特色的节目和内容。这也反映出县级融媒体在经营理念认识上的不足，没有做到“用户为王”“内容为王”。

2. 发展策略

做好“融”的文章。这里的“融”不仅仅指的是媒介技术、媒体部门之间的融合，融合的核心是要融合供需，融合人心，将老百姓最关心的真相、新闻现场融合在电视新闻报道中。这就需要县级媒体坚守基层舆论阵地，将媒体声音传播到“最后一公里”，担负起主流媒体的职能。县级融媒体的定位是“党和政府的宣传媒体”，因此，要坚持正确的政治定位，加强意识形态，将报道老百姓最关心的议题作为县级融媒体的义务和使命。

打造“技术 + 内容 + 受众”的新闻传播模式。对于县级融媒体，必须在新闻编辑和分发的过程中建立新的模型。例如云南广播电视台“七彩云”融合媒体云平台，以县级融媒体中心建设为抓手，结合云南全省媒体的优势，各县级融媒体中心内容共享联动，构建“一带一路”海外融媒体内容平台以及生态环保、乡村振兴、文化扶贫等多个内容中心节点。借助一体化平台，以高分量、高质量的 4K 超高清节目为主要内容，以广电光纤、卫星、微波传输技术和移动 5G、固定宽带

---

① 《县级融媒体中心省级技术平台规范要求》《县级融媒体中心建设规范》发布［EB/OL］.（2019-01-15）［2021-02-12］. http：//media.people.com.cn/n1/2019/0115/c14677-30541139.html.

② 杨余. 2019 年全国广电媒体融合调研报告［J］. 中国广播影视，2019（23）：28-33.

等为传输手段，汇聚来自不同州、市、县，不同渠道的优质音视频信号，按不同发布渠道进行编辑加工、数据分析整理、用户精准画像、智能播控，向传统渠道（卫星、有线电视网、无线数字电视），向手机 App、微信、微博，向 IPTV、OTT 等多屏、多渠道精准智能发布，实时互动，实现融合传播全覆盖，努力向全程、全息、全员、全效媒体迈进。①

深度报道三级主体的主要区别见表 2-2。

表 2-2　深度报道三级主体的主要区别

类型	发展现状	发展对策
中央级融媒体	政策驱动广电融合发展；技术推进多元分发模式；互动合作打破新闻壁垒	引领国内广电媒体融合；横竖屏多元分发；打造自身品牌 IP
省级融媒体	“多屏”新闻发行系统；内容策划与技术优势并行	省、市、县三级融媒体联动；打造省级品牌电视新闻 IP；重塑人才队伍
县级融媒体	良好的政策发展环境；挂牌上线；内容同质化，融媒体人才不足	正确理解“融”的定义，供需结合；打造“技术 + 内容 + 受众”的新闻传播模式

融合媒体对以电视为代表的传统媒体的影响是显而易见的，尽管如此，电视本身的优势和特征以及它在媒体世界中应有的地位很难轻易被新媒体所取代。深度报道一直是电视新闻的优势，但是在新媒体时代，深度报道需要结合各级传播主体做出改变和创新，要在大数据环境下，充分了解自身优缺点，积极参与新媒体的竞争并重建深度报道的模式。

三、电视新闻深度报道的对象

新媒体技术的飞速发展对电视新闻业产生了巨大的影响和冲击。上一部分我们主要阐述的是电视新闻报道的主体，这一部分来看看它的报道对象。新闻报道对象无外乎两种：人和事。电视新闻深度报道不管采用什么样的报道形式，都离不开被报道的参与者和被报道的事件。当前的电视新闻深度报道不仅关注事件的结果，而且特别重视事件调查的过程，因此需要采用某些艺术手段来表现人物和事件，刻画报道人物的性格，完善报道事件的过程，扩大新闻发布的空间。

（一）人：报道线索的推动者

在这个以人为本的时代，人是深度报道的灵魂。尽管电视新闻深度报道的制

---

① 吴君．“广播电视媒体融合先进经验”系列报道（五）[J]．广播电视信息，2020（10）：13-27．

作主要依赖于计划制订者、编辑和新闻工作者，但对于新闻报道的文字和内容而言，故事的主角无疑是各种受访者，他们将推动深度报道的发展，体现新闻的价值和情感。

为了能够促进随后的讨论，此处有必要简要概述一下电视新闻深度报道受访者的标准和类型。根据新闻事件中受访者的身份和专业性，受访者大致分为以下四类：

当事人。当事人通常是新闻事件的主体，他们不仅经历了事件发生的全过程，而且对时事有深刻的感性认识，这种感性认识是进行电视新闻深度报道最重要的基础和构成材料。因此在一般情况下，当事人应该是电视新闻深度报道首选的采访对象。

知情人。在许多情况下，由于种种原因，事件当事人无法接受采访，这时知情人的重要地位就凸显了出来。知情人与当事人的不同在于，知情人未亲身参与新闻事件的过程，对新闻事件的感性认识不如当事人那样强烈，但知情人很可能比当事人更了解新闻背后的新闻，即新闻的背景材料，也可能对新闻事件的把握更加客观，所以知情人也是重要的报道对象，应该受到高度重视。

目击者。目击者是亲眼看见新闻事件发生的人，他们并没有参与新闻事件，与新闻事件通常没有什么直接联系，但他们对新闻事件有着强烈的现场感受。他们可以提供其所看到的情景和感受，这是证实新闻事件真实性的一个很好的视角。

权威人士。电视新闻深度报道的“深”在很大程度上体现为对新闻事件的背景介绍和起因剖析，而权威人士正是在相关方面有着专业知识和深刻见解的人，他们提供的信息通常是普通观众平时接触不到且不了解的。所以，节目一方面可以借助他们意见领袖的地位增加报道的说服力，另一方面也可以借用他们的言论来表达节目自身的观点和看法。①

大多数电视新闻深度报道都倾向于将报道事件关键人物作为编写新闻的主干。作为访谈活动的主要参与者和报道中叙述者的主体，受访者在构建故事文本中的作用通常是决定性的。电视新闻深度报道的受访者具有以下几点作用：

故事线索的提供者。电视新闻深度报道中故事的衔接和展开不是漫无目的的，而是遵循着一定的顺序，这个顺序就是故事线索，即电视新闻深度报道应该按照故事线索的逻辑进行报道，因此就需要能够引起媒体关注和观众好奇的事件，这些事件大多数是由当事方、内部人员或证人经历的。最初的目击者最了解事件的

---

① 丁柏铨. 新闻采访与写作［M］. 北京：高等教育出版社，2004：41–43.

起因和经过，所以其最适合作为电视新闻深度报道的线索提供者。

故事价值的承载者。培养公众正确的价值观是大众传媒的基本社会功能。作为直接反映这种社会功能的一种新闻报道形式，电视新闻深度报道负责向受众传达正确的价值观。所谓电视新闻深度报道的价值观，是指报道中隐含的、普遍存在的社会价值，潜移默化地影响着观众。

故事背景的交代者。电视新闻深度报道的“深”在事件背景的介绍和原因的分析中得到了很大程度的体现。事件背景是指与新闻事件紧密相关的各种信息，这是电视新闻深度报道的重要组成部分，许多事件只有放在特定的语境中才有意义。电视新闻深度报道的目的之一是让观众知晓故事背后的真相，因此有必要对故事背景加以解释。

故事场景的表演者。场景是指在相对连续的时间和空间中通过冲突而使新闻价值发生一定变化的行为和过程，这是角色为了实现自己的目的而与现实环境进行斗争的过程。场景本身实际上是一个带有主体人自我价值的场所，整个故事的舞台角色很明显。故事本身由场景组成，并通过场景与场景之间的联系而发展。一个场景的成功与否，很大程度上取决于“表演者”，因此可以说，电视新闻深度报道故事的主要表演者其实就是采访对象，他们用自己的本色出演为观看者展示了一幕幕真实的场景。①

综上所述，受访者在电视新闻深度报道中具有不可替代的作用。如今，在电视新闻深度报道中讲故事的趋势越来越明显，如何选择报道主体以及如何利用受访者的特征来构建故事文本已成为一个非常重要的问题。

（二）事：报道内容的填充物

与简单的新闻报道相比，电视新闻深度报道需要记者掌握更全面、更具体、更深入的新闻素材，因此，电视新闻深度报道的选材通常都是社会普遍关注的比较重大或重要的新闻事件、社会热点、社会难点。电视新闻深度报道的具体事件可分为以下类型：

新动向。电视新闻深度报道要时刻关注政治、经济、社会、国际等各个领域的新动向。新闻工作是政治性很强的工作，新闻记者在任何时候都不应该忘记政治；经济问题是关系国计民生、政治稳定、国力强弱的大问题，因此也需要记者的多方面关注，积极回应百姓关心的经济动向；社会作为人民日常接触最多的领

① 陈隽. 采访对象：深度报道故事的内部构建者：以《新闻调查》为研究个案［J］. 中国电视，2008（9）：44-46.

域，其发生的热点事件理应成为深度报道的重要部分；国际上的动向和我国关系密切，也需要记者进行全方位的报道，解读各国之间的关系和相关政策的实施。

新事物。新事物是指社会发展进程中出现的符合历史发展规律，能给人们指明前进方向，具有强大生命力的事物。这种事物如果被广大群众接受后，就能推动历史进步，产生巨大的社会效益。它需要记者深入实际、深入群众去发现，并进行深度报道。

新成就。新成就就是通过真实的事例，宣传党的正确领导，宣传党的路线、方针和政策的威力，宣传社会主义制度的优越性，宣传科学的成就和人民群众的创造力，宣传我国经济的发展和人民生活的改善，宣传我国国力的增强，以教育鼓舞全国人民，提高民族自信心和自豪感。

新风尚。在树新风的过程中，要善于发现事物的千差万别，寻找不同点，从“异”中见“新”。这个“新”不仅指报道材料，更重要的是时代赋予的新主题。要抓新风尚的典型，即先进群体典型的突出作用，此类群体能更好地表明我们社会文明的普遍程度。

新经验。发现新经验，要深入实际、深入群众、深入基层，这些是新经验的源头。新经验的主体分为两类：经验创造者和经验接受者。经验创造者是新经验的主体，记者要以此为报道视角，深入挖掘新经验的内涵。经验接受者指接受经验并付诸实践的对象。传播经验的目的在于推广，因此记者要关注推广的状况，结合社会实际分析新经验是创造性地学习还是机械性地照搬，是否有成效。

新问题。电视新闻深度报道要着眼于对实际工作有指导意义的问题、对生活具有影响意义的问题、对社会具有警钟意义的问题。这一类的深度报道主要围绕重要问题，对多个事件展开分析和比较、归纳并解释本质，最后给观众以深刻的启示意义。

在对事件进行深度报道时，除把握主题和大方向以外，还要注意叙事语言、报道流程等各方面因素。具体包括以下方面：

在叙事过程中，要深挖新闻细节。一篇好的叙事性新闻报道，除以有条理的方式讲述新闻之外，还必须注意新闻的细节。通过普通的讲故事的方式讲述时，听众只会了解事件的来龙去脉，而不能进一步感受到事件的内涵和意义。央视的普法节目在这一方面做得比较出色，当节目嘉宾重新叙述案件前后的过程时，节目主持人会对案件进行不脱离真实性的故事化编辑，深入讲述细节并设置悬念来引导观众，这样既能进行法律知识的普及，又能在报道情节上达到动人心弦的效果。

在报道流程方面，首先应选择典型的故事场景。电视新闻场景是新闻事件实际发生的空间。在电视新闻深度报道中，有两种类型的场景，一种是新闻发生的场景，另一种是由记者采访形成的场景。记者选择的典型场景是电视新闻中关键的因素，该场景包括新闻发生的地点以及新闻叙述过程中涉及的场景。采访和报道都是围绕现场展开的，拍摄要从这些场景中选择镜头。

其次要捕捉现场变化，把握事件细节。在事件的发展过程中，其未知属性通常是电视新闻深度报道中最丰富多彩、最吸引人的部分，所以记者要善于在现场发现细节变化，善用新闻现场报道出现的一些意外情况。

最后要重视声音和画面的采集。声音和画面是电视新闻的要素。新闻现场声音不仅可以增强电视图像的真实性和吸引力，还可以传达真实信息。拍摄时，记者不仅应注意记录受访者的语言和行为，还应注意新闻现场的周围环境和其他声音，这些可以成为电视新闻深度报道的重要组成部分。在电视画面的处理上，应预先策划新闻报道中各个事物的位置，善于运用镜头叙事。

总的来说，电视新闻深度报道从出现之初，就不是以一种独立的文体形式存在的，它包含了解释性报道、调查性报道、预测性报道等多种报道形式，中央级融媒体、省级融媒体、县级融媒体等多元的报道主体，还有以人物和事件为主体的报道对象。随着自身的不断发展完善，电视新闻深度报道涉及的领域会越来越广，报道形式也会更加自由。

■ 本章小结：

1. 本章以解释性报道、调查性报道、预测性报道三种类型说明深度报道的发展历史，由三种报道的含义进一步阐释“深度是指在报道形式上对某一事件进行前因后果的描述和对未来的展望”，在认知和行为上指主观对客观进行反映的深入程度，它实质上是一个认知程度的问题。

2. 融合媒体时代的到来，导致电视新闻深度报道的主体主要分为中央级融媒体、省级融媒体和县级融媒体。电视新闻深度报道需要结合各级传播主体做出改变和创新，要在大数据环境下，充分了解自身优缺点，积极参与新媒体的竞争并重建电视新闻深度报道的模式。

■ 关键术语：

1. 解释性报道：解释性报道又称解释性新闻、分析性报道、新闻分析等，是指充分运用背景材料来说明新闻事实的来龙去脉，解释新闻事件产生、发展的原因和背景的一种报道形式。

2. 融媒体：是充分利用媒介载体，把广播、电视、报纸等既有共同点又存在互补性的不同媒体，在人力、内容、宣传等方面进行全面整合，实现“资源通融、内容兼融、宣传互融、利益共融”的新型媒体宣传方式。

思考与研讨题：

1. 分析电视新闻深度报道产生的背景。
2. 什么是解释性报道？阐述解释性报道的产生和发展状况。
3. 什么是调查性报道？阐述调查性报道的产生和发展状况。
4. 分析电视新闻深度报道不同类型之间的关系。
5. 比较中央级融媒体与县级融媒体的差异。

延伸阅读：

1. 埃默里 M，埃默里 A，罗伯茨. 美国新闻史：大众传播媒介解释史：第9版［M］. 展江，译. 北京：中国人民大学出版社，2009.

2. 方汉奇. 新闻史的奇情壮彩［M］. 北京：华文出版社，2000.

第三章　电视新闻深度报道的结构

▶章节大纲：

1. 电视新闻深度报道的“深度”由整体结构具体显现；

2.“划分与归类”“归纳与演绎”“类比”三种基本逻辑的实践考察；

3. 数据新闻形象化的必要性与方法。

▶章节内容：

本章引入形式逻辑和先验逻辑的方法和范畴，介绍了电视新闻深度报道的“划分与归类”“归纳与演绎”“类比”三种事实结构，具体讨论其在当下新闻报道中的应用以及应用的可能性。

第一节　电视新闻深度报道的基本逻辑

一、划分与归类

（一）划分的基本含义

新闻报道基于对新闻事实的描述，深度报道以有效充分的新闻事实为前提。划分的结构是一种有效组织新闻事实的方法；划分的方法拓展了描述新闻事实的思路，打破了时间顺序的限制，使描述新闻事实的结构所产生的意义呈现多元的特征。

在生活中，有许多成语可以形容出色的语言表达，如“口若悬河、滔滔不绝、出口成章、巧舌如簧、唇枪舌剑、铁齿铜牙”等。“口若悬河、滔滔不绝”形容了连贯性，“巧舌如簧、唇枪舌剑”形容了思辨性，而“出口成章”最为全面地形容了优秀的表达，一方面“出口”形容了切入主题的速度，另一方面“章”带有“严谨、有条理”的含义，于是“成章”体现了表达内容在逻辑上的严密和完整。

划分的方法基于人们认识客观世界总是从区别开始的。例如，通过季节区别衣服，通过颜色区别水果等。在同时看到香蕉和鸭梨的时候，人们首先意识到的是它们是不同的水果，而不是它们都具有相同的黄色。这种思维习惯自觉地应用于人们的直观经验上，在面对概念的时候就需要逻辑方法的介入。

划分就是把一个概念的外延分为几个小类的逻辑方法。[①] 例如，人们把学科分为哲学、法学、理学、工学、农学、文学、医学、经济学、历史学、艺术学、教育学、军事学、管理学等；人们在通过网络看电影的时候也会使用由喜剧、动作、悬疑、科幻等组成的电影检索目录，这些都在或严格准确或模糊随意地使用划分这种逻辑方法。对于新闻报道来讲，划分就是对新闻事件进行分析和认识，然后形成一种阐述或者解释的结构。例如，当“雾霾”成为报道对象的时候，就可以建立划分结构。PM2.5 是指直径小于 2.5 微米的污染物颗粒，灰霾指更小的微小颗粒，等等。于是，深度报道的对象被细致化了，报道的思路同时也得以打开。

值得注意的是，概念是划分的对象。新闻报道的对象通常都是具体的、动态的事件，因此新闻报道划分结构的建立基于概念的提炼和形成。这种提炼是对信息量巨大的新闻事件的核心的把握，是对事件中新闻价值的确定。例如，前几年雾霾天气成为被全国持续关注的社会热点事件。“雾霾”的概念显然是众多信息中最核心的，于是划分也应该围绕其展开。对于复杂的新闻事件而言，概念的确定是划分的前提。这个问题我们在后面的章节具体讲解。

人们在生活中使用划分的时候经常会出现逻辑错误，比如前面我们提到的对于电影的分类就是不准确的。划分有基本的规则，把一个大类分成几个小类，前者叫作划分的母项，后者叫作划分的子项，例如，把脊椎动物划分为哺乳动物、鱼类、鸟类、爬行动物与两栖动物，脊椎动物是划分的母项，哺乳动物、鱼类、鸟类、爬行动物与两栖动物是划分的子项。在这里简单介绍一下划分的基本逻辑规则：

第一，划分的各个子项应当互不相容。所谓互不相容，是指各个子项之间不能有重复。有些研究电视节目的论著经常把电视节目分为新闻节目、娱乐节目、谈话节目、体育节目、儿童节目等，而有些节目既属于新闻节目也属于娱乐节目，比如谈论娱乐新闻事件的节目。这种划分的方法是不严谨的，在表达中会引起

① 金岳霖. 形式逻辑［M］. 北京：人民出版社，1979：59.

混乱。

第二，各子项之和必须穷尽母项。所谓各子项之和穷尽母项，就是各个子项之和必须和母项相等，不能多也不能少。比如把少年儿童分为学龄前儿童、小学生、中学生，这种分类就没有穷尽母项，因为这种划分忽视了有些少年儿童是不上学的；同时，有些中学生可能已经成年，不再属于少年儿童……这些就超出了母项的范围。

第三，每次划分必须按同一划分标准进行。划分的标准是一个属性或一些属性。这一规则比较容易理解，违反这一规则往往是导致前两个错误的原因。例如上述电视节目的划分中，新闻是内容、娱乐是目的、谈话是形式、儿童是对象，每一个类别都选用不同的属性，划分的标准在不断地发生变化，得到的结果一定是混乱的。这一点在构建新闻报道结构的时候尤为重要。

值得注意的是，划分的逻辑方法给电视新闻深度报道的结构提供了一个建构的方向，但是，实际的新闻深度报道节目往往并不严格遵守严密的逻辑结构，在内容的选择上往往具有更多的情感或者意志倾向性。我们通过一个具体案例来认识划分的结构。

2020 年 11 月 7 日，《新闻调查・舌尖上的浪费》就采用了划分的结构方法。

引导语：餐饮浪费现象触目惊心，让人痛心。餐饮业的（食物浪费）按城镇人口，大体上我们国家一年浪费的食物是 1,700 万到 1,800 万吨，是 3,000 万人到 5,000 万人一年的食物消费量。餐饮浪费的重点领域在哪里，背后的影响因素又有哪些？从餐桌到田地，从粮食的收获存储到加工转运，更隐秘的食物浪费鲜为人知。倡导厉行节约，反对铺张浪费。从 2013 年（开始），各地就陆续开展光盘行动，倡导公众在餐馆点菜适量，剩餐打包。而在 2020 年的特殊背景下，餐饮浪费又一次成为社会关注的焦点。

该篇报道的引导语首先交代了新闻报道的背景，即食物浪费的现象十分严重，潜在地表明了此次报道的新闻价值，同时明确了报道的对象是“餐饮浪费”。“而在 2020 年的特殊背景下，餐饮浪费又一次成为社会关注的焦点”，将报道目标转向 2020 年的餐饮浪费现象，这是对报道对象进行的第一次划分。

解说词：2018 年，中科院地理科学与资源研究所和世界自然基金会联合发布《中国城市餐饮食物浪费报告》。根据报告，中国城市餐饮人均食物浪费量为每人每餐 93 克（93 克相当于二两米饭）。在世界范围内，食物浪费也是一个全球性问题。根据联合国粮农组织的报告，世界每年损失和浪费的食物大体是所生产食物的 1/3，约为 13 亿吨。食物浪费是一种社会现象，也是一个科学问题。食物浪费存在于哪些环节，在浪费的背后，影响因素有哪些，遏制浪费的难点在哪里？跟随研究者和实践者的脚步，记者展开调查。

这段解说词进一步介绍了全球大背景下食物浪费的现象，随后对食物浪费这一报道对象，从浪费的环节、影响因素、遏制浪费的难点等进行二次划分，具体介绍了百姓关注的几个难点。

解说词：根据中科院地理科学与资源研究所近年的调研数据，我国婚宴酒席上，平均 40% 的食物被浪费。其他各类宴会，如出生宴、满月宴、升学宴、乔迁宴等，平均约 30% 的食物会被浪费掉。事件性宴会聚餐是食物浪费的重点领域。2018 年，浙江长兴开始推进移风易俗工作，在对酒店行业的管理中，要求酒店制定推出平价婚喜宴菜单，本着节约实用的原则合理安排菜品。不过当酒店遇到本身就想要大操大办的顾客时，减少浪费依旧是件难事。

长兴推进移风易俗工作，也试图从根本上转变居民观念。在全县倡导婚事新办、丧事简办、节庆俭办，引导控制喜事项目。除婚丧嫁娶事宜外，出生满月、生日祝寿、升职升学、参军入职、开张置业等一般喜事提倡不办酒席。婚宴缩小宴席规模，减少酒席数量，合理设定宴席标准等。据当地提供的数据，截至今年 4 月，长兴简办丧事 2,574 场，婚事 1,977 场，少办或简办各类一般喜事 4,012 场，节约办酒开支 9,000 余万元。①

在这里体现了对报道对象的第三次划分，即在浪费环节二次划分的对象上又具体说明有哪些环节，如婚宴、出生宴、升学宴等。随后又对浪费的现象提出相对应的解决措施以及收到的成效，其报道的深度由此得到了展现。这种深度的展现恰恰建立在对事实有条理、详细描述的基础之上，划分的结构成为条理性展现的平台。

在电视新闻深度报道中，划分的结构经常用于具体展现某种较为普遍的社会现象，通过细致的划分使得该现象能够清晰地呈现在观众面前。对于划分而言，标准的选择是一个核心问题。

（二）常用的划分标准

在新闻报道框架的构建中，不同的对象适用不同的逻辑方法。划分的逻辑结构更多地适用于以“普遍现象”作为对象的新闻报道。也就是说，如果报道的对象不是一件个体的突发性事件，就可以用一个简短的词语概括。例如，“城市交

---

① 《新闻调查 · 舌尖上的浪费》节目详见央视网，https：//tv.cctv.com/2020/11/07/VIDEvFoR0pox0bsGDsAE4kLB201107.shtml?spm=C45404.P77ldJVKmIOQ.Ec1WNkSKyLJt.44.

通”就是一个普遍存在的社会现象。如果评论的对象是“城市交通”，可以通过划分的方法来展示城市交通的方方面面。如果评论的对象是“城市交通的拥堵”，那么这个对象就从简单概念变成了带有谓语动词的判断句，其意义展现的是一个动态的过程，这时就需要考虑利用其他的逻辑方法来构建新闻报道。

受新闻报道的题材限制，有些新闻报道对象往往是突发性的新闻事件，这些事件作为生动的形象被观众感知。也就是说，有些新闻报道的对象可以通过感官认知，不必思维的介入，例如有些涉及具体的事物，例如一次事故、一个案件等；有些涉及人的情感，例如家庭纠纷、明星绯闻等。同时，有些新闻报道的对象呈现抽象的特征，需要思维的介入才能被认知。例如，某项政策法规的设立或废除、某种价值观念的形成或消亡等。对于不同题材类型的新闻事件，划分的方法是多样的，但在实际的实践过程中有些常用的方法可以为新闻报道提供一般性的思路，这种思路就是划分标准的确立。

1. 作为先验概念的时间和空间给划分提供了标准

任何具体事件都处于时空之中，其自身也代表着时空，于是“时间和空间”配合“主体和对象”就至少从四个方面给形象概念提供了划分的标准，分别是“主体经验的时间”“对象经验的时间”“对象所处的空间”“对象自身的空间”，这种标准的延伸是开放性的。

在电视新闻深度报道中，划分标准的选择建立在体现新闻价值的基础之上。时间标准往往能在纵向比较之中体现新闻事件的当下意义。例如，如果深度报道“××地区近年来雾霾天气频发”这一题材，就可以从该地区的历史出发，分阶段考察该地区空气质量的变化；然后结合当地工业发展、汽车保有量等相关因素发展的历史，来叙述雾霾天气的形成与发展。当然，这只是诸多结构中的一种。空间标准同样可以建构上述题材。时空划分结构有时会用来反映某种现象的普遍性。

2. 对报道对象的多种限制提供了划分的标准

任何划分都是基于对象限制的过程，其限制性就是划分的标准。上述时空标准是划分对象的基础形式，实际表达过程中的划分往往依据对象自身特点选择不同方面的限制，比较常用的有“质料”“数量”“功能”“承受能力”等。例如，在日常生活中人们对于眼镜的划分就经常使用“质料”的标准，将其分成金属、塑料等；有时也采用“功能”的标准，将其分成近视镜、太阳镜等。尺度与标准的选择对于新闻报道内容是否有意义、在多大程度上有意义具有决定性作用。这种尺度的选择往往建立在相异的基础上，也就是只有划分之后，各部分之间体现了明显的差别，这种划分的意义才能得以体现，这种差异性也正是意义产生的关键所在。值得注意的是，划分提供的不仅仅是结构，同时也是思考的方向。主体对对象的认识往往可能通过不同尺度的划分而发生改变，也就是对象会在多样的逻辑方法中展现其自身。

在新闻报道中经常会使用比较的方法，比较作为一种常用结构是划分方法的逆向变形，也就是归类。这种结构首先需要对对象所处的范畴进行判断和选择，其标准选择的方法和划分一致。两种结构的表达在结果上一定是相异的，划分是分析性的，而归类是综合性的。划分的结构表达的重点往往在于对象本身，而归类的结构表达重点往往在于对象的价值。前者注重事实，后者注重功效。例如对“娱乐节目”的划分结构，往往更利于表达节目的发展、制作等方面；而其归类结构往往关注其影响。在20世纪90年代娱乐节目和当下娱乐节目的比较中，表达的重点可能是逐渐低俗化的倾向，也可能是娱乐结构的变化；而在娱乐节目与其他类型电视节目的比较中，往往呈现的是娱乐节目产生的社会影响。

划分与归类的逻辑结构很广泛地应用在人们对知识的学习中，其在新闻报道中往往不甚严谨，但仍不失为一种构建的方法，只要没有明显的逻辑错误就可以被受众接受。这种结构关注事实、关注现象，而不进行价值判断或逻辑推理，于是在形式上是接近客观表达的一种结构。

二、归纳与演绎

归纳和演绎一直被视为人类思维中最基本的逻辑思维方法，在电视新闻深度报道中发挥着极为广泛且不可替代的作用。简单来说，归纳就是从个别到一般，而演绎则是从一般到个别。在电视新闻深度报道的结构中，也存在着从个别事例总结出普适价值、从普适价值扩展到一般案例，即分—总、总—分的结构。接下来对归纳和演绎分别进行分析。

（一）归纳：从个别到一般

所谓归纳法是一种总结方法，即从个别现象中概括出一般知识的思维方法。自培根提出该方法以来，它已被广泛运用于自然和人类社会的科学研究中，为人类知识体系的全面发展和社会文明的发展作出了巨大贡献，被视为获取普遍真理的方法。归纳本身包含了个别前提与一般结论之间存在的一对多的跨越式差异。在这里，我们主要从量和质两个方面进行研究。

首先，从数量的规则性来看，个别的多指作为归纳前提的个别在量上的多数性，而一般的则指通过对个案逻辑关系的归纳总结得出的唯一性结论。从自然到人类社会的一切事物都是单独存在的，没有人有权替代另一个人，而且自然数通常是不可数的。我们要始终以一定的目标调查和分析个案，在此过程中，提炼出它们共同的部分，即一般部分。

其次，从定性调节的角度来看，报道的个案主要是指具体报道事件的性质多样性是归纳的前提，而一般是指通过总结出个案的个性认同作为归纳的结论。无论在哪个报道领域或者以何种报道方式，世界上发生的任何新闻都有其独特的基本运动规则和形式，无一例外。然而，作为归纳前提的个案，由于其数量众多而不可避免地会在质上以不同的方式表现出来，归纳恰恰是在这些截然不同的前提下确定自己的逻辑起点。通常，我们会以自己的主观目标和价值判断逐一分析和检查个案之间的逻辑关系。

总的来说，探索未知是归纳逻辑的本质。使用归纳思维进行电视新闻深度报道，可以了解从个案到一般、从特殊到普遍、从经验事实到事物的内在本质和规律性跃升的过程。归纳法对电视新闻深度报道的写作，具有重要的科学方法论意义。熟悉归纳逻辑的基本思想，善于使用归纳方法指导并规范自己的思维活动的记者，可以有效过滤掉与深度报道无关的背景材料，深入了解事物之间的因果关系，并发现新事物信息之间的逻辑联系，对准报道对象，聚焦普遍规律，深化新闻主旨，对社会提出建设性指导方针。

归纳法应用到电视新闻深度报道中，具体有以下几种方法：

1. 枚举归纳

枚举归纳是归纳法最简单的形式，也是最基本的形式。人们从一些事物所具有的共同属性或特征初步抽象出某些带有普遍性、规律性的认识，就可以使用枚举归纳的形式。枚举归纳一般只考虑案例，主要运用求同法。在新闻采访写作中，枚举归纳的应用是相当普遍的。凡具有共性的事物，集中起来进行报道或评述比单独成篇更有逻辑力量。

在新闻报道中，枚举归纳可以从普遍个案中发现事物本质属性的某种逻辑。这种方法主要补充了从采访材料到新闻的多种内容，生产出的新闻报道需要经过精炼和总结，因此要求记者拥有丰富的知识和扎实的理论基础，注重列举实例的质量，从量和质上的规范性方面掌握合理的枚举方法。

2. 消去归纳

消去归纳是归纳法的另一种类型，是枚举归纳的延续和补充。消去归纳是探索未知的重要工具，求异法是消去归纳的重要思路。在新闻采访写作中，消去归纳与枚举归纳常常同时进行，一方面枚举可能的原因，另一方面考虑反面的例证，在诸多答案中排除不真实的判断，选择最可靠的概括。

例如在火灾的报道过程中，前期会分析导致火灾的各种原因，通过对灾情的进一步调查发现并确认导致火灾的具体原因。这种报道方法是典型的消去归纳法。

据央视新闻消息，根据江苏省安全生产委员会办公室发布的最新公告，2019年3月31日7时12分许，苏州昆山市昆山汉鼎精密金属有限公司机加工车间外一存放镁合金碎屑废物的集装箱发生爆燃事故，造成7人死亡、5人受伤。

初步分析，事故直接原因是企业在镁合金铸件机加工过程中，使用了含水较高的乳化切削液，收集的镁合金碎屑废物未进行有效的除水作业，镁与水发生放热反应，释放氢气，又因镁合金碎屑堆垛过于集中，散热不良，使得反应加剧，瞬间引发集装箱内氢气发生爆燃，爆燃的冲击波夹带着燃烧的镁合金碎屑冲破集装箱对面机加工车间的卷帘门，导致机加工车间内卷帘门附近的员工伤亡。①

这则新闻报道很好地运用了消去归纳。如果作者对消去归纳比较陌生，就不可能将扑朔迷离的事态报道得井然有序。在新闻采访写作中，消去归纳更多是在思维过程中进行的，被消去的因素往往并不出现在最终的稿件中。雷同材料的舍弃，干扰因素的排除，乃至文字的删繁就简，都很能体现记者消去归纳的功底。

3. 渐进归纳

渐进归纳是归纳法的又一种类型，它通过若干中间环节逐步上升到普遍原理，其包含了枚举归纳和消去归纳两种成分。在实际运用中，一方面要枚举大量的证据，以增加理论概括的基础；另一方面，又要消去或修正理论或假设中不适当的成分，逐渐达到理论、假设与论据的一致。如果说枚举、消去归纳主要是对研究对象作定性考察，渐进归纳则进一步运用共变法，对研究对象作定量考察。在经济新闻、科技新闻及其他新闻写作中，渐进归纳都大有用武之地，特别是现在许多报纸都开辟了科技副刊或专栏，用来介绍科技成果、普及科学知识，这就更给记者提供了追溯科技工作者运用渐进归纳作出科学发现过程的耕耘园地。

4. 综合归纳

如果说枚举、消去和渐进归纳是归纳法的三种基本类型，综合归纳则是在其认识基础上再次进行概括，以形成普遍程度更大的命题的归纳类型。从方法上看，它是对求同法、求异法、共变法、剩余法以及求同求异法的综合运用。从认知结构看，它更多地受到背景知识的影响。在新闻采访写作中，它有广泛应用的空间，特别是在处理篇幅较大的事件通讯、工作通讯时，由于事件的头绪繁多，因果关

① 江苏昆山燃爆致7死5伤：散热不良引发氢气发生爆燃［EB/OL］.（2019-04-10）［2021-10-18］. https://baijiahao.baidu.com/s?id=1630417041071328177&wfr=spider&for=pc.

系错综复杂，涉及的学科较多，有许多新情况、新事物、新问题、新经验需要研究，综合归纳的运用为其提供了现实基础。记者与实践保持密切的联系和接触，对事物的质和量的关系作辩证的理解，就能充分发挥综合归纳的作用，写出有分量的稿件。

以上，我们对归纳方法的基本类型分别做了介绍。在实际运用中，注意慎用“所有”“凡”等全称量词、“最大”“最好”“绝无仅有”等限制词以及概括程度很高的普通概念，还要重视反例的作用，避免轻率概括的逻辑谬误。①

（二）演绎：从一般到个别

所谓演绎，就是从一般性的原则出发，推出关于个别或特殊事物的思维方法。人们以一般性原理为指导去分析个别事实，就是演绎的思维过程。例如：“（大前提）凡人皆有死；（小前提）苏格拉底是人；（结论）故苏格拉底有死。”这里“凡人皆有死”是一个人尽皆知的常识问题，由此得出“苏格拉底有死”这个个别的结论，运用了演绎的思维方法。可见演绎有如下特点：第一，前提是一般性知识；第二，结论是个别性知识，蕴含在前提之中，二者具有必然的联系；第三，思维运动的方向是从一般到个别，由抽象到具体。

演绎推理是一种常见的推理方法。因为推理的前提是一般性的，所以得出的结论是特殊性的。但是，得出的结论是否正确取决于推理前提的相关性以及推理形式与逻辑规则的一致性。如果推理的形式是合乎逻辑的，那么使用演绎方法肯定会从真实前提中得出正确的结论，这就是演绎推理的特征。

演绎推理在新闻报道中是一种非常重要的方法。演绎推理是逻辑证明的工具。推论是一种必然的推理，因此推理的结论直接取决于前提，以便人们选择一个可靠的事实依据作为前提，并在推理出了一定的规律之后对其进行证明或反证。演绎推理是新闻报道可以做出科学预测的一种方式，它将通用原理（理论）应用于特定情况而得出的正确推论具有科学的特点。科学理论是经过实践检验的真理，因此从科学理论中得出的推论是有科学依据的，它们在实践中具有指导作用。

演绎的推理方法应用到新闻报道领域中，要遵循以下规则：

1. 前提真实

演绎推理是在已有真理基础上所进行的推理。对于特定的推理过程，结论的真实性由前提的真实性和推理过程的有效性来保证。尽管前提的真实性已经超出

---

① 苏越，徐方强. 归纳探索　聚焦点睛［J］. 新闻与写作，1993（9）：37–38.

形式逻辑的研究范围，但是在应用演绎方法的过程中，有必要明确区分前提暗示结论和真实前提暗示结论这两个不同层次。在新闻采访写作的现实中，我们必须尊重客观事实并确保推理过程所有环节的真实性，以便清楚地说明事物的运动发展过程并形成正确的结论。如果将假设前提用作事实材料并写入报道中，那么不仅会使报道逻辑混乱，并且还违反了新闻必须遵循的真实性原则。这种情况常常出现在虚假新闻当中。

2. 形式原创

在推理过程中，前提成立只是得出真实结论的必要条件之一。为了确保最终得出一个正确的结论，还必须依靠有效的逻辑形式。我们不要简单地认为新闻写作主要是事实陈述，与逻辑推理关系不大。实际上，任何成功的新闻报道从逻辑上讲必须是正确的，而且必须是原创的报道内容。相反，如果逻辑上不正确，或者照搬照抄他人的新闻报道，则无法完成一篇较好的新闻报道。①

正如所有客观事物都是个别和一般的统一体一样，从思想上说，新闻报道从个别到一般再从一般到个别的推理也是相辅相成的。演绎必须基于归纳，实际上，作为推论起点的一般原则通常是由归纳得出的。归纳必须以演绎为指导，新闻报道通常始于对单个对象的研究。这种情况表明归纳推理具有一定的独立性，但是也不能将归纳和演绎两种方法割裂开来。为了克服盲目性，提高思维认识，人们必须将演绎和归纳有机结合起来。

简而言之，归纳和演绎是辩证统一关系，它们既相关又不同。没有归纳的演绎就是失去真实报道前提的虚无的演绎，没有演绎的归纳是盲目的、表面的归纳。只有坚持将归纳和演绎相结合的思想方法，我们才能更好地理解和改造客观世界，生产出更具社会价值的新闻报道。

三、类比

类比也称“比较类推法”，具体指某一类事物具有某种属性，据此推断出类似事物也应具有此属性，结论必须由经验证明。经验表明，类比对象之间共同的属性越多，该类比的结论就越可靠。

类比的推理规则是“从一个到另一个”。如果以“这个”为前提，以“那个”为结论，那么类比思考的过程就是推理的过程。经典的类比法是，如果在比较的过程中，我们发现被比较的对象有越来越多的共同点，所有比较对象中有一个对

① 苏越，徐方强. 演绎论证 真实有效［J］. 新闻与写作，1993（12）：32-33.

象知道自己具有这种共同点，而另一个对象尚未发现该共同点，在这一基础上，人们会产生另一对象也具有这种共同点的推断。现代类比法认为，之所以能够实现“由此及彼”，必是经过了一个归纳和演绎的过程，从已知的某个或某些对象具有某情况，经过归纳得出某类所有对象都具有这种情况。

类比的特点是“先比后推”。“比”是类比的基础，“比”既是共同点也是不同点之间的比较。对象之间的共同点是类比能够施行的前提条件，没有共同点的对象之间是无法进行类比推理的。

类比法应用到新闻报道中，可以使得严谨的新闻或评论变得通俗易懂。2009年4月13日，《大众日报》第4版刊登了题为《不是所有弯道都是超越好时机》的评论，该文在第20届中国新闻奖的评选中，获得报纸评论一等奖。接下来以这篇新闻评论为例，具体说明类比在新闻报道中的优势及作用。

最近，有个“弯道超越”词汇很时新，诸如“正是弯道超越时”“超越常在弯道处”等，常见诸媒体。

“弯道超越”，原本是赛车上的一个术语，指参赛车手在拐弯处比直线跑道上更易超越对手。有人认为，金融危机让世界经济处在了“弯道”上，此时正是跨越发展、超越对手的良机。应当说，经济发展上的每一次危机，都是产业重新布局、企业重新洗牌、新机遇不断涌现的重要时期，以“弯道超越”比喻危中之机，有振奋精神、鼓舞士气的功效。但算算如下几笔账我们能够看到，这种说法也只能算是一种比喻。

成本消耗账。一般情况下，有经验的驾驶员不会弯道超越，他们知道弯道超越更加耗油，更易磨损发动机和轮胎，损耗车辆寿命。赛车选手敢于弯道超越，很大程度因为这本是“烧钱运动”，可以不计后果地“透支”。不过，经济发展是一项长远事业，毕竟不是短暂的赛车。在金融危机还在继续蔓延、市场不确定因素不断增多的背景下，经济运行遇到的困难越来越多，在正常发展都遇到巨大挑战时，超常规发展就得付出更大成本、更多代价。那些以超越的名义乱砸钱、乱铺摊子的作为，那种为一时超越让资源能源难以承受的急功近利做法，是与科学发展观相悖的“歪道超越”。

安全风险账。赛车比赛中，人们不仅能看到精彩的弯道超越，也常目睹弯道车毁人亡的重大事故。换言之，超越常在弯道处，事故也常在弯道处。“弯道处要敢于踩油门”，被一些人喻为超越发展之宝典。其实，赛车手进入弯道的第一个动作是踩刹车而非踩油门。好的赛车手，在进入弯道前必须正确判断形势，若遇到了弯道就急着去超车，不翻车才怪。经济发展的弯道比赛车场上的弯道更为复杂，充满着变数。弯道之处，最需要实事求是，按科学发展观要求讲方法、重技巧，量力而行，否则一旦用力过猛，很有可能事与愿违，“半路抛锚甚至翻车”。①

……

这篇评论最重要的特点是论证方法，它主要运用了比较论证方法。比较论证有两种，即类比论证和比较论证。在这篇评论中作者采用了类比论证，通过类比和推理，将经济上生涩难懂的词语比喻为“弯道超车”，使抽象的真理易于理解并对人们有所启发。但类比推理的结论不一定是正确的，需要报道者进行反复推理和试错，确认类比对象是否合理，才能发挥类比的最大作用。

第一是要尽可能地确认类比对象的相同属性。在前提中确认的相同属性越多，两个属性就越相似。这篇评论的对象——相似属性体现在两个方面，即经济上的竞争情况和赛车比赛中的竞争赛况：从比赛开始，赛道上的“跑道曲线”和金融危机中跌宕起伏的价格属性是类似的，这两个特殊阶段充满了变化，充满了风险和挑战，这些都需要主体进行提前规划，从现况中推理出将来可能出现的结果，以此来调整自身的决策。从竞争对手的角度来看，参赛选手试图弯道超越对手和在金融危机中投资者试图超越对手的心态是一致的，也具有相同的属性。

第二是尝试对两种对象的基本属性进行类比。基本属性限制了其他属性，因此前提中标识的相同属性越重要，则两种对象共享相似属性的可能性就越大。对于经济发展而言，发展的时机和投资者是相对重要的属性，这种推理更具说服力。作者认为在赛道的拐角处超车会带来高成本和高风险，那些试图超车的人应该充分考虑弯道超越的后果。在金融危机下，地方政府和企业在快速发展中也会遇到这样的问题，因此得出的结论将更加可靠。

在类比的过程中，作者还发现了类比的两个对象之间的区别：“经济发展是一项长远事业，毕竟不是短暂的赛车。”由此可以推断出“超常规发展就得付出更大成本、更多代价”，“经济发展的弯道比赛车场上的弯道更为复杂，充满着变数”，从而作者冷静地得出结论：“不是所有的弯道都是超越的好时机，也不是所有的车手都可以做到安全超越。”

从这篇新闻评论中我们可以看出，要弄清这样一个复杂的经济发展问题并不容易。但是，作者选择了一个较小的角度，抓住了当前经济发展的概念，采用类比的论证方法，简化了一个不易证明的问题，发现了一些基本问题并逐一解决，从而建立了自己的论点。

---

① 孙秀岭. 不是所有弯道都是超越好时机［N］. 大众日报，2009-04-13.

这种推理逻辑方法更适合运用在电视新闻深度报道中。这是因为它比归纳推理和演绎推理更容易被受众所理解，它比较依赖电视新闻深度报道所涉及的新闻事件之外人们原来就有的经验和知识。当人们对新闻事件本身的认识缺乏更多、更深入的论证材料的时候，人们就会把与之相类似的其他事物、其他情境引入论证中来。

第二节　因果关系：电视新闻深度报道的结构基础

一、因果关系的基本内涵

人们的生活是线性的，原因在前，结果在后，时间法则不可更改。而人们认识世界的过程却是非线性的，有可能先认识结果再认识原因，同时还能合理地对未来进行判断和预期。生活中我们总是在进行原因和结果的分析，因果关系是人们认识世界的基本逻辑方法。

这里我们不再讲述因果关系在哲学上的争议和复杂论证，只是从人们对因果关系的常识性认识来讨论该问题。一般人们认为，原因发生在结果之前，原因导致了结果的发生，原因和结果之间有必然的联系。在口语表达中，尤其是在广播电视口语表达中，对于因果的解释和分析是评论的主要组成部分。这种结构更多地适用于动态新闻事件的深度报道，新闻事件作为口语表达的对象，其意义不仅仅在于自身，更重要的往往是事件的起因和事件的影响。于是，在每一个新闻事件中就形成了两对最基本的因果关系，提出了两个基本问题：为什么会发生？事件的发生导致了什么？

在自然科学领域中，事件的发生严格地遵守自然因果律，其因果分析的意义恰恰就在于这种联系本身。而在人类社会中，由人参与的事件的因果联系中，有一个环节充当了非常重要的角色，那就是自由意志。自由意志使人能够作出决定，从而成为事件发生的原因。也就是说，人的决策并不受外界环境的决定性影响，于是，对于新闻事件的因果分析就产生了因果联系之外的意义。这种结构表达的重点不在于事实本身，而在于对事件中人的决策的道德或价值的判断。这和上一章中的划分结构有明显的区别。

假如我们以“中国当下城市的交通违章现象”为报道对象，如果用上一章中提到的“划分”的方法，那么可能会建立这样的评论结构：机动车的违章、非机动车的违章、行人的违章。这样的结构立足于细致全面地展现事件本身，让受众了解哪些行为是违章的。如果用“因果”的方法，那么可能建立这样的结构：交通违章现象、机动车数量的增加、路权分配的改变、人们交通意识的滞后。这样的结构把事件结果作为开始，罗列产生结果的原因，其表达的目的在于找到问题的症结，并希望改变现状。价值判断是电视新闻深度报道的重要方法，价值判断的依据在于行为主体的动机和事件带来的结果的功利性。在报道结构中，新闻事件不仅可以作为结果，同时也可以作为原因。在表达中可以考察新闻事件所导致的结果，从而建立因果结构。这种结构的意义往往在于判断新闻事件在功利主义原则中的善恶。

在电视新闻深度报道中，因果关系的结构能使事实信息在最紧密的联系中展开，事实与事实之间构成时空上的连续，而不是并列。这就是因果结构与划分结构最大的区别。因果结构常常用于新闻事件的调查报道。新闻事件发生的原因通常会作为调查的主要目标，而突发事件所引起的结果又会成为对其进行判断的重要依据。于是“原因—结果”的基本框架向观众展示了“事实—判断”的思维过程，电视新闻报道的深度通过这个过程得以实现。在电视新闻深度报道中，因果关系的含义较为丰富，一方面因果关系展现的是事实间的一种联系，另一方面它又经常体现为一种思维中的联系。

二、常见的因果结构

亚里士多德在《形而上学》中提出了“四因”说，“四因”指的是质料因、形式因、动力因和目的因。亚里士多德讲了一个生动的例子来说明“四因”：一个小球静止在一个水平且向下延伸的斜坡上，这时有人推了一下小球，小球于是滚动下来。亚里士多德对这个事件的原因做了分析：小球的存在是该事件发生的前提，没有小球就不会发生该事件，于是小球的存在构成了质料因；而斜坡构成小球向下滑动的环境因素也是必要条件，构成了形式因；推动小球的力量直接导致了事件的发生，是动力因；当时的人认为任何事物都有向下运动的愿望（重力），于是重力构成了目的因。质料因和形式因来源于自然环境，动力因和目的因来源于人本身，它们可以被理解为外因和内因的关系。亚里士多德对原因的划分给电视新闻深度报道的因果建构提供了方向。

在新闻报道中，对归因方向的选择有其倾向性。不同方向的归因结构会造成表达在深度上的区别。在动力和目的方向上的归因，往往注重事件本身的细节，挖掘事件主体的主观情感或意志，围绕细节的报道或评论很大程度上是为了满足受众窥私和猎奇的心理。而如果在质料和形式的方向上建立因果结构，则表达的重点就会向更客观的方向倾斜，注重新闻事件发生的社会背景，从而使特殊的新闻事件具有一定的一般性，这样的过程无疑使新闻报道所传达的意志和价值具有相对普遍的意义。很多主要涉及民生小事的新闻评论或者是情感类节目的表达，经常在动力因和目的因的方向上建立因果结构，就成了我们经常看到的“谁为了谁打了谁”的故事。在一些更能引起全社会关注的代表性事件中，表达的重点往往会向质料因和形式因发生倾斜，更多地让受众发现客观存在的普遍性问题。

在日常生活的经验中，电视新闻报道的深度似乎和新闻题材有较强的联系。通常新闻事件的影响力越大，其看起来就越具有深度。题材与报道的深度确实存在这种经验上的关联，但是这并不能说明题材对深度具有决定性的影响或限制作用。这种现象的存在和报道的因果结构有关。意义重大的新闻事件往往具有一定的抽象性或者作为某类事件的典型性，因此其中的因果联系往往体现普遍意义。新闻事件的意义以事件导致的结果来衡量，这时新闻事件本身将作为原因存在。一种结果的影响持续的时间越长、波及的范围越广，其意义就越重大。对于这类新闻的报道，因为舆论与媒体的持续关注，相关信息的显现会越来越完整丰富；因为其持续的影响力，新闻事件不会很快地失去时效性，这为报道的深入争取了更多的时间。从受众的角度来说，具有较大影响力的新闻事件往往更能引起受众的主动关注，而不仅仅停留在被动随意接收的状态。

因果关系在语言表达中有时体现为假言命题的逻辑形式，尤其是新闻报道或评论中结论性的语言多以假言命题的形式出现。例如：“如果老师给予孩子更多的关爱，相信类似的事件不会再发生。”这一表达实际上描述了关爱的缺失和新闻事件之间的因果联系。在表达中使用假言命题的结构往往使表达具有更多的普遍意义和更强的情感力量。假言判断反映了事物之间的条件关系，但并不是所有的条件关系都是因果关系。条件关系描述人的思维，而因果关系反映客观现实。在很多情况下，客观现实的因果关系就通过反映条件关系的假言判断表达了出来。

思维中的条件关系有三种，因此假言命题的形式也就有三种，分别是充分条件假言命题、必要条件假言命题和充分必要条件假言命题。假言命题的熟练掌握对于口语表达是非常重要的。在新闻报道中，用“因为……所以……”来表达因果关系，而“因为……所以……”只表述了普遍的因果意义，对因果类型的描述就无能为力了。不同的假言命题反映了不同类型的因果结构，“如果……那么……”“只有……才……”“只要……就……”“当且仅当……才……”这些假言判断的关联词能更细致地反映事物之间的因果联系。通常情况下，一因多果的关系由充分条件假言命题表达，多因一果的关系由必要条件假言命题表达，一因一果的关系由充分必要条件假言命题表达。

举个例子来说：不遵守交通规则是交通拥堵的原因之一，属于多因一果，于是表达为“只有在人们不遵守交通规则的情形下，交通拥堵才会更严重”，这种结构正确地表达了两者之间的因果关系。如果换成“只要人们不遵守交通规则，拥堵就会继续”，这样的表达排除了道路的改善、车辆的控制等方面的因素，不能正确地反映事物之间的因果联系。在新闻报道中，事实间因果关系的显现需要通过口语来强化。

三、因果结构在电视新闻深度报道中的应用

随着社会的发展和进步，受众对信息的接受开始呈现出多样化的发展趋势。受众不再想单纯地了解世界、社会正在发生的事情或即将发生的事情这些面貌，而是想知道更多关于事件发生的前因后果和细节：为什么会发生，如何发生，事物的最新发展，将来会发生什么变化，它们之间有什么关系，可以通过背景材料得出什么样的结论，等等。另外，随着受众意识的不断提高，参与新闻事件的愿望逐渐增强，他们会对电视新闻深度报道提出更多新的要求。

电视新闻深度报道可以及时有效地纳入多个深度报道项目指标，包括事件背景、相关材料介绍、事件成因、重要性、过程分析和建设性意见等，因此，从历史关系、因果关系、新闻事件本身的矛盾变化以及事件对社会的影响和发展趋势等多个角度，可以充分体现电视新闻深度报道之“深”。在这里，我们着重探讨因果关系在电视新闻深度报道中的应用。

（一）因果效应的重要性

首先，在电视新闻深度报道的过程中，经常涉及如何识别和判断专题事件的原因和结果的问题。例如一辆公交车突然坠入河中，是什么原因导致了这次严重的交通事故？某个超级大国的领导人公开脱掉皮鞋，在联合国大会上敲桌子，那是什么意思？事件的发生总是有原因的，事件的出现总是经历一系列相互矛盾的运动，并且有一个衍生或发展的过程。我们经常使用已知的结果来跟踪事件的原因和发展，或者使用已知的预测来检测即将成为现实的未来。这些与因果思维的形式有关。

其次，在撰写电视新闻深度报道时，必须了解所要报道事件的性质及其含义，且所有结论总是与事件的起源及其发生的因素密不可分的。记者必须具备将事件的前因后果联系起来的理解力和判断力。这些依然与因果思维密不可分。

再次，当电视新闻深度报道播出后，往往会在社会公众中引起不同的反应。这种类型的反馈中有一些会对报道中涉及的人员产生积极的反馈（积极影响，导致报道对象采取更积极的行动），而其他负面反馈会产生相反的结果（负面影响，最常见的是一些权威人士被高估，使其陷入了被嘲笑和被孤立的窘境之中）。记者自身也会受到这种正面或负面反馈的影响：记者本人会收到很多积极的反馈，受到各方的欢迎，将更多的热情投入新的采集新闻素材和写作活动中；会收到各方的负面评论、指责或投诉。

最后，使用因果关系的逻辑方法去分析和指导电视新闻深度报道活动是基于因果对立统一的辩证原理来分析和研究当前事实，并以普遍性和规律性来发现这些事物，从而使报道具有权威性和公信力。

（二）图像中的因果关系

电视新闻深度报道由于媒介形态的技术特征和内容上的真实性，其报道内容离不开图像的形式，新闻图像展现出真实、直观、形象、强烈的现场感等特征。当报道事件和人物时，它可能反映出强烈的现场感和吸引力，尤其是由几张照片排列在一起的新闻组照片，可以更好地引发人们的共情，视觉传达的丰富符号也可以吸引更多受众的注意力。在新媒体集成时代，新闻组照片不仅被电视媒体广泛采用，而且也越来越多地被其他传播平台使用。一组照片在将单个静态照片组合在一起后具有连续的“动态”故事，可以将分散的场景和人物有机地结合在一起，并在添加文字后达到讲述完整故事的效果，从而实现因果上的联系。

电视新闻深度报道中的图像要想体现内容上的因果关系，需注意以下两点：

1. 电视图像内容要有故事性

电视新闻深度报道中的图像常常由几张相互关联的图片组成。与个人照片相比，一组照片要求摄影师在采访和拍摄过程中具备讲故事的意识，并努力展现深度报道的内涵，以反映“深”的特征。为了拍好新闻的组照，新闻记者应该深入基层，寻找可以转化为深入报道的主题。

在报道动态事件时，新闻记者到达事件现场后需立即作出判断。对于重大新闻事件，新闻记者应该敏锐地对事件全貌进行拍摄，并使用叙述式的拍摄方式来充分展示事件的全貌。新闻组照片实际上是纪实专题照片，如何通过组图向受众讲好新闻，要说什么，如何说，是照片（图像）内容的关键。尤其是在进入新媒体时代之后，许多受众希望在深度报道中看到直击心灵的图像叙事。电视与纸媒相比，电视彩色、动态的图像能够直观、连续、生动地展现纪实照片，丰富受众的观看体验。

新闻记者拍摄组图时，应该深入研究内容主题，同时提出动态的想法，通过情节和画面结构来讲述故事。在拍摄时，需要使用横向思维和纵向思维：看似无关的元素的组合，也可以表达相对连续的空间环境；为了事件的发展和人物的活动，安排单张照片的拍摄顺序。这要求记者对事件的变化有一定的预见性。

在当前的深度报道中，新闻组照的布局大部分是线性的，即根据事件的发生、发展和结束的顺序将单个照片组合在一起。例如，记者何龙2020年从深圳特区拍摄的关于“逆行者”新闻组照（见图3-1），整个过程报道了来自深圳医疗队的“白衣天使”帮助湖北抗击疫情的故事，在照片中，赞扬了医生的奉献精神——勇往直前，不怕面对新型冠状病毒。这组照片在第十一届“美丽深圳”摄影大赛中，获得了年度大奖。为了报道真正有价值的新闻，记者在拍摄时必须善于捕捉场景的细节，因为细节是情节的组成部分，细节通常可以通过特写照片显示出来。如果在照片中有令人难忘的细节，那么可以一种生动和易于理解的方式来解释照片背后的具有深度和温度的故事。

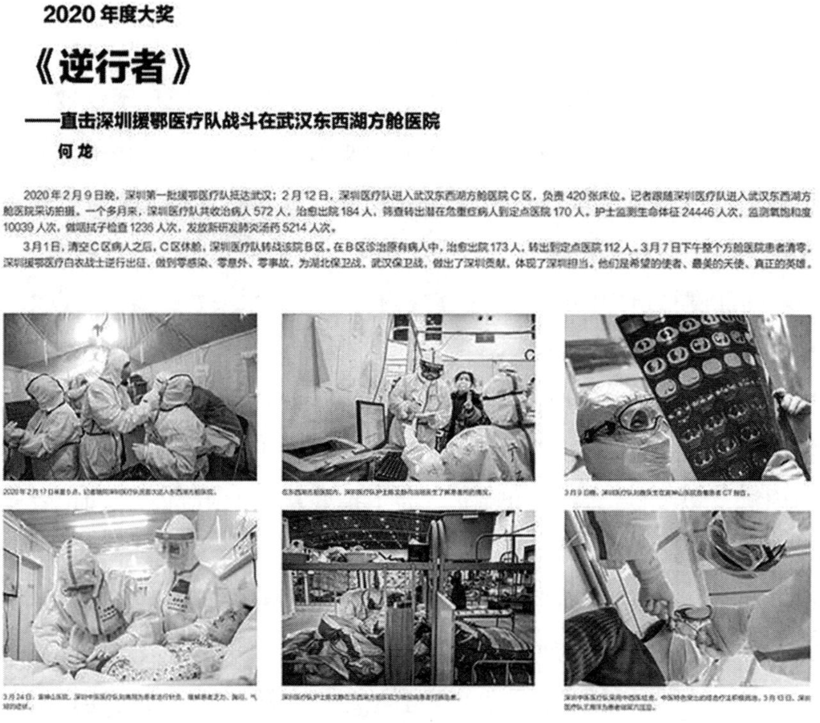

图3-1 《逆行者》（组照）获得“美丽深圳”摄影大赛年度大奖

2. 图片中的内容要具有因果关系

图片中的内容要具有因果关系有两层含义：一是可以通过一张照片呈现出的内容引发人们对其原因或结果的思考；二是在组图中，图片与图片之间要有因果联系，不能在内容上断裂。

在一组照片中，摄影师可以通过拍摄的不同角度，配上文字说明，引发受众的深度思考。例如在"'摄氏 2013 度'报道摄影师大典"比赛中，《南方都市报》摄影记者郭现中以"疫苗之殇"为创作主题，入围"年度深度奖"。

疫苗之殇

疫苗，是现代医学对抗传染病的利器，中国每年接种的疫苗达 10 亿剂次，对于公共卫生与个体健康而言都意义重大。然而，迄今为止世界上尚无绝对安全的疫苗，疾控中心所公布的百万分之一的不良反应率在统计学上或许微不足道，但对于每一个受害家庭而言却是百分之百的灾难。

近年来，疫苗生产流通管理体制中存在的弊病加深了公众的焦虑，疫苗不良反应的鉴定、赔偿与救助机制的封闭滞后，也常成为矛盾积聚的根源。南都记者郭现中历时三年，采访记录了近 50 个受害者案例，旨在警醒人们对于疫苗本应有的风险意识，敦促疫苗产业链的规范化、补偿救助机制的落实，以及疫苗相关立法的完善。

（1）2013 年 5 月 1 日，山东济宁，在疫苗受害家庭的一次聚会中，孩子们在麦田里拍下了这张合影。10 个孩子有 9 个是因服用糖丸后肢体残疾，如不借助假肢他们将终身无法正常站立（见图 3–2）。

图 3–2　无法正常站立的孩子

（2）张文，女，16 岁，湖北荆门人。麻疹疫苗。2013 年 3 月 27 日，曾经的架子鼓十级的活泼女孩现在身心都受到严重摧残，这架凝结父母希望的进口鼓已经因几年不摸而落满灰尘（见图 3-3）。

图 3-3 架子鼓“破碎”的女孩

……

（16）王艺筱，女，4 岁。山东省临沂市，A 群流脑疫苗。2013 年 3 月 10 日，王艺筱现在连翻身都不会。父母奔忙终日赚钱看病，奶奶做饭的时候，不得不把她放在玩具堆里（见图 3-4）。[①]

……

图 3-4 与玩具相伴的“童年”

以上展示的这些图片作为报道的结果而存在。由于这些孩子不幸接种了不完

① 疫苗之殇[EB/OL].（2013-12-13）[2021-10-17]. http：//slide.news.sina.com.cn/x/slide_1_54248_39875.html#p=19. 图文原载于 2013 年 6 月 23 日《南方都市报·视觉周刊》。

善的疫苗，导致身体和心灵都受到了非常大的伤害。摄影师通过拍摄一张张孩子无辜的脸庞，以及运用构图、光影等摄影技巧，向受众展示这些孩子和家庭的不幸，并进一步引发社会的思考，即疫苗的研发之路任重而道远。

除了单张照片可以展现因果关系外，组图更可以突出报道内容之间的关联。在组图中，每个图像都应具有高质量的图像内容，并可以提供直观而有效的信息，包括远景、全景、中景、近景以及特写等不同景别的运用。摄影内容还应突出主题，这是图像所要体现的中心思想。

例如 2019 年 4 月 11 日，第 62 届世界新闻摄影比赛获奖作品在荷兰阿姆斯特丹揭晓。来自意大利的摄影师洛伦佐・图格诺利（Lorenzo Tugnoli）荣获一般新闻类组图一等奖。组图的主题为也门危机（见图 3-5、图 3-6、图 3-7）。

图 3-5　战乱中抱着孩子的妇女

图 3-6　凝视希望的士兵

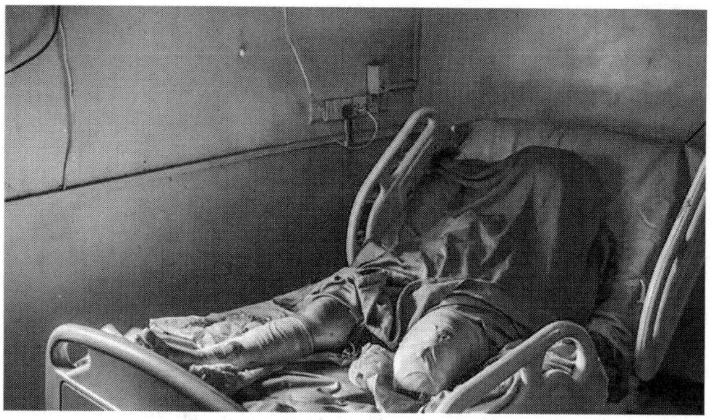

图 3-7 受战火摧毁的人

联合国称，也门内战始于2015年，至今已导致至少840万人处于饥饿的边缘，2,200万人（约占也门总人口的75%）需要人道主义救援。摄影师以此背景为拍摄动机，三张照片因事件发生的先后顺序而内含一种因果关系。也门不断经历战争，导致百姓流离失所、妻离子散、身心俱残。这组照片也直观地向受众展现了报道中蕴含的人文主义关怀，十分引人深思。

新闻组照中图像结构的管理也需引起报道者的重视。为了使图像元素中的结构合理，有必要注意个别照片的布置，以确保故事线的正确顺序和严格的叙事逻辑。在当前的一些组照中，常见的叙事结构包括主题叙事结构、时间叙事结构和空间叙事结构。主题叙事结构主要体现在专题照片和总结照片上，它们在提供丰富的实例和细节方面发挥了作用；时间叙事结构是一个相对简单的叙事结构，在一些长时间的跟踪报道中使用较为频繁；空间叙事结构是将当前同一主题的照片并列起来，用一个个典型的瞬间来进行叙事。

一组照片中各个图像之间的联系不应该只是简单的堆叠关系，而应该是合乎逻辑的，并能反映出报道者的意图。随着视觉艺术的不断发展，新闻图像反映了受众接受媒体展现的过程的复杂性。媒体所传播的图像、语音和故事是由不同的群体以完全不同的方式来解释和构造的，因此，组照中的单个照片的不同排列和组合，不仅可以反映摄影师拍摄时的意愿，而且在受众中会产生不同的解释结果。

总的来说，深度报道中的新闻照片具有深入的报道功能和强大的叙事功能。对于摄影记者来说，照片的拍摄内容和因果关系不仅是新媒体时代的理论主题，而且也是付诸实践的实际问题。

（三）内容上的前后关联

“立意要新，开掘要深”是电视新闻深度报道历来提倡和要求的。在内容上如何编排才能达到这一境界呢？引入因果分析是使我们达到这一境界的重要方法之一。具体而言，应该从以下三个方面进行挖掘：

1. 从新闻事件因果要素的相互转化中去挖掘

在新闻报道中的常见问题是报道内容层面的肤浅和笼统，导致这种情况的原因有很多。记者和编辑通常只看到事物表面上的因果关系，却看不到因果关系还可以相互转化，这就导致对新事实的理解只是停留在表面上。在这个层次，因不单是因，果也不单纯就是果，会呈现几种情况：倒果为因，因倒为果，果反馈回去又影响因，事物本身既是因又是果。比如沙漠主要是干旱造成的，越是沙漠地区就越不下雨；沼泽地主要是多雨造成的，沼泽地易于水分蒸发，这又成了容易下雨的原因。在新闻报道，尤其是在深度报道中，应揭示出这种复杂的关系。

因果之间的对立是有条件的，只能在有限的范围内加以阐明。在正常情况下，很难确定哪个现象是原因，哪个现象是结果。在交互中，因果关系经常切换位置，可能在这种讨论情况下某新闻要素是结果，但置于另一种讨论语境中，它又变成了事件的成因。

2. 要探讨因果之间的关系，尤其是结果对原因的反映

任何一种现象的发生都不仅仅是原因导致结果的单一形式，结果又可以作用于该原因并使该现象作为原因发生变化。将结果对原因的反映作为分析和研究新现象的切入点，实际上是逆向思维的具体应用。如果正确使用此方法，那么通常会发现出人意料的结果。除此之外，还要从因果的多样性上去开掘。因果关系的表现形式并非是单一的、直线式的，而是多层次、多方位的，大致可以区分为主要的和次要的、直接的和间接的、外部的和内部的、眼前的和长远的、有利的和不利的等。任何一种现象的引起或被引起，都并非是单一的原因，必然是由某种或某些现象引起的，而这种或这些现象的出现，又必然会进一步引起另外一种或一些现象的产生。因果关系的多样性，为我们的新闻报道提供了极大的想象空间。

系统地思考电视新闻深度报道中的因果关系，可以将复杂的社会现象中的各种因果关系划分为不同的层次（例如国家政策、民生报道、群众的意愿等）。底层因果关系受高层因果关系的限制，但是底层因果关系的变化通常会对高层因果关系产生某些负面影响。例如，某种经济现象是无数个体行为的集体表现，但无数个体的行为和动机会导致原因的复杂性。因此，在进行电视新闻深度报道采访和写作的过程中，一定要多加调查，不要妄下结论。

3. 在连续报道中要重视前后的因果关系

电视新闻深度报道的完整性体现在两个方面：第一，对于事件信息，要在事情

的发展过程中及时进行跟踪报道；第二，对于非事件报道，需要提前在报道结构上进行全局考虑，以有机地统一报道的不同部分，形成一个整体。电视新闻深度报道的连续性在跟踪事件报道中尤其重要，它紧紧围绕当前事件发展，并根据事件发展的不同阶段提供连续和后续的报道，因此，报道的内容是上一个和下一个相互成为因果关系的。一系列非事件报道是从不同角度和不同方面对某个主题的连续报道，其连续性反映在多次的报道中。在编排电视新闻深度报道时，既要系统地考虑整个报道的整体性，又要注意报道的连续性，使之有始有终，前后呼应。

简而言之，电视新闻深度报道通过对因果关系的运用，可以系统地反映当今的社会生活，探讨热点事件的过程，揭示事件的性质，预测事件的发展趋势，并激发整个社会的反思。它不仅可以反映客观现实，而且可以合理地分析事件，指导舆论的正确发展。

第三节 数据新闻：电视新闻深度报道的新形态

数据新闻的概念起源于新媒体环境中的具体实践。从概念上来讲，数据新闻和精确报道、计算机辅助报道具有沿袭的关系。从经验上说，近些年来西方一些主流媒体和新兴传媒机构频繁地把数据信息抓取和分析技术应用到新闻报道中，且以新颖的可视化方式展现。数据新闻不仅是一个具有传统性的概念，而且其实践的具体方式又具有前沿的性质。

当下在我国新媒体传播中，电视新闻深度报道以数据新闻为媒介形态的实践已经展开。受众正在逐渐接受一种新的阅读方式。就数据新闻的各种要素而言，形象化问题是直接与受众阅读体验相关的。形象化成功与否，决定了受众注意力的选择。接下来具体分析数据新闻形象化的必要性和方法。

一、形象化的价值

当新闻报道作为一种商品呈现在受众面前时，其符号价值往往超越使用价值而成为被注意的关键。费瑟斯通认为："在这个社会中，实在与影像之间的差别消失了，日常生活以审美的方式呈现出来，也即出现了仿真的世界和后现代文化。"① 新闻报道的价值也从受众日常决策需求向审美化的趋势转变。从形式上而言，新闻报道一直具有艺术性的要求，而日常生活的审美化致使受众对直观体验的需求更加强烈。这种改变在电视新闻深度报道中已经完成并经历了充分的发展，甚至导致了纸媒擅长

---

① 费瑟斯通. 消费文化与后现代主义［M］. 刘精明，译. 南京：译林出版社，2000：98.

的深度报道的衰落。这种审美转变最直接的结果就是受众的注意力集中于新闻报道展现的戏剧性和感官刺激上，从而使新闻价值的其他因素被遮蔽，数据新闻的意义在一定程度上指向对这种困境的解决。

《数据新闻手册》这样定义数据新闻："它使一种新的可能性展开了，当传统的新闻敏感性和用图表数据讲述故事的能力可以结合时。"① 国内学者对数据新闻这样进行阐释："'数据新闻'的内涵就是'基于数据的抓取、挖掘、统计、分析和可视化呈现的新型新闻报道方式'。"② 这些有关数据新闻的定义表明了它的两个明显特征：一是以数据为核心价值的科学方法的引入，二是通过可视化和故事化的方式呈现。这两个明显特征在具体的新闻实践中常常是矛盾的，这种矛盾是社会科学研究方法的专业性与大众传播的通俗性之间的矛盾。数据新闻与精确报道一脉相承，当下计算机技术和网络技术的发展使这种报道方式得到了更多的支持，无论是生产还是消费。不过，上述专业性手段与通俗性要求之间的矛盾却一直存在。数据和数据分析所要求的严谨性，甚至其使用的符号都无法直接被新闻受众所消费。在这种情形下，形象化的价值就被凸显了出来。

数据新闻的报道方式使报道对象也发生了变化，新闻议题更多地转向公共性。传统新闻报道注重单一性，关注具有典型价值的具体新闻事件。这种视角决定了呈现给受众的新闻样式是由人物、情节、环境构成的故事，因此戏剧化元素也需要被凸显。传统新闻报道的基本质料决定了受众接收信息的偏好。而数据新闻所面对的以及展现给受众的都是完全不同的信息，和传统新闻报道相比，数据新闻从程序和结果两个方面都明显体现了深度的需求，其从质料上否定了戏剧性和情感价值的可能性，传播效果也就自然地成为对某种观念的传达。从实践来看，这种观念通常适用于关乎公共利益的公共领域。这种目的性与新闻报道要求的故事化似乎背道而驰了。哈贝马斯认为："理解是有语言能力和行为能力的主体统一起来的一个过程。"③ 数据新闻关注公共领域，其理解的达成以及行动都建立在语言交流的基础之上。而数据分析严谨的话语方式和新闻报道形象化的语言之间矛盾的调和成为数据新闻显现的关键。

现如今电视新闻深度报道在播报一些数据时，会采用形象化的图片来描述，从而在语言表达上与受众构建共通的意义空间。例如以网易新闻发布《六十五年

① GRAY J，BOURNEGRU L. The Data Journalism Handbook［M/OL］. https：//www.researchgate.net/publication/341701908_The_Data_Journalism_Handbook_Towards_a_Critical_Data_Practice.

② 方洁，颜冬. 全球视野下的"数据新闻"：理念与实践［J］. 国际新闻界，2013（6）：73-83.

③ 哈贝马斯. 后形而上学思想［M］. 曹卫东，付德根，译. 南京：译林出版社，2001：363.

国人婚恋观变迁史》一文，文中绘制了一幅国人 65 年来的婚恋观变化的螺旋式时间轴图（见图 3-8）①。

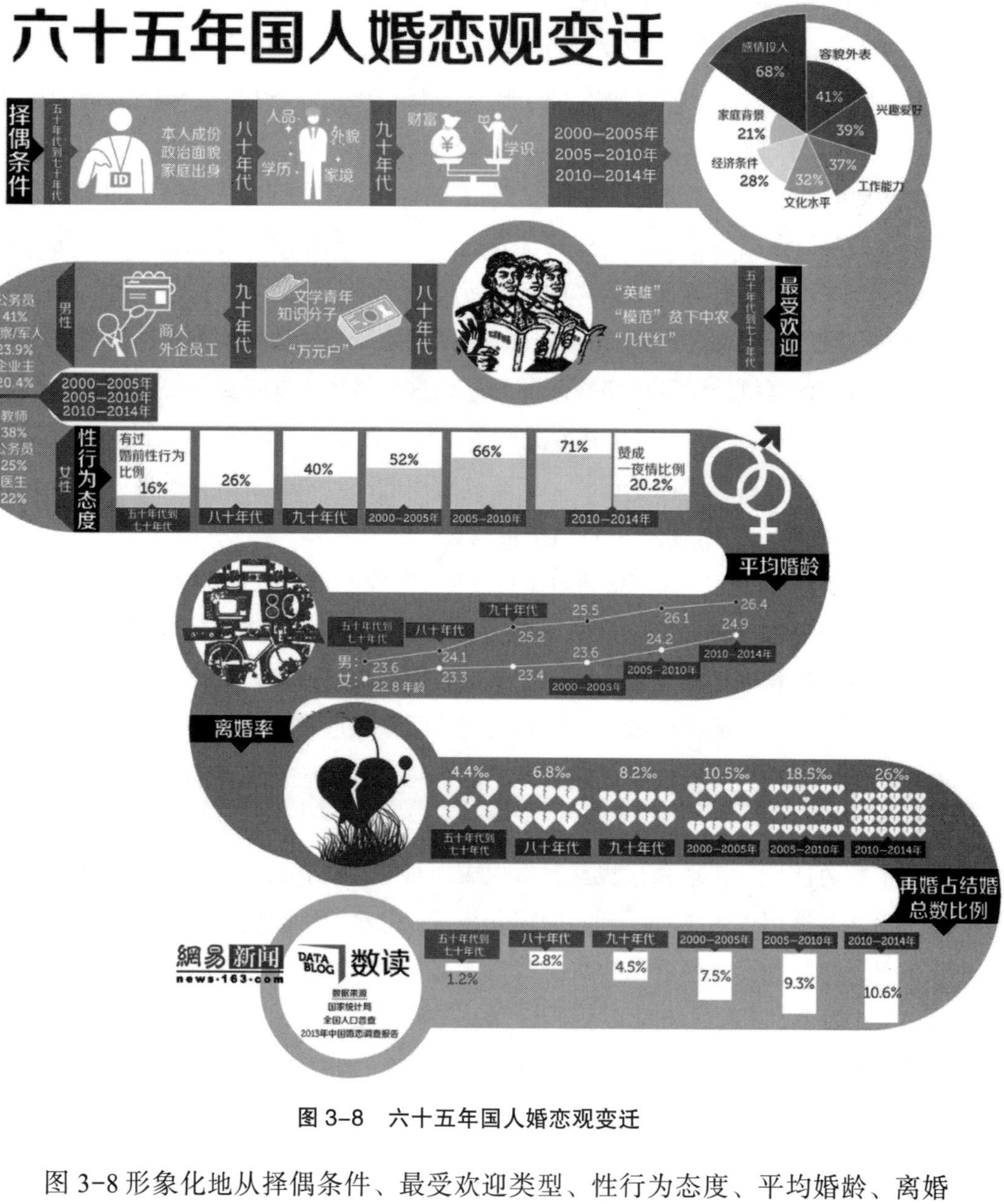

图 3-8　六十五年国人婚恋观变迁

图 3-8 形象化地从择偶条件、最受欢迎类型、性行为态度、平均婚龄、离婚率、再婚占结婚总数比例几个方面展现了从新中国成立至 2014 年，中国人的婚恋观从压抑到自由、从单一到多元的变化，而这些变化也正是 65 年来中国社会巨大

---

① 六十五年国人婚恋观变迁史［EB/OL］.（2014–09–26）［2021–10–15］. https://www.163.com/data/article/A71DUHHI00014MTN.html.

变化的体现。每个阶段独特的婚恋观念从侧面反映出这个阶段的社会现实，信息图表使这种概念上的变化显示得更加直接。当电视新闻深度报道涉及社会观念的变化时，数据新闻不再局限于以文字的方式描述新闻，常采用信息图表对抽象概念进行数字化、形象化。

这样的新闻报道具有很强的说服力，可以使受众从历时的角度，对中国婚姻的发展和现状有一个直观的了解，信息图表的使用也更符合视觉交流时代用户的习惯和喜好。

当下的传播环境、数据新闻的报道方式以及内容偏好都凸显了形象化的重要价值，问题的关键恰恰在于数据符号与受众偏好的矛盾。因此我们认为，数据新闻的形象化可以分为两个层面：数据的可视化和报道的故事化。

二、数据可视化

数据可视化的目标在于把数字、数字代表的意义和数字之间的关系通过图形的方式展现出来。而数据新闻要求的可视化方式更需要满足受众的需求，这要求可视化的结果不能以复杂的形态呈现。也就是说，形象化是直接指向简明和直观的目标的。可视化是以图像为最终结果的，这种图像是对数据背后新闻事实的一种直观再现。新闻报道要求再现新闻事实，但是当报道以全体性的事实为对象时，由于质料的一般性，这种再现往往只能通过数据而不是情景来完成，所以数据可视化是对表示新闻事实的数据的再现。“再现的成功有赖于以少胜多、以简代繁，然而这种少或者简又不是任意的，而是按照人的心理活动规律做出的。”① 如果这种符合人心理活动规律的简明的图像能使受众更直观地把握新闻事实及其关系，数据可视化的目标就实现了。也就是说，新闻数据的不同性质能够被可量化的直观的形象以简明的方式呈现出来是数据新闻可视化的目标。这个目标需要考量新闻事件中数据的性质与视觉形象构成元素之间的关系。

（一）时空属性

时空属性是几乎所有新闻数据都需要展现的性质。数据新闻对象的全体性要求其在时间或空间上是连续或延展的，而不是孤立的新闻事件。怎样展现是数据可视化的基本问题，同时时空属性是建构可视化整体结构的一种基本依据。“空间无非只是外感官一切现象的形式”②，既然空间本身就是视觉直观的形式，那么可视化的

① 滕守尧. 审美心理描述［M］. 成都：四川人民出版社，1998：127.

② 康德. 纯粹理性批判［M］. 邓晓芒，译. 北京：人民出版社，2004：31.

结果就是对现实的一种高度的抽象，主要体现为图像中的位置和面积。当下在数据新闻报道实践中广泛使用的各种数据地图就是从空间属性的角度构建可视化的框架之一。

Unfounded 译作《无据可依》，是“环球邮报”“2017GEN 数据新闻奖”的获奖作品。它通过近 20 个月的调查发现，加拿大约五分之一的性侵案件被警方视为空穴来风，引发了广泛社会关注。值得赞赏的是，为突出这一“无据可依”现象的地区性与严重性，该数据新闻通过多维度处理与组合数据，结合该文的色彩、页面跳转等交互方式，调动极大范围的阅读者，实现极强传播效应。

……

新闻数据量过大时，难以将其整理入文本，也难以体现宏观视角的全貌。而阅读者在阅读文本时，对具体数据也存在好奇。生产者与消费者之间总隔着信息的鸿沟。

图 3-9 性侵犯案件“无据可依”数据分析

因此，当数据如上图进行不同颜色、不同区间的表示时，便能更宏观地向阅读者展现事态。将鼠标移动至相应数据点时，还能显示出数据的具体值与来源，既充分利用数据，也实现更好的信息交互。[①]

时间作为内感官的形式，其理性的形象展现相对困难，数据的时间属性通常根据其线性特点，以时间轴的形式来表现。当一组新闻数据需要表达综合的时空

① 数据新闻的可视化交互:《Unfounded》案例分析［EB/OL］.（2018-09-27）［2021-10-30］. https：//zhuanlan.zhihu.com/p/45518149.

属性时，有限的视觉篇幅就会给整体的视觉设计带来巨大的困难。在一个静态图像中展现时空结构的方式本身就不够简明，附加额外的数据信息之后，可视化图像的结果就会违背数据新闻对直观明晰的诉求。因此，动态的可视化技术是时间轴结构的关键。在新媒体传播中，受众通过拖动时间轴的滑动条块或相似方式，就可以动态地了解不同时间的数据信息变化。即使仅仅需要展现单一的时间属性，静态图像也可以实现，但是如果具有较多的时间信息，时间轴就会显得过长。在新闻实践中，为了节约视觉空间经常会设置时间轴。例如，圆形的时间轴显现了足够的时间节点，数据信息本身也可以通过扇形面积或者色彩来直观地表达。通常传统新闻报道方式在面对时空跨度较大、主体构成复杂的连续性新闻事件时不能高效地、整体性地予以展现，可视化的时空结构恰恰可以直观体现这类对象，这和数据新闻本身的议题偏好具有一致性。

例如中央电视台《新闻联播》在2012年推出的《数字十年》专栏节目，该节目主要是用动画的形式，生动地表现我国2002—2012年在各个领域的数据变化。这一节目不同于以往枯燥的数字罗列，而是用生动活泼的动画来展现我国经济社会各领域十年来所取得的巨大成就，内容通俗易懂，老少咸宜，是介绍我国国情、反映发展成果的精品节目（见图3-10）。

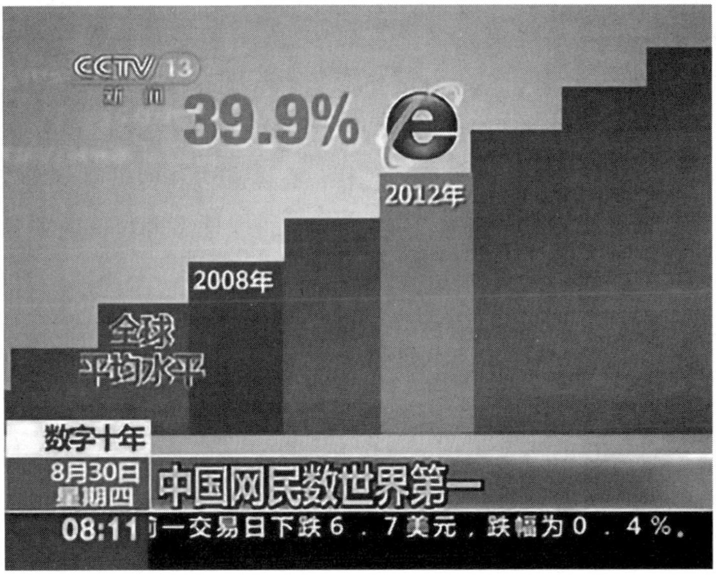

图3-10 《新闻联播·数字十年》截图

（二）关系属性

关系属性是数据新闻报道中常常需要显现的，也是构建可视化整体结构的一个依据。数据可视化的目标是直观地把握数据及其关系，这些关系通常分为几种类型：肯定与否定、相互作用、原因和结果。肯定与否定的关系体现了对某个新闻事件的观点。通过一个简单的二元结构来设计图形，利用不同的线条方向、分离的独立区域等构成明显直观的对比。例如，通过横轴以及放射状线条形成了简明的视觉结构，然后通过色彩对比展现其具体观点，整个可视化图像正是肯定与否定关系的展现。相互作用关系是数据本身的属性，在具体可视化效果中，通常呈现出树状图与箭头指示相结合的样式。原因和结果具有时间上的先后顺序，因此表现因果关系的结构通常具有指向性。值得注意的是，相互作用和因果关系是数据新闻报道的观念性目标。它们不是数据自身的属性，而是对数据进行观测分析的结果。这种观念的形象化经常以故事化为目标，而不是图形结构的建立。

数据可视化通过时空或者关系属性来设计视觉结构，同时数据量本身的信息也需要直观的视觉元素来表现，而不是仅用数字表示。数据量信息的可视化强调相对性，也就是说，简单的视觉元素不需要也不能准确地反映量，重要的是显现量之间的对比差异以及量所代表的意义。视觉差异性很容易通过高度、长度和面积的差异来实现，而数据量所代表的意义则需要借助色彩元素来实现。色彩元素的应用符合新媒体传播的技术特点。“和绝大多数的印刷媒介相比，电脑的显示空间更小，但是其能够显示的色阶范围更广。因此丰富的色彩是电脑在显示上的很大优势。”① 色彩本身具有丰富的维度，色相、亮度和饱和度可以分别或者综合地代表不同的意义，所以可通过色彩饱和度与亮度的变化体现数值的差异，色彩应用给数据新闻的可视化提供了更多的可能性。

近几年，在每年“两会”结束之后，都会有“云词图”“柱状图”等可视化数据发布。以 2019 年全国“两会”舆论热词为例，来探讨数据新闻中的关系属性和色彩属性（见图 3-11）。

---

① STEELE，ILIINSKY. 数据可视化之美［M］. 祝洪凯，李妹芳，译. 北京：机械工业出版社，2011：65.

图 3-11　2019 年全国“两会”舆论热词

图 3-11 这张可视化图片通过文字的大小、字体的粗细、文字位置等关系要素，使“两会”中的热词让人一目了然，受众可以轻松了解到哪些方面是 2019 年“两会”关注的重点。

三、报道故事化

“数据新闻最重要的一项功能是使用数据可视化软件，通过统计大量的数据，帮助记者使用数据图表讲述错综复杂的故事。”① 大量关于数据新闻的定义或者描述都把故事化作为一个构成要素，而数据作为一种绝对的抽象概念和故事之间无法建立直接的联系。数据新闻报道故事化的含义并不是要用数据讲故事，而是要在可视化的基础上，凸显故事的核心要素，从而更具趣味性地报道新闻。斯蒂尔提出了数据新闻故事化的公式：问题 + 可视化数据 + 情景 = 故事，② 在这一公式中，故事元素的核心构成基本都得到了显现。

《数字之道》是搜狐新闻下设的一个子栏目，主要负责制作和发布数据新闻。《数字之道》提供最民生的数据、最简明的图表、最有趣的解读，将政治、经济、社会、民生等话题一网打尽。接下来就主要以该栏目生产的故事化数据新闻为例，探讨数据新闻如何更好地实现故事化叙述。

（一）用引人入胜的元素作为开头

新闻报道的开头为一篇数据新闻的成功奠定了基础。根据传播学原理，信息

① 郭晓科. 数据新闻学的发展现状与功能［J］. 编辑之友，2013（8）：87-89.

② STEELE，ILIINSKY. 数据可视化之美［M］. 祝洪凯，李妹芳，译. 北京：机械工业出版社，2011：20.

在传播过程中会随着各种“噪音”而逐渐被忽略，因此，新闻报道应在开始时就直接显示重点，否则将很容易分散受众的注意力。新闻报道的传统做法是采用倒金字塔的结构逐步呈现信息，这种方法在新媒体时代仍然有效，不过不再是唯一的方法。面对大量数据，如果仅通过数据的重要性逐级呈现数据的新闻内容，则应将重要的数据放在首位。数据是合理的，仅靠说明事实就说服了受众，这可能让人信服，但缺乏新闻本身的“温暖”。因此，根据传统模型创建新闻数据是一种简单且风格化的报道方法，并不适合新媒体的发展。

正确方法应该是在新闻的起始处以突出的视觉图片或引人注目的大标题带动新闻事实。电视技术特征最突出的一点是可以极大地激发人的视觉感官，激发受众的阅读兴趣，引领他们进一步阅读。可视化新闻常常不以文字的叙述为主，而是以图表、数据、漫画等形象直观的传播符号来展现新闻事件。即便将新闻的核心点稍微置后些，也不影响信息的有效传播。

图 3-12　日本科技有多强

例如图 3-12，该篇新闻开头就通过较大的文字篇幅和典型的日本人形象来吸引人们的注意力，激发受众继续读下去的欲望，不知不觉地将受众的注意力引入新闻后面要叙述的核心点。

（二）要以时间为主要线索贯穿新闻报道

新闻是动态的，社会的动态发展会源源不断地产生信息，在变化中捕捉新闻是记者必备的技能。记者在选择报道主题时，尤其是在反映时代变化的主题时，图表的形式表达不失为一种有效的方法。它可在某种程度上反映出某种当代精神和某种社会价值，反映出历史感。今天的新闻就是明天的故事。新闻中的故事感在哪里？实际上，这就是新闻故事感的重要来源。

具有历史意义的信息不再是单一的元素，因为它可以随着历史的发展有机地反映真实事件的变化，在共同点上构建历史坐标并找到自己的位置。具有历史意识的新闻工作者必须具有历史学家的思想，能够在创作中“讲述过去，思考未来”，达到话题性的共性。如果数据新闻能够以可视化图表捕捉到事件过程，它将自然而然地显示出新闻的历史意义。如图3-13，截取了希拉里求职简历的一部分，按时间顺序以讲故事的方式来说明希拉里一生中所经历的重要节点，有利于受众了解她的发展轨迹。

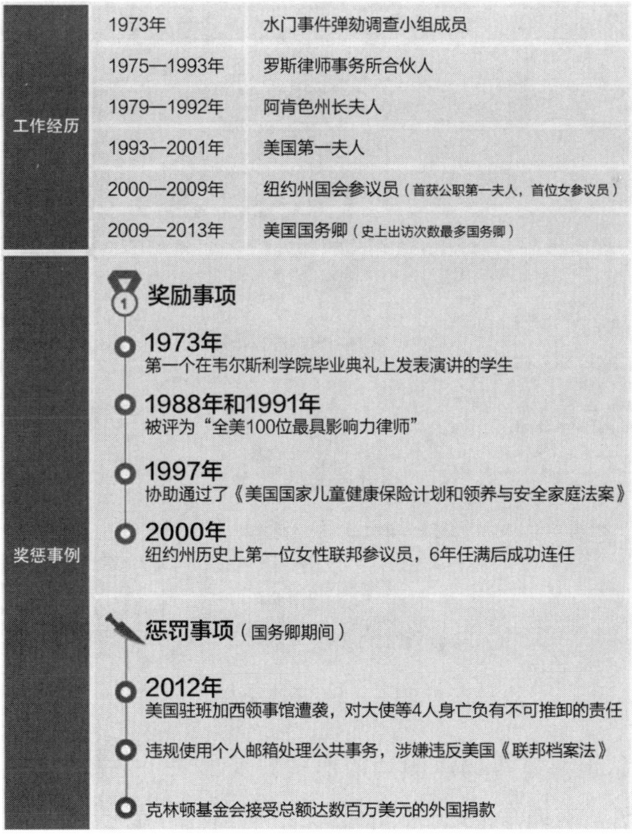

图3-13　希拉里的求职简历

（三）用美观图像来勾画可视化新闻的整体轮廓

数据新闻吸引人的一个重要原因是其视觉表现，即使用精美的图形和图像来表达新闻并展示其强大的视觉效果。数据可视化不仅能呈现图形，还能使用其他手段来更好地呈现已经拥有的数据。因此，记者和编辑需要用丰富的专业知识、良好的艺术修养，以审美的眼光来看待数据并对数据进行处理，使之成为可视化数据新闻。

图 3-14 满毒全席

图 3-14 形象地将有毒物以漫画的形式展现出来，并在旁边配上相对应的文案，形象地说明了有毒物的危害性。“文字 + 图片”的报道形式有利于深度的延伸。

（四）标题应具有视觉上的引导力

“故事事件创造出人物生活情境中有意味的变化，这种变化是用某种价值来表达和经历的。”[①]罗伯特·麦基对故事的描述和斯蒂尔的公式异曲同工。数据可视化的目的就是要直观地表达数据之间的差异性，这就形成了故事最基本的变化，如果这种数据的差异和变化成为“有意味”的，那么就需要让受众了解这些变化背后的问题，例如变化的原因，不同属性的数据是如何相互作用的，等等。这些故事中的“有意味”需要斯蒂尔所说的“问题”来直接体现，这与艺术创作不同。数据新闻不是用典型形象来反映整体，而是直接用全体性的数据来表达价值和观念。于是，价值核心需要用更直接的方式表达或者引导，这时“问题”的提出就显得特别重要，它直接决定受众怎样理解数据。“问题”可以大标题的形式出现，直接表达观念，但是抽象的语言经常缺乏足够的吸引力，于是在很多情况下二级标题承担起了这个功能。

以上所述四个方面都使故事化的关键变成了情景的塑造。情景使受众和新闻报道之间形成情感共鸣和价值认同。当数据新闻报道展现的形象能够唤起受众对生活经历的某种回忆时，共鸣和认同就实现了。这时，讲述故事的并不是报道本身，而是受众内心的自我完形。在这种状态下，观念的传达就水到渠成了。认知心理学认为：“提取记忆成功与否取决于要记起的东西和你第一次遇到它的情景的记忆重叠，以及可利用的线索和提示。”[②]报道故事化只需给受众提供一个提取记忆的线索和提示，故事化的效果就可以实现了。

数据新闻与传统新闻的一个重要区别就是传播信息的类型不同。从个体形象到全体观念的类型转变导致数据新闻形象化和传统新闻报道中的语言形象是不同的，与此同时，数据新闻形象化也更需要符合新媒体的技术应用和审美特征。数据新闻的价值在于通过科学的、可靠的方法，让受众联想到自己的故事，从而接受一种观念。如果不能正确认识“讲故事”的意义，那么理性的数据分析就会变成简单的数字游戏，一个仅仅有些新鲜的，却不能长久的新闻游戏。

随着相关技术的发展，电视新闻深度报道数据的可视化将进一步丰富和优化，从而丰富电视新闻的内容，体现电视新闻的价值。在实际应用设计方面，我们要注意不断创新和优化，在电视新闻中添加多元化、准确化、可视化元素，不断提高电视新闻的吸引力和传播效果。

---

① 郭晓科. 数据新闻学的发展现状与功能［J］. 编辑之友，2013（8）：87–89.

② HALE-EVANS. 心理和脑与生活：训练脑与心智的 75 项窍门［M］. 宫宇轩，刘兰，译. 北京：科学出版社，2007：55.

本章小结：

1. 划分与归类、归纳与演绎、类比三种逻辑结构的运用是电视新闻深度报道中常见的叙事模式。

2. 因果结构在电视新闻深度报道中的应用。

3. 数据新闻形象化依托数据的可视化与报道的故事化，可以使电视新闻深度报道更具可读性。

关键术语：

1. 公共领域：哈贝马斯认为公共领域是一种介于市民社会中日常生活的私人利益与国家权力领域之间的机构空间和实践。公共领域只限于公共权力机关，私人领域当中同样包含着真正意义上的公共领域，因为它是由私人组成的公共领域。私人领域包括狭义上的市民社会，亦即商品交换和社会劳动领域，家庭以及其中的私生活也包括在其中。政治公共领域是从文学公共领域中产生出来的，它以公众舆论为媒介，对国家和社会的需求加以调节。①

2. 倒金字塔结构：就是把最重要、最新鲜、最精彩的新闻事实放在最前面，然后依次后推，形成“虎头蛇尾”形状，又犹如倒放着的“金字塔”。这是一种最常见的、传统的新闻结构形式。②

思考与研讨题：

1. 请选择一则电视新闻深度报道，试分析其整体逻辑结构。

2. 请结合实例思考如何在电视新闻深度报道中处理因果关系的多样性。

3. 请举例说明电视新闻深度报道在新媒体环境中的发展趋势。

延伸阅读：

1. 金岳霖. 形式逻辑［M］. 北京：人民出版社，1979.

2. 高贵武，薛翔. 深入“短”出：短视频时代的新闻深度［J］. 当代传播，2020（6）.

---

① 哈贝马斯. 公共领域的结构转型［M］. 曹卫东，等译. 上海：学林出版社，1999：35.

② 董广安. 现代新闻写作教程：第2版［M］. 郑州：郑州大学出版社，2010：38.

第四章　电视新闻深度报道的有声语言

▶ **章节大纲：**

1. 有声语言在电视深度报道中的应用；

2. 电视新闻深度报道有声语言的特征及传播效果；

3. 电视新闻深度报道解说词的创作规范及重要性。

▶ **章节内容：**

本章介绍了电视新闻深度报道中有声语言的一般性功能及其直观特征，并着重从解说词的角度对有声语言的创作进行讨论。

第一节　电视新闻深度报道有声语言的直观特征

电视新闻深度报道中的有声语言以听觉的直观形式传达有关事实与情态的信息。一方面有声语言具有与电视图像不同的功能，另一方面有声语言也区别于文字语言的组织构成。本节从电视媒介的特征出发，结合有声语言的特点讨论电视新闻深度报道中有声语言的特征，认为电视新闻深度报道中的有声语言重点在于声音对整体性信息的表达，同时其能够把属于思维范畴的观念信息通过直观的形式进行传播，这与电视媒介的传播特质是一致的。

一、有声语言是整体性的直观形式

声音是时间经验。与空间经验相比，声音具有表现“深度”的内在优势。康德认为：“时间不过是内部感官的形式，即我们自己的直观活动和我们内部状态的形式。”[①]受众对电视新闻深度报道有声语言的经验是纯时间性的，是自身活动的一

① 康德. 纯粹理性批判［M］. 邓晓芒，译. 北京：人民出版社，2004：36.

种内部状态。这种状态不仅仅是对新闻事件这一外部刺激的反应，同时是一种反思的形式。从实践的角度来看，电视新闻深度报道中的有声语言具有整体性叙事的功能，观念的传播、对新闻事件的反思都需要通过有声语言来完成。

首先，有声语言是新闻事件中量的直观体现。这里的量从三个方面体现：较大的数量信息、具有一般性的抽象概念、具有全体性的概括性叙事。电视新闻深度报道通过视听的综合手段传播信息，一方面，图像把具体的、形象的信息通过视觉逼真、高效地展示出来，使有声语言不必再进行描述性的叙事；另一方面，较大的数量信息、抽象概念等整体性的信息无法通过图像传达，因此，整体性信息的交代对于有声语言来说就责无旁贷了。

其次，有声语言是电视新闻事件内在联系的直观体现，也是电视新闻深度的直观体现。“深度报道实质上是对新闻信息的拓展和延伸，其拓展和延伸集中体现在对新闻事物的事实判断和价值判断上。”① 新闻报道的深度体现为事件之间的内在联系，这种联系通常包含因果、条件等，对这些关系的认知是受众形成判断的依据——这种联系可以通过受众的反思来获取。对电视新闻深度报道而言，通过有声语言使受众获得事件内在联系的直观体现是更重要的任务，因为，这种直观体现符合电视媒介的技术特征，符合电视新闻在效率上的要求。一般来说，一个解释是一种说明，在电视新闻深度报道中，内在联系以解释、说明的形态得到体现。

最后，有声语言是电视新闻深度报道中情感与态度的直观体现。情感与态度都是整体性的信息，情感是内在的，对情感的感知是反思性的，态度可以看作情感的对象化。在电视新闻深度报道中，情感与态度的表现是不可或缺的。一方面，电视新闻深度报道要求表现新闻事件与普遍价值观一致的情感，只有这样才能获得受众的基本认同；另一方面，情感本身就可以作为电视新闻深度报道的内容，尤其对于新闻评论来讲，态度的表达是其基本的构成要素。于是，电视新闻深度报道有声语言的优势在这个层面又一次得到体现。有声语言通过语气的变化体现情感态度的不同，这一优势是图像与字幕都不具备的。有声语言具有用文字表达抽象概念的能力，这就给评论性话语提供了便利；同时其具有声音的直观形式，使受众对情感态度的直接把握成为可能。

---

① 陈作平. 新闻报道新思路：新闻报道认识论原理及应用［M］. 北京：中国广播电视出版社，2000：155.

二、有声语言是观念的直观形式

如果说整体性是有声语言在叙事与情态方面的特征，那么观念的直观形式则主要体现了其在评论方面的功能。评论是电视新闻的重要表现形式，是评论性节目的核心手段，同时也是电视新闻深度报道中的重要元素。由于电视媒介的技术特性，作为有声语言的评论形式与纸媒文字的评论形式在风格上有较大的差异。

首先，电视新闻评论的语言具有直接性的特征。这里的直接性指的是推理过程的缺失，也就是说，在电视新闻评论中，论证是以经验判断为主的。论证的逻辑过程在电视新闻报道中是被遮蔽的，论据往往是具体的新闻事实。这是因为，有声语言的线性特征决定评论必须在最短的时间内做出有力的论证，而只有直观的经验事实才能满足这种时间上的需求。于是电视评论的整体结构经常简化为“经验事实—直接论断”。

在电视新闻评论的实践中，有些节目试图通过严谨的逻辑分析来说服受众。例如，前些年的《南京零距离·孟非读报》、辽宁卫视的《老梁观世界》等。这些节目更注重论证过程，但其评论话语的核心依然是经验性的。与此同时，这种形式对有声语言的创作提出了更高的要求——形象化。

其次，电视新闻评论的语言体现出形象化的特征。注重分析的话语是代替或者引导受众思考的一个过程，这个过程不是直观的，于是在传播过程中就很可能与观众产生思维过程的分歧。而断言则不然，断言仅仅表述一个论断，这个论断可能是通过不同的思维过程得到的。因此，对于电视新闻评论而言，分析是具有风险的，这种风险一方面源自受众不能快速地认知评论信息，另一方面来自思维的分歧。在分析性话语中更需要形象与情景的介入。“口语文化往往把概念放进情景的、可操作的框架里，这些框架只有最低限度的抽象性，就是说它们贴近活生生的人生世界。”[①] 沃尔特·翁认为情景是口语文化的本质特征之一。广播电视作为次生口语文化的载体，其有声语言的创作也是情景的、形象化的。

通过对当下电视新闻中有声语言的分析，我们发现许多节目未能把有声语言的特点融入创作中去。这种现象反映了创作主体对电视媒介特性的忽视，以文字评论的创作方法观照电视新闻中的有声评论。由于同样的原因，很多问题被瞬时性的声音遮蔽了，具体表现为冗长复杂的同义反复、语病的频繁出现等。

---

① 翁. 口语文化与书面文化：语词的技术化［M］. 何道宽，译. 北京：北京大学出版社，2008：37.

第二节 电视新闻深度报道有声语言的功能

在没有电视的时代，人们通过广播了解新闻信息。同学们可以尝试一下，把电视机的声音关掉，看自己是否能够了解电视新闻报道的基本信息。这个答案在大部分的情况下是否定的，尤其是在电视新闻报道没有字幕的情况下。

一、有声语言功能的整体性

电视媒介通过综合的视听手段传达信息，图像、字幕、解说、同期声等因素同时作用于观众的感官。电视新闻报道中的有声语言是准确地表达新闻报道的倾向性，体现新闻深度的一种有效手段。新闻事件的信息在有秩序的排列组合中进行传播，完整的组织结构能够传播大量的信息。

我们在上一章介绍过文字与图像在传播功能上的区别。在电视新闻中，语言符号和图像符号经过交叉在某些信息点上可以实现融合与沟通。本节主要介绍有声语言在电视新闻深度报道中的具体功能和作用。

二、有声语言具有补充信息、完善形象报道的功能

新闻事件之间既有表面的、暂时的联系，也有内在的、深入的联系。电视新闻报道中的人物与活动都处于一定的时空背景与社会文化背景之中。对于电视新闻深度报道而言，停留在表面、浅层显然是不够的。电视新闻深度报道在播出画面图像的同时，还需要向受众传播在画面图像中感受不到的背景信息，而电视图像的技术特征决定了许多背景信息无法准确地被传播。例如，我们可以通过图像看到一名警察正在追击某人，但追击的原因却无法了解；我们可以通过图像看到一个人在痛苦，但这人是谁无法通过图像得知。这些相关的背景资料必须通过有声语言来实现。同时，电视新闻深度报道面对的受众构成是多样的，这些人在知识、经验、视野等方面会有巨大的差异。在这种受众多样性的前提下，图像就需要尽可能地避免多义性，就需要借助有声语言更清楚、更准确地传达信息。

三、有声语言具有综合图像信息的功能

有声语言可以对联系较弱或者联系隐秘的图像信息进行综合，使其所表达的意义更加清楚。在电视新闻报道中，出于叙事效率的要求，图像信息往往反映的是事件的片段，这时有声语言可以帮助受众快速地理解图像的意义；同时，也为受众提供了注意力的选择方向，大幅减少了因为图像多义性而产生的信息失效。

图像信息是形象化的，而深度报道最终的传播效果要在思维中体现，于是多义含混的图像信息不能满足“深度”的要求。受众的认知也会因为各种因素而产生差异，此时也需要用抽象的、概括性的语言对图像认知进行指导规范；用归纳集中的方式，对复杂的信息进行筛选；简单直接地突出关键的、核心的事件信息以及观念等。

有声语言具有突出关键性信息、强化细节的功能。电视新闻图像与电视剧、电影等艺术图像不同，有时不能通过构图等手段将关键信息和细节进行充分的显现，这就需要有声语言提示观众关注图像中的某个具体信息，将其“放大”和凸显，使图像的作用不被图像自身的复杂性所遮蔽。

四、有声语言具有凸显图像内涵的功能

由于电视图像的瞬时性特征，受众对图像信息的认知往往难以深入，特别是对那些生活中常见的场景和事物，通常会依据以往的生活经验做出简单直接的判断。这就需要有声语言抽象概括，深入发掘新闻报道的内涵，使观众对新闻报道的认知由浅入深、由表及里。在电视传播的过程中，受众由于主观性的差异，对信息的理解程度会有不同，有些受众对事件形成浅层情感经验，当然也有受众会对新闻事件进行关系与观念的深层思维判断。电视新闻深度报道的任务之一，就是尽可能地使受众获得深层的思维经验，使受众对新闻报道有深入的理解。思维与情感的不同经验也是互通的。很多情况下，思维层面的理解越深入，对情感的经验也就越强烈。情感经验与思维经验之间应该相互促进。

人们对现实生活的深入感受，往往建立在观察、剖析世界的基础上，对某事件在是非、道德层面形成判断。在这个基础上，生活才能进入审美的范畴，否则，对世界所谓的情感经验往往是一些支离破碎的片段或者流于表面的模糊印象。在电视新闻深度报道中，如果忽视了有声语言的重要作用，过分强调图像再现世界的真实性，那么报道也只能是对简单事实的表象陈述，不能实现深度报道。从受众接受层面讲的理解，就是通过内部的联系，来认识新闻事件的过程。理解有不同的层次，例如，儿童学习寓言故事，对故事的理解是要明白道理，这是从特殊性到一般性的归纳。但是，学习抽象理论的过程恰恰相反，需要对一般性的理论进行演绎，能在现实世界中找到对应的特殊性，所谓“实践是检验真理的唯一标准”就是这个意思。在对电视新闻深度报道的理解过程中，两种层面的理解是共存的。很多情况下，有声语言所展现的一般性与电视图像所展现的特殊性是互相印证的关系。

五、有声语言可以调动观众的联想和想象

提升受众的主动参与欲望，增强电视新闻传播主体与受众的互动，是电视新闻报道中有声语言的重要作用。有声语言可以促使受众结合电视图像进行丰富的联想和想象，为受众提供具有延展性的思维和情感空间。有声语言虽然没有图像的视觉形象功能，但是其结合图像可以引导受众展开联想、对比、关联，以这样的方式唤起受众的生活经验和相关记忆，从而达到一种源自内心的经验直观。表象往往是和语言相互联系的，也就是说表示客观事物的词语和句子往往能在受众头脑中形成模糊的视觉表象。这种视觉表象虽然没有电视图像清楚，但其是受众主动生成的不同于电视图像的被动刺激。值得注意的是，图像修辞手段的使用具有较大的限制性，这种限制性一方面指图像自身就有客观性的特点，另一方面指新闻报道要求报道手段向客观真实无限接近，因此，图像不可能超越其涵盖的信息范围，背离文化与审美的习惯与原则，新的有说服力的联想与想象空间必须通过有声语言来塑造。

由于创作主体对新闻主题的准确理解、对视觉信息的准确观察、对背景资料的充分调查，有声语言的创作就可以结合图像调动受众的主动性，引起联想和想象。形象的认知，主要是受众对抽象有声语言深入理解的过程。优秀的有声语言必须与电视图像的主要特征结合起来，适度运用语言的启发能力，使图像传达的信息在深度的层面得到延伸。受众在电视新闻深度报道的接收过程中，一般都能通过感官对图像信息进行选择，但是这个过程仅仅是一个“刺激—反应”的被动过程，于是受众接收信息的惰性就得到了放大，这与阅读形成强烈的对比。受众不需要积极主动的思考，不需要唤起心理表象帮助其理解信息，这与深度报道的目标是不一致的。此时，有声语言的作用就是要营造一种恰当的抽象氛围，形成一种表现情感的环境，从而与受众形成共鸣。

六、有声语言可以连接片段，实现叙事场景的转换

由于时空与新闻特征的限制，电视新闻深度报道不可能再现新闻事件的全部过程，电视新闻图像往往是事件片段的组合，而这些片段本身是断裂的。如果要形成完整的叙事，就需要有声语言进行新的组织与串联。这种串联一方面体现新闻事件的时空顺序，另一方面也展现为横向的逻辑顺序。在进行图像剪辑时，时空场景会不断发生变化，尽管受众可以理解直接切换的时空场景，但是其中所包含的信息量却不能一起被受众获得，不同场景之间的内在联系不能被有效认知；

再加上认知主体的差异，电视新闻图像的传播过程容易与受众形成隔阂，给受众的认知带来困难，不符合电视新闻简洁的要求。为了新闻叙事过程中不同的段落与层次之间形成恰当的过渡与转换，就需要有声语言弥补图像直接转换造成的生硬与突兀，给受众以简洁的认知对象。

另外，有声语言具有直接抒情、表态、说理的功能。电视新闻图像也具有间接抒情的功能，不过在表态与说理方面图像的作用基本是缺失的。在电视新闻深度报道中，深度的重要体现方式就是观念的传达，这种观念主要包括对新闻事件的态度和对其中一般规律的归纳，因此对于电视新闻深度报道而言，有声语言是不可或缺的。

第三节　电视新闻深度报道的解说词创作

在电视新闻深度报道的有声语言中，解说词具有重要地位，也是主体进行创作的主要空间。一方面，解说词贯穿报道始终，具有量的优势；另一方面，解说词具有更高的灵活性。

一、电视解说词的结构重点

（一）标题与片头概述

标题是对整个新闻报道的高度概括。标题同新闻报道的质量有密切的关系，具有为受众创造期待视野、引起受众兴趣的作用。电视新闻深度报道的标题直接影响受众的选择。受众收看电视新闻节目，除了长期形成的收视习惯之外，对大部分的节目并不是特别了解，特别是在网络媒体发达的今天，大量受众不再依赖电视等传统媒体获得新闻信息，受众很难形成专注收看新闻报道的习惯，于是标题与片头就显得特别重要。

标题与片头需要有一定的吸引力，独特的形式可以激发受众的收视兴趣。许多报道栏目的标题与片头采用疑问句的形式，把报道中最核心的问题、最能引起受众兴趣的问题抽离出来，作为对整个报道的概述。这些问题通常都有明确的提问对象，并配以冲突性较强的镜头。

（二）解说词正文的开头

如果说标题和开场解说是新闻报道的短语，那么解说词的正文则意味着详细报道的展开。在不同文体的创作中，开头和结尾都具有非常重要的作用。电视新闻深度报道的开头、结尾和整个报道的顺畅与深度有密切的关系，同时也会对受众的收视心理产生一定的影响。电视新闻深度报道的认知不同于纸媒的新闻阅读，其中一个重要的差别就是电视的选择性较强。也就是说，电视遥控器让节目与节目之间的切换变得很轻松、随意，枯燥、无趣的新闻报道很容易失去受众。因此，报道的开头延续了标题的功能，要具有一定的吸引力，要能留住受众。

解说词正文的开头首先是对新闻事件背景的介绍，是高度概括性的信息。报道是围绕什么事件展开的，调查的目的是什么，解释的问题是什么，预测的起点是什么，这些问题的回答，都依赖于对背景信息的介绍。

（三）解说词正文的结尾

解说词的结尾是一期新闻报道节目能否完美结束的关键。怎样通过最后的解说给受众留下深刻印象，怎样对报道内容作出恰当评论，怎样通过形象的描述来强化情绪，这些都是解说词的结尾应该考虑的问题。

解说词的结尾经常以评论的方式出现，直接表明对新闻事件的态度。这种性质的评论往往针对新闻报道中的具体人物或行为，具有直接评论的特点。除此之外，解说词的结尾还会以说理的方式出现，对特殊新闻事件所体现出的一般性道理进行总结陈述。这种说理具有深化主题的意义，是体现新闻报道深度的方式之一。

二、电视解说词的形式规范

电视解说的形式没有必须遵循的规范，应该根据新闻报道内容的需求确定恰当的表述形式，这样才能确定其解说风格。同样的新闻报道，在不同的编辑手法和创作目标下，在有声语言上可体现为不同样式的解说，甚至同样的事件通过不同的解说样式表达出的意义也会发生变化。尽管没有固定的规范，但是形式上的一般规律和口语创作对文本的一般要求是存在的，这些规律与要求是值得学习和讨论的。

（一）篇幅的限制

电视解说词的篇幅会受到节目播出时长的限制，同时还需考虑与图像的配合。

电视解说词不能自说自话，它需要与图像进行准确的对位，需要与口语创作的语速相配合。

人说话的语速是可快可慢的，但在电视新闻深度报道中的语速比起现实生活中的语速有一定程度的减缓。在现实生活中，人们往往可以通过表情、口型和语言环境来判断话语所传递的信息，而在电视新闻深度报道中，这些读取信息的线索消失了。不仅如此，受众还需要分出部分的注意力来读取电视图像传达的信息，于是电视新闻深度报道中的解说语速较之日常口语交流是慢的。也就是说，解说在单位时间内的语速需要受到严格的控制。这种控制同时还与电视技术的发展有密切的关系，在过去电视摄录技术不发达的情况下，录音质量不高，即使减慢语速（大约每分钟 180 个字）依然不能充分地传达信息。电视录音技术的发展使电视声音的清晰度提升，于是解说的语速也相应地加快，当下的电视新闻深度报道解说语速大约为每分钟 250—300 字。即便如此，解说也常常需要字幕的配合。

解说需要与电视图像进行准确的对位。前边曾经讲到，解说词具有解释、说明图像的功能，图像中一些特殊的背景、特定人物的细节等必须在时间上同解说内容相对应。这种准确性是以秒甚至以帧为计量单位的。很多情况下即使发生一两秒钟的错位，也会给传播效果造成严重的负面影响。例如，对人物背景的介绍。可能该人物的图像时长只有两三秒，“这位是某某某，是哪里人”类似的解说必须与两三秒的图像同时出现，否则就会造成受众的认知误差。结合口语速度、与电视图像配合的需求，电视解说词篇幅限制大致有以下几个方面：

第一，电视解说词段落的划分要特别细致，每个段落应尽量短小。这里的段落不仅仅是形式上的自然段落，还包括意义划分的段落。用精炼的话语表述一个相对完整的意思，这个意思需要短小精悍。这样计算播读时间较为容易，同时也给播音员调整语速创造了条件。

第二，电视解说词应尽量使用短句。通常来讲，电视解说词中的一句话一般在七八个字到十几个字之间。过长的句式不利于声画的配合，同时也会给受众获取信息造成极大的障碍。因为听解说与阅读文章有巨大的接受差别，人的听觉记忆信息的能力较之视觉是大幅度减弱的。过长的句子会使受众听了后面的忘记前面的，给受众的短时记忆造成负担。长句不利于播音员进行口语创作，例如，气息的调整需要换气、停顿的位置，需要迅速把握逻辑重音，长句会给这些需求造成障碍。

电视解说词具有较强的针对性，不论篇幅长短，其最终的目的是与电视图像共同传达信息。图像的段落与解说词的段落要保持高度一致。在篇幅特点上，电视解说词与书面文章有较大的区别，其创作的自由度相对较低。电视解说词创作是集体创作中的一个环节，受各方面因素的制约，需要时时进行调整。在口语创作的过程中，解说配音能表现出不同的声音形象，对其意义的传达也有制约作用。

（二）解说语言的形象化

电视解说词是以有声语言作为传播手段的。这一特征要求电视解说词的语言是形象化的，是贴近人的生活的，而不是概念性的。这种形象化首先为用情景来体现趣味特征。口语作为一种声音，体现为一种线性的时间流，是不可逆转的。尤其对于电视口语来说，单向的传播使受众在获取信息的过程中很少有当场提问和再次接收的可能，所以，电视解说词的创作排斥抽象复杂的概念，青睐容易认知的情景。当然，这种情景特征是创作主体自觉实现的。

在这里需要强调的是，电视口语创作的情景塑造不是夸张的文学修饰，尤其对于新闻报道与评论的口语创作而言。这种情景体现为对复杂概念、名称的简化和对口语词汇的选择。把语言的抽象程度降到最低，最大限度地贴近生活，是电视解说词情景塑造的目标。

形象化的规范还集中体现在对数字的处理上。电视新闻深度报道中经常会出现大量的数字，而数字信息又是高度抽象的、无法用图像说明的，传递数字信息的任务基本上由电视解说词来完成。这自然导致了解说的枯燥，影响了创作的趣味性。受众对数字信息的接收是直接的、被动的，没有思考的余地，很难留下准确深刻的印象。特别是大额的数字，这些数字在现实生活中不经常使用，受众对之没有直观的概念，很多情况下，受众仅仅是听到了数字而已，不能迅速地理解其真正的意义。因此，如果数字属于生活中的常用范围，直接使用是没有问题的，例如，“出租车的起步价格是 10 块钱”，这个数字几乎不会给受众带来接收障碍；如果数字巨大，受众比较陌生，就要求对其进行形象化的处理。

（三）名称使用的规范

人们在日常口语和写作文章时，经常使用简化的名称，这样可以节省时间、篇幅，更高效地传播信息。简称是固定称谓的一种压缩，这种方法以约定俗成的社会广泛认同为基础，传受双方无须解释或稍加解释就能实现无障碍的交流，例如“人代会”“北大”等。但是在电视新闻深度报道的解说中，名称使用要规范，尽量少用或不用简称，这是因为：第一，电视的受众数量巨大、构成复杂，不同的文化背景使许多简称丧失了其广泛认同的基础；第二，电视的单向传播模式使传受双方之间没有互动的机会，即便一时没有听清楚或听明白也没有办法重新来过。

解说词中一般使用规范的名称，如果使用简称往往需要遵循一些原则。首先，不能自己随意地创造简称。在电视新闻深度报道中使用简称，必须依据其被普遍认知的程度。其次，简称具有明显的时代特征与界限，不能不分对象地随意使用。例如，三四十年前流行的很多简称，今天的年轻人可能就不明其意；而今天流行的很多简称，特别是网络新生的词语，也会给上年纪的人造成认知障碍。最后，简称具有明显的地域与行业特点，在使用中需明确其传播范围。有些简称在某些地域、某些行业被广泛地使用，但是如果把它们纳入大众传播中就会造成信息传播的障碍。因此，在电视新闻深度报道的解说词中，简称应慎重使用。

（四）叙事角度与人称

根据新闻报道的题材、事件结构，解说词创作需要选择恰当的叙事角度与人称。

播报式的新闻报道很多时候采用第三人称的叙事，第三人称叙事被称为“上帝视角”。“上帝视角”凸显其全知的地位，在叙事中时空可以自由地转换，甚至对人物心理作出直接的判断。这种视角的报道在形式上较为客观，不过在一定程度上，这种叙事角度会使报道和受众的心理距离较远。

许多现场报道、调查性报道中经常使用第一人称。第一人称视角是深度报道较常用的一种视角。现场记者、调查记者通常以“我”或者“我们”的身份参与事件的报道、调查之中，对事件的叙事也是逐步展开的，有一个“存疑—解答”的过程。这种角度的叙事相对真实、自然、亲切，能使受众获得一种“在场”的感受。有些第一人称的叙事以事件中主体人物的口吻进行，还有些第二人称的叙事方式，这两种叙事方式在新闻报道中经常出现，但通常不是以解说的形式。主体人物叙事通常出现在访谈中，第二人称叙事往往在被访者和主持人抒发强烈感情的时候使用。

（五）整体性规范

电视解说词面对数量和范围相对较大的受众，在创作和串联上有些特别需要注意的问题。

首先，解说词创作关系到报道的整体结构，不能逻辑混乱。这种逻辑性体现在段落与段落之间，同时也体现在语句中。例如，在体育报道中经常出现的逻辑错误，“×× 队与 ×× 队正在展开冠亚军的争夺”，两队争夺的对象是冠军，而不是冠亚军。再有，“这件事情出乎大家的意料之外”，有“出乎意料”，也有“意料之外”，而“出乎意料之外”则是典型的逻辑错误。类似这样的错误在报道中并不少见，但是其隐蔽性较强，需要引起我们的注意。

其次，解说词创作中不能出现明显的常识性错误。电视新闻深度报道具有权威性，理应承担起准确、客观报道的责任。与此同时，受众在了解信息的渠道上相对传播主体而言处于劣势，因此，解说词的创作主体需要审慎地对待信息中的每个细节。

最后，解说词中不宜出现情感态度特别强烈的词语。语句中除了有事实信息之外，还包含了轻重、褒贬等情感与态度等信息。在新闻报道中，应该尽量避免使用表达强烈态度与情感的语句。

需要强调的是，解说词创作不仅仅是一个文本写作的过程，同时也是一个口语表达的过程。很多媒体工作者把口语创作理解为对文本的二次加工，这种认识容易产生文本与口语表达之间的断裂。口语创作应该是“口语讨论—文字记录和整理—口语表达”的过程。具体而言，在解说词创作之前需根据深度报道的内容以及受众的知识水平进行口头讨论，并及时用文字记录下来，避免上述错误的出现。随后根据文本意义进行口语化的表达，更好地向受众传递信息。

本章小结：

1. 有声语言是展现电视新闻报道深度的必要手段。

2. 电视新闻深度报道有声语言的直观特征和功能可以形成一种表达情感的环境，从而与观众达成共鸣。

3. 电视深度报道中的有声语言从形式上分为主持人语言、访谈语言和解说语言三个基本类型。

关键术语：

1. 电视有声语言：在电视屏幕上，凡是能够表情达意的一切声音形态，诸如人声、音乐、音响，总称为电视有声语言。广播电视新闻中的有声语言以听觉的直观形式传达有关事实与情态的信息。有声语言具有信息补充、完善形象报道、综合图像信息以及凸显图像内涵的功能，有声语言可以调动受众的联想和想象，同时连接片段，实现叙事场景的转换。对于电视新闻深度报道而言，有声语言是不可或缺的。

2. 电视新闻解说词：在电视新闻报道中，解说词是非常重要的，也是主体进行创作的主要空间。一方面，解说词贯穿报道始终，具有量的优势；另一方面，解说词具有很大的灵活性。电视解说的形式没有确定的必须遵循的规范，而是应该根据新闻报道内容的需要确定恰当的表述形式。电视解说词在进行创作时要注意逻辑清晰，不能出现明显的常识性错误和情感态度特别强烈的词语。

思考与研讨题：

1. 解说词符合电视新闻深度报道有声语言中的哪些功能？
2. 简述电视新闻深度报道中有声语言与图像之间的关系。

延伸阅读：

1. 张政法. 有声语言大众传播的生命活力［M］. 北京：中国传媒大学出版社，2006.

2. 徐舫州. 电视解说：安排与处理［M］. 北京：北京师范大学出版社，2009.

第五章　电视新闻深度报道中的图像叙事

▶**章节大纲：**

1. 图像叙事规律在电视深度报道中的应用；
2. 在时空因素中理解图像叙事的优势；
3. 叙事中的个体化形象与时空因素的结合。

▶**章节内容：**

本章介绍了电视图像的基本语言法则，以及图像叙事中时空因素与报道深度之间的联系，讨论了电视新闻深度报道的叙事规律。

第一节　电视新闻图像的基础知识

读书前要先了解基本的语言法则，否则无法进行有效、深入的交流。人们对于电视图像的认知也是如此。尽管电视图像是一种直观的信息传达方式，但是电视新闻深度报道对其传播内容提出了更高的要求。电视图像的语言法则是报道体现深度的基础方法。

一、电视图像的特点

图像是电视传递信息的最主要方式，也是区别于其他传播手段的特征。形象是图像语言最显著的特点。在文字语言中，词语被认为是意义的最小单位，其通过抽象的概念的方式传递信息。图像语言更感性，以直观的方式传达信息。图像语言的特点大致有以下几点：

第一，图像语言善于表达形象的信息。你可以尝试用语言来描述某个朋友的样子或者一所房子的装修，词语在这个时候会显得很无力，难以在听者或者读者头脑中建立具体的形象。而一张照片或者一段录像就能非常轻松地完成这个任务。视觉是我们获取信息的最主要手段，图像通过视觉直接地传达信息，在形象表达上占据了优势。

第二，图像语言有利于情感的表达。情感在很多情况下是复杂且不确定的，很难用语言描述。我国自古就有“言不尽意”文学批评，也就有了“立象以尽意”的创作要求。形象能完整地表达情感，例如通过图像传达一个表情、一个肢体动作都有较好的传情效果。

第三，图像语言能够打破时空的局限性，传达具有普遍性的信息。不同时代、不同地域使用的语言千差万别，而人们对于图像的认知却是一致的。图像打破了国家、民族、地理形成的语言障碍。

第四，图像语言不善于表达抽象的信息。视觉形象通常是最接近事物表象的，同时也是没有经过抽象和提炼的，所以抽象的信息几乎无法通过图像语言来传达。例如，要描述春运期间滞留在火车站的具体人数，不借助词语，只凭图像是无法完成的。

第五，图像利于叙事而拙于议论。这是上述特点的一个延伸，因为叙事和议论都是电视新闻报道常用的手法，所以我们单独提出。事件往往是形象的，通过图像来描述可以增加真实感，提升可看性。议论是人们表达思想观念的方式，是抽象的，需要借助概念、判断和推理来完成，这个过程是图像语言无法参与的。

二、电视图像构图的一般规则

图像语言有自己的语法，记者在拍摄过程中必须掌握构图的基本原则。构图就是对图像进行安排和布局，把各种造型元素组织成一个整体，以寻求一个最佳的图像形式，最好地表现主题思想。

（一）景别的运用

景别是关于图像语言的最基本概念，是指由于摄影机与被摄对象的距离不同，而造成被摄对象在图像中所呈现的范围、大小也不同。在电视摄像中，景别通常分为五种，远景、全景、中景、近景和特写。

全景表现被摄对象整体，同时在被摄对象周围保留适度的环境空间。全景与远景进行对比可以发现，全景有明确的形式主体与内容中心。全景强调一定空间范围内的某个具体对象的轮廓及其与周边环境的关系。在电视新闻报道中，全景能够更客观真实地再现新闻事件。这一特点使其拥有了记录、介绍事物的功能。通常来讲，全景在形式与内容上都是最丰富的景别。

远景表现巨大的空间范围，通常来讲，远景距离被摄对象较远。远景往往由广角镜头拍摄完成，视野广阔。经常被用来再现自然风光、地理环境以及开阔的环境空间。远景强调对事件的宏观把握，以传达空间环境、整体气势等视觉信息为目标。同时，远景图像也能通过构图安排来着重表现某个局部的重点信息。在电视新闻深度报道中，远景常用于叙事的开头与结尾，或者作为叙事时空转换的过渡。值得注意的是，电视机图像尺寸越小，远景图像的作用会损失得越多。目前，电视机屏幕的尺寸不足以充分发挥远景的功能，因此，在电视新闻深度报道中，远景图像使用得不多。

中景图像再现被摄对象的大部分特征，包括主要特征。对于以人物为被摄对象的图像来讲，中景指成年人膝部以上包括头部的图像。与全景相比，中景图像中主体事物与环境空间的关系降至次要地位，而主体的动作情节成为最核心的信息。在中景图像中，视线、动作、人与人之间的交流等信息可以被受众清晰地看到。在电视新闻深度报道图像叙事中，中景景别的应用是相当广泛的，中景以一种人们生活中最常用的适度关注距离来审视新闻事件，既能引起受众足够的注意，同时也体现了新闻报道的客观性。

近景图像再现被摄对象的主要特征，再现成年人胸部以上的图像。近景图像，再现被摄对象的细节，例如人物的表情、物体的质地等。与中景景别相比，近景图像再现的空间范围进一步缩小，图像内容也更为简洁，环境空间基本消失，这时图像的抒情作用增强，“近取其神”的方法在近景图像中得到应用。近景图像由于图像空间的近距离指向性，可以被用来充分表现人物的局部。在电视新闻深度报道的图像叙事中，近景通常用来表现新闻事件中的内在冲突。通过暗示体现新闻事件在情感层面的深度，或者通过对情绪的强化暗示某种观点。

特写用来再现事物的局部特征，对于以人物为被摄对象的图像来说，近景表现成年人肩部以上的图像或者身体的某个局部。特写图像带给受众非常接近被摄对象的感受，通过再现细微之处来揭示被摄对象的内部特征及本质内容。特写图像在内容上高度集中，具有放大形象、强调内容、刻画细节等作用。特写图像注重对被摄对象“质”的再现，在电视屏幕上，特写图像表现的细节通常都是被放大后的效果，于是一种日常生活不常见的视觉信息被展现了出来，提醒受众对其投入更多的关注。

全景、中景、近景在电视摄像中运用较多，因为这三种景别接近人们日常的视觉习惯，有利于增强图像的真实性。远景和特写景别具有较强的主观色彩，能够传达更多的情绪和态度。不同的景别可以引起受众不同的心理反应，形成不同的节奏。全景出气氛，特写出情绪，中景是表现人物交流特别好的景别，近景侧重于揭示人物内心世界。由远到近的组合形式，和图像越来越高涨的情节发展相辅相成，适用于表现愈益高涨的情绪；由近到远的组合形式，适用于表现宁静、深远或低沉的情绪，并可把受众的视线由细部引向整体。运用不同景别有效地支配受众的视听注意力并赋予被摄对象恰如其分的表现意义是电视编摄人员的重要创作活动。

（二）图像角度的意义

图像角度是摄像机与被摄对象之间的空间关系所体现的图像视点位置。图像角度通常由两种因素构成：第一是拍摄高度，指摄像机与被摄对象之间的高度关系；第二是拍摄方向，指摄像机与被摄对象之间的方向关系。

拍摄高度是指摄像机与被摄对象在垂直面上的位置关系。在距离与方向不发生改变的前提下，随着高度的变化，图像中的环境关系也会发生较大的变化。

拍摄高度的变化通常体现为三种情况，平角、俯角和仰角。

平角的视觉效果与生活中人们观察世界的角度最为接近，因此，平角是真实、客观、自然的视角。在电视新闻深度报道图像的拍摄中，最常用的角度是平角。

俯角是以上视下的角度，经常有“居高临下”的意味，在以人物为对象时这种效果更为明显。人物在俯角图像中的高度被压缩了，看起来显得矮小。俯角经常用来表达对人物的轻视，或者暗示人物处于某种劣势。俯角在再现环境空间方面有较强的优势，具有较强的空间感。在电视新闻深度报道中，俯角的暗示功能较少使用，通常用以交代事件发生的环境，尤其是具有一定规模、阵势的环境场景，着重表现空间环境。俯角不同于人们生活中观察世界的习惯，因而在视觉上具有新鲜感。

仰角是以下视上的角度，具有强化高度的功能。仰角图像使近处景物矗立于地平线之上，背景被更多地遮挡，图像的主体被更强烈地凸显出来。大部分的仰角图像将地平线处理在画面的下方。图像中纵向的线条具有汇聚、集中的视觉效果。在电视新闻深度报道图像中，仰角使用得较少。

拍摄方向指的是图像再现事物的水平角度，常见的有正面角度、背面角度与侧面角度。

正面角度能较好地表现事物的主要特征，再现人物的完整面部特征与表情动作。在新闻报道中，经常将近景与正面角度相结合来体现人物的心理，形成一种图像内外的交流感。通常来讲，采访对象的图像都是正面角度。正面角度中的事物显得平淡，缺乏立体感与空间感。

侧面角度中，人物的表情神态不是图像的主要任务，而其姿态动作成为信息传递的核心。在新闻报道中，侧面角度经常被用来表现人物交流与对话的情景，具有交代人物关系的功能。侧面角度避免了人物之间的相互遮挡，能够传递出更多的图像信息。在表现多数的人物或事物时，侧面角度能够清晰地表达主次关系，凸显主要对象。

背面角度主要运用在有人物活动的图像中。人物的背影虽然在图像中占据一定的空间，但往往不是图像表现的重点。与背景环境相比，背影在图像中起着前景的作用。在电视新闻深度报道中，背面角度是常用的角度。背面角度的视线方向与图像中人物的视线方向一致，强化了受众的参与感与伴随感。在调查性的采访图像中，经常使用记者的或者采访对象的背面角度图像。值得注意的是，电视新闻中以背面角度出现的人物，一般是电视新闻摄影的主要对象。在电视新闻的调查性采访中，经常会出现一些面向观众的人物，而主要对象的背面作为前景存在，这一类的图像也归为背面角度的图像。

高度和方向是决定角度的主要因素。两个要素中的任何一个发生改变，都会对图像的角度产生影响。角度对于表现对象来讲，是事物特征与内容的一种体现。只有多角度的视觉信息，才能较完整地反映事物的特征与内容。在这些角度中，会存在某个最佳角度，最佳角度往往能再现事物的主要特征，能够传达创作主体的意图，体现适度的视觉形式。电视新闻图像的主要任务就是根据角度元素的特征，结合新闻事件的主题去发现并确定“最佳角度”。

三、电视图像构图的常见形式

构图是形式的艺术。电视图像构图的美学原则大多从绘画承袭而来。这些传承多年的原则与方法，体现了视觉造型的普遍规律。这些规律对电视新闻报道的图像构图具有指导意义，能够更清楚集中地传达核心的信息，提升电视新闻的视觉美感。

（一）对称的形式

对称是指以图像中的某个点或者线为参照，与周围的事物具有某种形式或内容上的相似关系。也就是说，对象在图像中表现为纵向或者横向的基本相似的结构形式。在生活当中，对称是非常常见的，如人的身体、传统的建筑样式等。对称的结构具有排列均衡的特点，图像稳定整齐，传达出一种平稳庄重的视觉效果。在电视新闻图像报道中，对称式构图经常被用来表现庄重严肃的场面。例如，1997 年香港回归的大量电视新闻中，对称式构图被广泛地应用，传达出一种庄重严肃的氛围（见图 5-1）。

图 5-1 1997 年香港回归对称式构图

（二）平衡的形式

平衡是存在的常态，人们对世界的认知大多处于平衡的状态中。平衡是人们空间感受的普遍形式，于是图像所再现的空间世界也需要具有平衡的形式。平衡指以画面的中心为参照，在纵向与横向上有色彩、视觉、重量等因素上的均衡的结构。均衡产生稳定，是舒适的一种视觉形式。平衡与对称在某种程度上有高度的联系，对称是一种特殊的平衡形式。对称的平衡依靠形状、数量等方面的相似。平衡则是图像中不同事物之间的对应关系，均衡的事物之间未必具有形状、数量等方面的相似。如果图像中的某一侧在体积与重量上具有明显优势，图像的平衡就会产生倾斜。除了上述因素外，很多生活经验和视觉习惯也会对平衡产生影响。例如，人物比其他事物更重，运动的物体比静止的物体更重，色彩饱和度高的物体更重，近处的比远处的物体更重，等等。

（三）对比的形式

对比具有突出主体和表现主题的作用。前者是电视构图的一般形式，后者具有更多的隐喻特征。突出主体的对比形式通常体现为主体与环境的对比。在这种形式中，图像所反映的主体事物往往面积不大，图像需要通过视觉引导来突出主体。这些对比包括明暗对比、色彩对比、虚实对比等，对比形式通过有效的反差使图像中的重要信息得到强化。表现主题的对比往往由图像中不同的人物和事物构成，反映事物间的关系。对比是电视图像中经常使用的构图形式，运用对比可以使事物本身具有的但并不显著的特征得到显现；同时，对比中的事物也产生了变化，具备了更多形式上的活力。对比有时通过一个固定镜头完成，在同一个视域中进行多个事物的对比；有时通过镜头的运动或者图像的剪辑来进行对比。

（四）呼应的形式

呼应建立在观照图像整体的基础上，体现为相互联系的对象、事物之间的一种照应关系，从而使图像达到整体性的统一。图像的视点往往是多样的，视点的变化往往可以使电视图像传达更多的信息、具有更多的活力，但是这种变化必须遵守图像整体性统一的要求，必须强调事物之间的联系、主体事物与环境的关系，而不是孤立地、割裂地进行变化。呼应除了注重局部与整体的关系之外，图像中各个部分之间的关系也是构图的重点。对于电视新闻图像而言，呼应的关系主要体现为新闻事件与背景环境之间的呼应、新闻事件中人物与人物之间的呼应、记者与被采访者之间的呼应，这些呼应需要通过构图来实现。例如，访谈中的过肩镜头，以被采访者为图像主体，以记者的背面为前景，这种形式就形成了被采访者与记者之间的呼应关系。在图像运动中，问者与答者的视线方向总是相向的，这种剪辑也构成了呼应关系。

（五）简洁

简洁是电视图像构图的高级形式。电视图像具有瞬时性，因此信息庞杂的图像无法在短时间内被受众接受，简洁的构图有利于信息的传达。值得注意的是，简洁的形式与简单的形式不同，简洁的形式要求图像在形状、色彩、明暗等方面的形式因素不能过度；有规律地把重要的信息传达出来；简洁的形式通过景别、角度与对比等实现。如果用加减法来比喻，那么，绘画创作是加法，是向画布上增添事物；电视图像创作是减法，是从图像中去除障碍性的信息。对电视新闻深度报道而言，这种减法不是对对象本身的改变，而是通过摄像机进行的一种选择，即对冗余信息的排除。

四、固定镜头

固定镜头指机位、光轴、焦距三个因素都不发生变化时拍摄的图像。固定镜头是静止的造型手段，关键在于图像依据的画框不做运动。固定镜头的视觉效果类似于绘画作品和照片的形式。因为电视图像具有时空连续性特征，具有表现运动事物的特征，所以固定镜头与照片所反映的瞬间性信息又有较大的区别。电视图像中，人物可以在画框中运动，环境空间也能发生色彩、明暗等的变化，这些都是照片所不具备的。固定镜头不仅能够记录和表现静态的对象，而且也能很好地体现图像的内部运动。总的来说，固定镜头具有以下几种功能：

（一）固定镜头有利于表现静态环境

固定镜头在消除了画框之外的运动因素的同时，稳定了观众的视线，图像中的背景环境能够长时间得到观众的注意。在新闻叙事中，固定镜头通常用来交代背景环境、反映场景特征、指示事物的方向等。图像画框的运动会大幅度地降低背景的作用。在运动镜头中，观众的注意力会集中在运动的事物上；相反，固定镜头中静态的景物能够得到强化和突出。

（二）固定镜头善于表现静态的人物

静态的人物指在镜头中不发生比较明显运动的人物，人物的表情、简单的手势等运动被排除在外。例如新闻采访中的被采访者通常用固定镜头来表现，在这种固定镜头中，被采访者与镜头画框、环境中其他事物之间形成了稳定的结构关系，观众的注意力就会更多地集中在被采访者身上。

（三）固定镜头客观地再现图像内的运动

固定镜头能够比较客观地记录图像内主体运动的速度和空间变化。运动图像一般对拍摄对象进行追踪，背景在图像中闪过。因为缺少稳定的参照物，观众无法判断事物运动的空间距离；同样，这种镜头也无法客观地反映运动事物的速度。所以在表现运动事物时，固定镜头是不可或缺的，尤其在体育比赛报道中固定镜头应用广泛。例如，乒乓球比赛的交锋过程都由固定镜头来完成，在发球和比赛的间隙才有运动镜头的出现。在跨栏比赛中，跨栏的瞬间也通常用固定镜头来表现。人们对运动的感知是两个或者多个对象发生了相对位移，在固定镜头中，因为画框运动的消失，背景与画框就成了运动事物的参照物，此时静止的背景和画框就成了客观反映运动速度和空间距离的标尺。

（四）固定镜头可强化图像动感

固定镜头通过画框的静止与图像内部运动的对比强化图像的动感。“以静衬动”是强化运动的手法之一，运用框架的稳定来衬托运动事物往往能使对象运动的反向趋势得以增强。例如在拳击比赛中，两名运动员的挥拳、出击等动作运用中景或近景的固定镜头表现，就会产生人物部分出画的现象。这时，画框就好像成了双方的擂台，两人的比赛就是在角逐这块屏幕，留在画框里的就是胜利者。在这个案例中，固定镜头比跟随拍摄的运动镜头更好地表现了现场的动感。尽管电视图像都是经过剪辑的，但是固定镜头从形式上避免了镜头运动、镜头调整，在效果上使观众产生“客观记录”的感受。固定镜头所表现出的客观性，在电视新闻深度报道中能够较好地传达现场性、真实性等效果。

（五）固定镜头可提升静态造型的艺术效果

运用线条、形状、色彩、光影等造型元素拍摄而成的固定镜头，是电视图像最基础的审美形式。与美术作品相比，固定镜头体现出了与客观世界高度相似的特征，真实而同步的视觉效果是电视图像造型艺术特有的优势。例如，中央电视台拍摄的纪录片《故宫》，其中大量的固定镜头把建筑艺术的静态美完整地展现了出来。很多专题片，如《话说长江》《话说运河》等，也通过固定镜头展现了地理风貌、河流以及珍贵的人文景观。

（六）固定镜头可抒发低能量的情绪，产生心理暗示

固定镜头能够强化静态的事物，使观众产生安宁、祥和甚至是严肃、郁闷等方面的情绪。在电视新闻实践中，可以利用固定镜头的心理暗示作用，来为合适的内容服务。例如，对奥运会射击比赛的报道，通常是以中景或近景的固定镜头来表现射击的过程。这种方式强化了射击运动对环境的要求，也在安静中暗示了赛场气氛的紧张。依据新闻事件的内容和报道的主题选择适当的图像形式，是使观众产生认可与共鸣的有效手段。固定镜头在造型上的心理暗示，恰恰服务于相应内容与主体的图像表现。于是，在要求体现安宁、沉着、肃穆等情绪和现场感受时，通常使用固定镜头。

（七）固定镜头体现客观真实性

固定镜头与运动镜头相比具有较少的主观因素，特别是较少运动镜头的指向因素。运动镜头的最明显特点是，进行推拉摇移的运动时，观众看到的画面就是摄像机主动选择拍摄的结果，创作者的主观意图通过电视屏幕传达了出来，于是观众就产生了在被动中接收信息的感受。固定镜头虽然也是创作主体意图的反映，可是观众看到的图像是一种静态的结果，在形式上满足了客观真实的要求。在观看电视的过程中，观众的注意力集中于图像内容，静态的画框形式就很容易被忽略，有利于观众真正地关注内容。

（八）固定镜头显现久远的时间感受，体现历史感

从图像所表现出的主观时间来看，运动图像能体现当下，而固定镜头则体现过去。运动镜头通过视点的变化、对事件的追踪等体现了一种现场感，而固定镜头则有利于展现回忆场景、历史资料等内容。中国古代的绘画理论中就有“动近远静”的说法，其核心在于静态的图像符合人们对往事追忆的心理感受。

（九）固定镜头具有一定的局限性

固定镜头受到画框的限制，始终只能保持单一的视角，不利于全面地传达对象信息。对电视新闻报道来讲，几乎是无法完全通过固定镜头来完成的，因为固定镜头无法恰当地再现运动范围较大的对象。这是固定镜头最明显的局限性。例如在拍摄足球比赛的现场时，就需要通过镜头的运动来对足球及足球运动员进行追踪。再有，固定镜头对于再现事物内部的复杂结构也是无能为力的，例如展现山洞、地道等空间环境。

五、运动镜头

镜头运动与图像运动不同。图像运动包括电视机屏幕内所有的运动，包括被摄对象的运动、画框的运动，但镜头运动不包括被摄对象自身的运动。运动镜头把图像剪辑的因素排除在外，因此，这里讲的运动镜头指一个镜头内的因摄像机运动而引起的画框的运动。运动镜头由推、拉、摇、移四种基本运动形式构成。

第一，推镜头是由摄像机向被摄对象方向运动或者镜头焦距由短到长变化形成的运动镜头。推镜头形成了视觉前移的效果，图像向被摄对象方向移动，视点前移。推镜头形成了从远景景别到近景景别连续显现的运动效果。推镜头的向前

运动不是漫无目的的，而是具有明确的目标，这个目标决定了镜头推进的方向和最后的落点。在推镜头中，被摄对象由小变大而环境空间由大变小。在电视新闻深度报道中，经常利用快速的推进来体现具有强烈冲突的新闻事件。

第二，拉镜头是由摄像机向被摄对象反向运动或者镜头焦距由长到短变化形成的运动镜头。拉镜头形成了视觉后移的效果，图像远离被摄对象，视点后移。拉镜头形成了从近景景别到远景景别的连续显现的运动效果。

拉镜头有利于表现主体事物与环境之间的关系，拉镜头往往先交代被摄主体的主要信息，接着通过视线后移逐步把环境纳入画框之内，于是主体事物与环境的空间关系被显现出来。在电视新闻报道中，拉镜头通常用来交代某人处于某处的地点信息。拉镜头的图像取景范围和再现空间是从小到大的扩展过程，这使得图像的构成发生了多样的变化。拉镜头是一种纵深空间变化的图像运动，可以在一个镜头中体现时空的完整性和连贯性。在这种完整性和连贯性中，内部节奏由紧张到松弛，使情感获得延伸，产生更多的情感暗示。值得注意的是，在电视新闻深度报道中，拉镜头常常用来做结束性的镜头。图像表现环境空间的延伸使主体事物形成远离的效果，这种远离暗示了叙事的结束。

第三，摇镜头是摄像机机位不动，以原地为轴心做圆周运动拍摄而成的镜头。摇镜头的运动形式是多样的，例如，水平角度的摇动、竖直角度的移动，速度均匀的圆周运动、带有停顿的间歇运动，各种倾斜角度的摇动、速度极快的甩镜头，等等。不同形式的摇镜头具有不同的语义。

摇镜头善于展示空间，能够扩大观众视野。电视图像本身受到框架的限制，视野受到了较大的限制，而运用广角镜头拍摄的图像往往容易产生变形，不符合新闻报道对客观真实的要求。摇镜头在电视新闻报道中的应用是很广泛的，它突破了视野的局限，丰富了电视新闻报道的视觉信息。为了符合电视新闻报道客观真实的要求，新闻图像多使用与人眼视角接近的标准镜头。近距离常使环境信息受到减损，这时摇镜头就能发挥其扩大视野的作用。摇镜头通过运动使同一场景中的不同主体产生内在的联系，例如，从高楼大厦摇到未拆迁的棚户区，从工厂的排污出口摇到水面上的死鱼，这些镜头都在向观众暗示不同主体之间的内在联系。

第四，移动镜头是摄像机的整体移动。由摄像机运动形成的推和拉都属于特殊的移动镜头。这里说的移动镜头，指的是规律性较低的摄像机移动。在电视新闻深度报道中，运用最多的移动镜头是跟踪镜头。跟踪镜头有时跟踪人物，有时跟踪事件。

跟踪镜头能够连续而完整地再现运动物体的状态变化，既能够突出主体，又能展现运动的方向、速度等。跟踪镜头随被摄对象一起运动，图像中的环境发生多样的变化而主体保持较长时间的一致性，此时主体人物具有引导的效果。在调查性新闻报道中，经常使用跟随调查记者运动的镜头，这种跟踪镜头的重点在于通过记者的运动展现事件发生的环境。跟踪镜头经常从人物背后进行拍摄，这时由于视点的统一而形成了主观镜头。

第二节　图像叙事中的时空因素

一、图像叙事中的时间因素

图像叙事中的时间因素体现了叙事的“真实”的基本特征。人们在时间中感知世界，一天中太阳由东升到西落，一年有春夏秋冬四季，在时间流逝的分秒中世界发生着各种各样的变化，这个过程中时间总是被人们遗忘，但当世界作为客体被观察时，时间始终作为认识世界的尺度而存在。在主动认识世界的过程中，时间作为另一种尺度呈现出来，即作为价值的尺度。所谓价值尺度，就是用时间来衡量人作为主体的价值取向，比如一个人处于痛苦之中，痛苦的程度是一种主观上的感受，痛苦持续的时间可以作为衡量痛苦的一种标准。时间的两种尺度属性在电视新闻深度报道叙事中体现为创作和接受两个不同的层面。

与纸媒的文字叙事相比，图像的叙事效率是较低的，因为电视新闻图像本身就存在于时间之中，通过时间来体现新闻图像的“真实”，但同时也导致了电视新闻图像中的时间因素受到了点和段的限制。所谓点的限制，是指电视新闻图像所反映的内容发生在某个特定的时间点；所谓段的限制，是指电视新闻图像反映的事件都有一定的时间长度。

对图像叙事而言，时间的展现并非没有优势。它的优势体现在，叙事过程能最真实地接近人们对世界的认知，使用受众最熟悉的时间尺度再现新闻事件。在一定程度上，这一点和新闻报道对真实性的要求是具有一致性的。

依然和文字叙事进行比较，文字语言的基本单位是字词，而字词只能表达概念，例如“学生”，“学生”本身并不包含时间因素，文字叙事在陈述句式中才有可能体现时间因素，“学生都走出了教室”描述了时间范畴内动作（走）的完成。对于电视图像而言，其最基本的单位是“镜头”，所有的镜头都包含了时间因素，因为镜头本身是有时间长度的。在大部分的电视新闻图像中，每个镜头的叙事都和新闻事件的发生在时间上具有高度的一致性。

在深度报道的图像叙事中，客观时间反映了报道的时长，而主观时间部分地反映了报道的深度。也就是说，当电视新闻报道能使受众完全投入“某个时刻当中”进行一种思考或者受到某种感动时，报道的深度也就得到了显现。一般来说，媒体对新闻事件进行的图像叙事从时间上可以分为三种，静态叙事、深度叙事和创造叙事。

所谓静态叙事，指以完全外在的视角观看新闻事件，尽量避免或者减少对事件的参与，此时，电视新闻的目标是用记录的形态直接地反映客观事件。也就是说，从整体上看，电视新闻报道的时间与新闻事件经历的时间是相同的。在这种叙事方式下，媒体需要时刻跟随新闻事件的发展，能对新闻事件发展的高潮做出大致的预测。值得注意的是，静态叙事需要媒体与新闻事件保持足够的距离。受众需要在电视机前以一种置身事外的态度来认识事实。在图像叙事中，静态叙事往往使用远景镜头，即便是必要的特写细节也需通过长焦镜头来完成；叙事以连续的长镜头为主，尽量避免使用蒙太奇叙事；隐喻、象征等视觉修辞在静态叙事中是被禁止使用的。

所谓深度叙事，指贴近性地观看，强调媒体对事件的内在参与。媒体需要通过图像反映新闻事件的内部结构与外部结构。受众此时不再是一个远距离的旁观者，媒体通过对相关事实的整理使所报道的新闻事件在时间上产生足够的延伸，这样，事件的前因后果都会以历史或者预测的姿态呈现出来。这种叙事方式，要求媒体对新闻事件的背景有足够的了解，对新闻信息的捕捉有足够的预期。在图像叙事中，深度叙事强调段落之间的衔接，经常通过细节强化某些重要信息。

所谓创造叙事，只针对屏幕事件，不涉及新闻事件的背景及预测信息，叙事过程中强调情感与态度因素，新闻报道的倾向性融在叙事之中。即在不改变事件发展顺序的基础上，通过调整节奏来实现传播者的意图。在不违反新闻伦理的前提下，可以通过剪辑节奏的变化，表现一个与实际事件节奏完全不同的叙事。在图像叙事中，近景镜头和特写镜头会被大量使用，通过细节对受众进行暗示，达到传递某种观念的传播目的。

在图像叙事中，要把握叙事效率。对于静态叙事来讲，往往是高效的，要求用较短的时间概括较长的事件。对于深度叙事和创造叙事来讲，主观时间成为其价值尺度，在客观时间上其叙事往往效率较低。电视新闻深度报道的叙事，通常是这三种方式的有机结合。

二、图像叙事中的空间因素

（一）空间因素的含义与类型

图像叙事的空间因素体现了新闻报道“现场”的基本特征。空间是人们感知世界的前提。康德认为，“空间无非只是外感官的一切现象的形式，亦即唯一使我们的外直观成为可能的主观感性条件。”①视觉是最直接地把握空间的感官，于是图像叙事以最接近现场的方式向受众传达复制的信息。现代技术更使受众获得以新闻事件为对象的“现场”的体验——电视通过二维屏幕模拟三维空间，受众实质上在幻觉中体验空间的真实。电视技术作为空间表现形式的一种载体具有其自身的艺术性特征，因为空间体验从来都不是一种判断和推理的形式，而仅仅作为一种直观形式存在，在这一点上任何空间叙事都具有与艺术表现相同的特征。电视是一种再现性的艺术载体，其再现的核心恰恰为视觉空间。当然，在图像叙事中，电视再现的是时空与冲突的综合，其中塑造“现场”的任务必须由空间的展示来实现。在电视叙事中，时间的变化也是通过视觉空间来实现的，例如时钟的走动、四季的更替等。因此，电视图像叙事中的空间因素是综合性的。

电视图像中的空间可以分为三种基本类型：物体空间、环境空间和心理空间。三种空间类型各自承担着不同的任务，它们之间呈现出由局部到整体的关系，其中，心理空间由物体空间与环境空间的运动构成。

物体空间指的是图像中主体所占据的空间。主体是指图像所表现的最主要事物，是图像内容和形式的聚焦。在这个意义上，物体空间指图像主体的实际体积，例如图像再现了海面上的一艘巨轮，这时展现巨轮本身的体积大小是图像叙事的主要任务，而这种任务的完成仅仅依赖有限的电视屏幕是很难实现的。通常来讲，人们通过三种因素来判断物体空间：关于物体的知识、与图像区域的关系、参照物。如果图像中的物体是常见的、被人们所熟知的，那么人们会自动地将屏幕图像理解成这个熟知的物体大小，而不受该物体与屏幕区域关系的影响。例如在电影《金刚》中，观众可参照图像中的摩天大楼来判断金刚的体积。上述三种因素中，关于物体的知识是叙事者不可控的，而与区域图像的关系、参照物都是可控的。与图像区域的关系、参照物共同建构了第二种类型的空间——环境空间。

在图像叙事中，环境空间有非常重要的地位，它通常用来交代事件发生的时间、地点、人文地理特征等。交代环境空间几乎是所有图像叙事首要的任务。电

① 康德. 纯粹理性批判［M］. 邓晓芒，译. 北京：人民出版社，2004：31.

视屏幕的大小对交代环境空间有重要的影响。在大屏幕的高清电视中，即使在远景画面中，事物的主要特征也能被有效地认知；而在小屏幕的电视中，远景画面几乎丧失了传递具体信息的能力。

对于电视新闻报道的图像叙事而言，环境空间的交代有两种常用方式：演绎方式与归纳方式。这里的演绎与归纳不同于逻辑中的演绎与归纳，不具有特殊与一般的逻辑关系。演绎方式指从整体到局部的环境交代方式。一般来讲，演绎方式从一个大全景开始，通过推近或者一系列镜头逐渐运动达到最后的特写。这种方式对于大屏幕来讲很合适。在大屏幕中，结合使用远景镜头和长镜头能很好地展示情景和画面细节，使受众对环境空间有一个清晰的认知；同时，长镜头的使用契合了电视新闻客观真实的要求。归纳方式指从局部到整体的环境交代方式。通常来讲，归纳方式从重要的具有代表性的细节开始，然后连续使用能够最佳表达整个事件视角的细节特写镜头，最终为了理清诸多特写镜头之间的关系，还需要一个较远的镜头来结束这种归纳性的环境交代。归纳方式适合小屏幕使用，细节的环境信息通过特写镜头先交代，最后的较远镜头仅仅起到交代关系的作用。这种交代环境空间的方式有利于设置悬念，因而在图像叙事中被广泛使用。

美国学者约瑟夫·弗兰克在他的《现代小说中的空间形式》中创造了“空间形式”这一极具活力的概念。所谓的空间形式是指对文本的时序设置与情节关系的一种象征和隐喻的表达。他的研究指向语言的空间形式、故事的物理空间和读者的心理空间三个维度，从语言、结构与读者感知三个方面展开。对于电视图像叙事而言，电视画面是主要的语言方式，以镜头为基本单位，是直接指向物体空间的；故事的物理空间对应上文所讲的环境空间，是事件发生的场所与人文地理环境的综合；叙事空间的最内在含义恰恰在于弗兰克所说的第三个方面——读者的心理空间，读者心理空间的塑造依赖语言和故事空间的综合。在图像叙事中，受众心理空间的体验通过视觉空间的暗示来实现。较文字语言而言，图像语言的心理暗示更容易实现。

（二）图像空间的修辞功能

电视图像本身是一种通过二维平面来模拟三维立体的方式。摄像机是对人眼光学系统的模拟。在电视图像中，通过重叠平面、相对大小、平面高度、线性透视四个方面塑造立体图像。在焦点透视的基础上，图像语言进一步发挥其修辞功能，以最基本的单位创造心理空间。

在电视图像的五种景别中，远景图像具有较强的暗示功能。不过，远景图像的暗示功能需要通过图像运动或者特殊的构图方式才能获得。在生活中，人们很少关注远景图像中的某人或某物，除非与之发生强烈的联系，例如，人们会目送自己的亲友远行。但是，在电视屏幕中如果没有视觉引导，观众很难对远景中的某人或某物产生足够的关注。在电视新闻叙事中，最常用的手法就是从近景景别到远景景别的运动图像。景别在叙事中还有反映事件矛盾冲突关系的作用。

首先，景别的修辞功能体现在物体与画框之间的关系上。通过对镜头中人或物位置的调整，景别可以暗示人物关系，反映人物心理和预示事件发展。在审美意义上，图像的四边具有一种吸引它们近处物体的磁力。画框磁力可以强烈到与我们地心引力的自然反应相抵消的程度。① 画框的磁力在电视图像中常通过头顶空间、侧边拉力两个方面表现出来。

头顶空间过小的近景画面，容易让人物看起来封闭而木讷，这是因为人的头部看起来像是被粘在了屏幕的顶边一样，在这种情况下，通常需要留出一些头顶空间来减少屏幕顶边的磁力拉扯。但是如果留的空间过多，由于地心引力拉扯和屏幕底边磁力的作用，头部又会被推至画框的下半部。在电视屏幕中，近景人物的眼睛处于图像纵向三分之二的位置是合适的，这样可以留出恰当的头部空间。在电视图像中，由于侧边的磁力拉扯，全景或远景画面中的人或物之间的距离会看起来更远，因此，在电视新闻访谈中，主持人与嘉宾之间的距离控制就需要考虑侧边拉力的作用。如果两人分别紧挨侧边，那么两人之间就会有强烈的疏远感。在强调客观性的电视新闻图像中，两人分别处于横向三分之一与三分之二的位置是比较恰当的。

其次，图像运动创造了叙事空间的真实。电视图像的运动使受众接近在场地体验新闻事件所处的空间，这种体验通过视觉图像的运动得以实现。通常来讲，人的视觉只能从某个固定的角度观察事物，人对世界的全面认识建立在运动的基础上。例如，判断一个苹果的好坏，需要把它拿在手中从各个角度查看；欣赏一座建筑，需要围绕着它观看。没有哪个特定角度能全面地反映对象的空间信息，所以，图像运动创造了叙事空间的真实。电视图像的运动分为一级运动、二级运动和三级运动。一级运动指图像内部的运动，例如人物在图像中的走动；二级运动指摄像机的运动，在电视图像中体现为镜头运动；三级运动指图像的剪辑，又被称作蒙太奇。

在一级运动中，横向与纵向运动，或者平行于该平面的所有运动很容易被识

---

① 泽特尔. 图像　声音　运动［M］. 赵森森，译. 北京：北京广播学院出版社，2003：92.

别，其运动的速度可以被直观地看到。同时，不同焦距的镜头对同样的运动有不同的表现力。镜头的焦距越长，平面中的运动就显得越快。这是因为，图像画框的四边是电视图像的绝对参照物。镜头焦距越长，镜头中的人或物相对画框的速度就越快。回忆使用望远镜的经历，慢速运动的物体在望远镜中会飞快地划过。在电视新闻图像叙事中，可以通过镜头焦距的调整来提升运动的速度。对于深度运动来讲，运动的方向和观察者视线的方向一致，这时运动的距离、速度都很难被准确感知。生活中也是如此，例如汽车的刹车灯就起到了提醒后车减速的作用。在电视图像中，观众通过物体的大小变化来感知深度运动，通过大小变化的速度来感知深度运动的速度，于是，广角镜头通过强化焦点透视起到强化深度运动的作用。也就是说，镜头的焦距越短，深度运动就会显得越快；镜头的焦距越长，深度运动就会显得越慢。

二级运动是创作主体可控的运动。二级运动的控制是以一级运动为基础的，例如镜头焦距的运动就属于二级运动的范畴。除此之外，二级运动由推、拉、摇、移四种基本运动组成。推镜头指沿摄像机镜头方向，靠近被摄体的平稳运动；拉镜头指的是沿摄像机镜头方向远离被摄体的平稳运动；摇镜头指摄像机以自身为轴心的平稳转动；移镜头指摄像机的横向运动或者围绕被摄体进行的圆周运动。二级运动应该是有目的的运动。在电视新闻报道中，最常用的典型二级运动是移镜头，这种运动直接地体现了空间叙事的现场感。在很多暗访中，摄像机被装在记者的身上，跟随记者身体的运动进行拍摄，这种图像所展示的空间与记者所体验的空间是基本一致的。

三级运动指图像剪辑。在电视新闻图像叙事中，三级运动是必需的，因为受到叙事时间的限制，新闻报道不可能展现事件的全过程。

第一，图像的三级运动体现为形式上的节奏，这种运动方式被称为韵律蒙太奇。韵律蒙太奇是一种节奏性的建构策略。在单纯的图像中，若干相互关联甚至没有关联的图像以基本相同的时间间隔被排列在一起，体现出一种图像变化的节奏感。韵律蒙太奇可以进行更复杂的变化，例如每个镜头的时间逐渐缩短，体现节奏的加快。在加速韵律蒙太奇中，图像所表现的环境空间也会逐渐变小，从而体现为一种深度观看的方式。

第二，三级运动在内容上可以强化屏幕事件，打破认知时间的顺序，从空间上全面地认识事件发展。这种运动方式被称为交叉蒙太奇。交叉蒙太奇根据事件中的线索与结构要素对它进行解析，挑选核心要素，然后重新对其进行组合安排，以强化屏幕事件。交叉蒙太奇常用于比较复杂的空间叙事，向观众展现不同空间中发生事件的同时性，从而造成一种在场的紧迫感。

图像运动是空间叙事的重要手段。电视图像三个级别的运动是技巧与表现力逐步上升的关系，目的都统一于叙事本身。在三级运动中，还有隐喻蒙太奇、冲突蒙太奇、比较蒙太奇、联想蒙太奇等修辞手段，不过这些修辞手段会损害新闻报道客观真实的伦理原则，所以在电视新闻中很少使用，在此就不再深入讲解。另外，3D 电视的发展进一步拓展了屏幕空间，这将是图像叙事研究的新领域。

三、图像叙事的个体化特征

图像叙事的个体化，是指在电视新闻报道中，通过图像叙述的事实都具有明显的个体特征。这里的个体指一般性中的特殊性，这种特殊性同时需具有典型意义，能表现出一般性的特点。图像叙事作为一个完整的部分经常参与电视新闻深度报道的论证过程中，作为直观和趣味性的内容存在，于是，在电视新闻深度报道中，图像叙事的个体化特征通过具体特殊的事件、具有代表性的事件和趣味性的表述方式反映出来。

电视新闻报道的叙事通常由解说词和图像两部分组成，二者在叙事中的任务是明显不同的。其中，解说词承担了概括性和整体性的叙事，例如某些流行的社会现象，时空跨度较大的新闻事件等。图像则通过具体的人和物来进行叙事，例如通过花店老板卖花的经历报道情人节的鲜花销售情况，通过对建筑工人的跟踪采访报道某条道路的修建进度等，这种特征是图像语言的形式对内容有所限制的结果。图像无法完成抽象信息的传递，直观的手段也难以客观真实地再现数量巨大的时空信息，于是在这种限制下形成了图像叙述具体特殊事件的特征。

■ 本章小结：

1. 电视新闻深度报道的一般构图原则和镜头运动是充分展现空间叙事的重要手段。

2. 媒体对新闻事件进行的图像叙事从时间上可以分为三种，静态叙事、深度叙事和创造叙事。

3. 图像运动是空间叙事的重要手段，三个级别的图像运动可以强化屏幕事件，打破认知时间的顺序，从空间上全面认识事件的发展。

■ 关键术语：

1. 深度叙事：指贴近性地观看，强调媒体对事件的内在参与。媒体需要通过图像反映新闻事件的内部结构与外部结构，对相关事实的整理使所报道的新闻事件在时间上产生足够的延伸。

2. 固定镜头：指机位、光轴、焦距三个因素都不发生变化时拍摄的图像。固定镜头是静止的造型手段，关键在于图像依据的画框不做运动。

3. 图像的三级运动：指图像剪辑。在电视新闻图像叙事中，三级运动是必需的，因为受到叙事时间的限制，新闻报道不可能展现事件的全过程。

思考与研讨题：

1. 请举例说明景别的选择与叙事任务之间的关系。

2. 图像叙事中的时间因素如何影响电视新闻报道的深度？

3. 举例论证跟踪镜头与调查性报道之间的关系。

4. 举例说明图像叙事如何增强电视新闻深度报道的趣味性。

延伸阅读：

1. 泽特尔. 图像 声音 运动［M］. 赵淼淼，译. 北京：北京广播学院出版社，2003.

2. 莱斯特. 视觉传播：形象载动信息［M］. 霍文利，史雪云，王海茹，译. 北京：北京广播学院出版社，2003.

第六章　电视新闻深度报道中的采访

▶章节大纲：

1. 新闻采访与深度报道之间的关系；
2. 在深度报道中的思维方法；
3. 在深度报道采访中要注意提问与倾听相结合。

▶章节内容：

本章介绍了新闻采访的基本概念，新闻采访与深度报道的关系与区别，在深度报道中所要坚持的原则和在采访中应注意的事项。

第一节　深度报道的采访理念

一篇完整的电视新闻报道（注意我们没有加上“深度”这一限定条件），至少应该包括选题、报道策划、报道素材的收集与整理、后期的整合与加工、制作播出等环节。其中，对新闻事件中纷繁复杂的线索的厘清、隐藏信息的挖掘、各方言论的过滤、矛盾冲突的展现都离不开新闻采访工作。新闻采访作为新闻业务的本体性工作，在很大程度上决定着一次新闻报道的成败。

一、新闻采访的含义

新闻采访的一般含义是新闻工作者为获取新闻对客观事件所进行的观察、询问、倾听、思索和记录等活动，它是新闻写作的前提，是一种特殊的调查研究活动。

这一定义包含了两个层面的内涵。首先，新闻采访是新闻工作者为搜集新闻素材所进行的活动。[①] 这一概念简单明确地界定了新闻采访的主体和属概念，即

① 刘海贵. 当代新闻采访：第 2 版［M］. 上海：复旦大学出版社，2003：5.

作为新闻采访行为的主体必须是新闻行业内部人士或专业人士。其次，新闻采访活动是一种特殊的调查研究活动，它区别于党政机关、司法部门、科研领域、社会领域的调研活动，具有自身的规定性。这一概念对初学者直观理解新闻采访是有益的。但是，随着媒介融合趋势的加剧和自媒体时代的到来，新闻事件的采集、发布者的身份也日趋多元化和模糊化，“人人都是记者”的媒体实践使专业的新闻背景被隐没在大量异质的、匿名的报道主体身后，主体界定略显狭窄成为这一概念的短板。

采访作为一种调查研究活动的属性得到了理论界和业界的普遍认可。调查和研究的目的是尽可能详尽地了解新闻事实、充分理解和利用事实进行报道。采访作为获取素材的重要手段，是记者在新闻报道中“调查研究”活动的代名词。从字面上理解，“采”包含了“采集”“摘取”之义，而“访”则包含“访问”“寻求”。在对这一概念的传统理解上，采访仅仅作为一种获取资源和信息的手段而被赋予了主体性价值，强调的是主体对客体的单指向性目的。

近些年，国内学者开始倾向于从人际传播的角度来理解新闻采访，一种新的互动行为说被提出来。把新闻采访理解为一种对话、一种人际互动行为是国外学者普遍持有的观念。沃伦・K. 艾吉认为“新闻采访是一种人际交流，是被采访者与采访者之间面对面的一种思想和个性的交流”，“新闻采访是新闻采访者在新闻场域内围绕新闻事实所做的一种透过信息的互动行为”。①

综合新闻采访的传统观念和互动行为说，我们认为，在当前的媒介环境下，新闻采访的定义至少应该包含过程、手段和动机三个方面的含义。首先，采访是一种有目的的信息搜集活动，这种目的是在大众传播统摄下的新闻专业行为。其次，新闻采访综合运用观察、倾听、询问、思索、记录等人际交流和信息记录手段。最后，在采访过程中采访者和被采访者必然发生信息的交换和情感的互动，因此新闻采访又是一种信息互动行为。综上所述，我们认为，新闻采访是新闻专业人员，以大众传播为目的，通过观察和访问的手段，对新闻事实进行的一种信息采集、互动行为。

电视新闻采访作为新闻采访的一种形式，可以定义为：电视新闻工作者综合运用视听技术手段，为新闻报道所进行的信息采集、互动行为。依据所运用的技术手段的特点，电视新闻采访工作可以分为三个部分：画面信息的采集，此画面包含声画一体的信息内容；记者出镜采访报道，记者的提问、访谈等语言交流行

① 王春泉. 新闻采访技巧：理论与实践［M］. 合肥：安徽人民出版社，2008：33-34.

为和非语言符号交流行为；非画面语言的采访，包括揭示事件的文字、数据、言论等抽象素材的采集等。

二、采访与深度报道的关系

电视新闻深度报道凭借视听结合的优势，对重大新闻事件、有影响的社会问题、有代表性的社会现象进行背景介绍、分析解释、归纳预测等综合性报道。追求事物的本源、挖掘事物的内涵、解释事物的本质是深度报道的本质属性和既有目标。深度报道既要说“是什么”“怎么样”，又要包含“为什么”“还能怎样”的问题，在时间轴和空间轴上都有明确的坐标，可以也必须对新闻事件做横向和纵向的开掘。①

在电视新闻采访的定义中，我们强调了电视新闻采访是“为新闻报道所进行的信息采集、互动行为”，这一行为包含三方面的具体内容——声画记录、记者访问和资料收集。电视新闻采访的这一定义解释了电视新闻采访的一般性特征，那么采访与电视新闻深度报道的关系如何呢？我们从三个方面来认识。

（一）采访是调查性报道不可或缺的手段

调查是一个展示事实的过程，而事实无法通过思维手段获得。深度报道要求展示新闻事件的背景和细节，这些信息往往分散且复杂。对于结果的归因需要对复杂信息进行重组和筛选，这时，采访作为一种必不可少的手段就必须参与到调查中来。

在调查性报道的采访中，有明访与暗访两种形式。在明访中，采访对象通常作了充足的准备，例如，如何应对记者提问，如何在采访过程中表现或者保护自己。在调查性报道中，如果调查内容涉及采访对象的个人利益，那么获得信息的真实可信性相对较低，因此，暗访成了调查性报道最常用的手段。暗访通过直观的形式让受众以参与性的方式了解事件。明访通常是新闻事件发生之后，对相关人员进行的问答形式的采访，这些采访往往以新闻背景为内容，在采访时间上有一定的滞后性。而暗访则是对当下事件的一种展现，受众接收暗访信息的过程也是对事件一种直观的、在场的参与，从这个角度而言，暗访更能体现调查性报道的价值。必须引起我们注意的是，暗访往往涉及新闻伦理问题，可能会对采访对象的隐私权构成伤害。

---

① 贾玉全. 谈电视新闻深度报道［J］. 新闻窗，2010（5）：41.

（二）采访是解释概念、疑惑、误解的方法

解释是深度报道常用的手段，而采访是解释这种手段的重要方法。一方面是采访对象的解释往往具有更强的说服力；另一方面是采访所获得的信息构成解释的经验性依据。深度报道中需要解释的内容有：不明确的概念或者现象、对新闻事件中反常行为的疑惑和舆论对某些问题的误解等，这三种内容都可以采访的形式进行解释。

首先，对于复杂概念和现象的解释需要权威性。社会心理学认为，“服从建立在这样一种信念的基础上，即有合法权威的人有权利要求他人服从。”[①] 电视新闻深度报道是一个潜在的说服过程，受众对信息的接受即是一种服从行为，于是需要一个具有权威性的主体来发布信息，而对于专业问题就需要专业的人士来解释。这就是专家、学者经常成为采访对象的原因，他们的言论可能内容并不复杂，也可能没有严密的逻辑，但是其解释往往能令人信服。

其次，对于新闻事件中反常现象、反常行为的解释需要可信度。新闻事件中的反常现象、反常行为，通常不是自然属性的反常，这种反常是受众的一种主观认知，源于对事件信息的片面认识。新闻报道也经常通过调整信息传播时间顺序的方式来设置悬念，提升新闻报道的趣味性。对与新闻事件相关的信息，当事人或目击者最有发言权，其言论具有较高的可信度。

（三）采访是预测性报道素材的来源

预测性报道是电视新闻深度报道最具争议的形式，也是最具风险的形式。新闻是对新近发生事实的信息的传播，也就是说，新闻定位于过去，定位于现实，而预测则是面向未来的，要把未知变为已知，就有预测失准的风险。在预测变为现实之前，这种风险性虽然无法消除，但是可以降低。预测准确与否是衡量预测性报道的重要尺度，而预测准确的前提是现有信息的丰富程度和准确性，于是，采访可发挥其在获取准确、丰富信息方面的优势。信息的准确很大程度上取决于信源的可信度。需要注意的是，信息除准确外，其丰富程度也直接影响着对未来事件的判断。这里的丰富具有两个层面的意思：一方面指信息涉及的广度，即预测者是否对新闻事件中各方面的信息有较全面的了解；另一方面指信息的相关细节，信息细节很可能成为判断的依据。

---

① 泰勒，佩普劳，希尔斯. 社会心理学：第 10 版［M］. 谢晓菲，等译. 北京：北京大学出版社，2004：239.

三、电视新闻深度报道采访的思维方法与基本原则

思维活动是一个由多种因素构成的动态系统，思维对象、思维主体和思维方法是思维活动中最基本和最主要的三个要素。思维对象是思维活动的原材料；思维主体是具有认识能力及相应思维结构的人；思维方法是思维主体对思维对象进行加工制作的方式、工具和手段。

在电视新闻深度报道中，思维对象是新闻事件中的各种组成元素，它们按照一定的逻辑关系出现在报道的各个阶段，如内外因关系、现象与本质、相对与绝对、静止与运动、量变与质变、普通与特殊、偶然与必然等。事物间关系的复杂性决定了思维对象的复杂性，具有深度报道价值的事件一定由相对复杂的逻辑关系构成，这就对思维主体提出了更高的要求。不是所有的思维方法都适用于电视新闻深度报道的采访，新闻记者必须学会用科学和高效的思维方法去迎接每一次采访的挑战。在这里，方法不是一个没有标准的主观判断，相反，思维方法的选择和评价具有客观性，这种客观性在于思维方法的适用性，即思维方法是否与认识对象和实践对象相一致、相适应。

（一）电视新闻深度报道采访的思维方法

在电视新闻深度报道的采访过程中，一般包含以下重要的思维方法：

1. 归纳与演绎思维方法

所谓归纳，指从许多个别的事物中概括出一般性概念、原则或结论的思维方法。归纳可分为完全归纳法和不完全归纳法。完全归纳法包含该类对象的全体，对该类对象作出一般性结论的方法。不完全归纳法又称简单枚举归纳法，是通过观察和研究，发现某类事物中固有的某种属性，并且不断重复而未遇到相反的事例，从而判断出所有该类对象都有这一属性的推理方法，数学上的穷举法就是完全归纳法。简单枚举归纳法的结论带有或然性，可能为真，也可能为假。在新闻采访中，新闻事件以片段的形式部分地呈现在记者面前，记者总是跟一个个具体事件中的人打交道，其首先获得的是关于个别事物或个别言论的知识，然后在这些具有特殊性知识的基础上，通过排除和取舍概括出对新闻事实的普遍性认识，最终为报道的核心价值服务。

演绎法与归纳法相对，指从一般性的理论知识出发，去认识个别的、特殊的现象的逻辑推理方法。在辩证逻辑的思维框架内，归纳与演绎相互联系，互为条件。一方面归纳是演绎的基础，为演绎提供条件。例如，生物遗传的基因学说，

就是归纳了大量生物实验得出来的。又如，前面我们所举的例子，“人皆有死”作为演绎推理的前提，是从社会实践中归纳得出的结论。另一方面，没有演绎也就没有归纳，演绎为归纳提供指导。归纳要从个别现象中概括出一般规律，作为对实际材料进行归纳的指导思想，往往又是某种演绎的结果。例如，达尔文将大量的观察、实验材料进行归纳，得出“生物进化”这个结论。但他在得出“生物进化”这个结论之前，早就接受了拉马克等人的有关生物进化的思想和赖尔的地质演化思想，这些思想实际上是他归纳经验材料的指导原则，有了这些思想，达尔文的考察、归纳才具有目的性和选择性。

2. 分析与综合思维方法

分析是把事物分解为多个部分、侧面、属性，分别加以研究。分析是认识事物整体的必要阶段。在电视新闻采访中，分析的方法主要运用于对新闻事件的解析。对新闻事件的分析是有明确规律可循的，新闻六要素“时间、地点、人物、起因、经过、结果”就是对新闻事件进行分析的结果，其中时间、地点是环境信息，人物是主体信息，起因、经过、结果是关系信息的同时表现一种时间的连续性。这些方面的分析对于新闻采访的展开具有重要的指导意义，一次成功的新闻采访要明确以下几点：第一，哪些方面的信息具有新闻价值。例如，“已经3月份了，河南郑州迎来了一场大雪。”下雪是平常的，而3月份的中原地区下雪就显得反常了，这时时空信息就成了新闻价值的体现点，采访就需要围绕时空信息展开，对气候的反常多作讲解。第二，哪些信息是能体现深度的。陈力丹认为，受众的不知情是新闻价值的前提。新闻采访的意义恰恰在于把受众不知道且想知道的信息以可靠的方式传达出来。例如很多有关民生的新闻报道，以反映家庭或邻里矛盾为主。在这些报道的采访中，重点总是聚焦于事件的经过，乐于展现事件冲突细节，而这些信息不构成有深度的新闻价值。这是民生新闻娱乐性强而很少有深度报道的原因。第三，哪些信息是已有报道中缺失的信息。已有报道中缺失的信息往往与受众最想知道的信息有高度的重合性，这从受众接受的角度体现了新闻价值。缺失信息的层面和角度应是采访的重点。

综合是把事物各个部分、侧面、属性按内在联系有机地统一为整体，以掌握事物的本质和规律。在电视新闻深度报道中，综合的方法往往用于解释性报道，在新闻采访中，交流的过程往往由一个个分散的问题组成，采访的目的正是借助采访这一过程，达到传受观念的高度统一。这个由分散的问题到高度统一的观念的转化过程，是一个综合的过程。综合显现在记者具体的提问技巧之中。

需要注意的是，新闻采访中的分析与综合的过程不是相反的两个程序，它们针对不同的问题，分析针对战略，而综合针对策略。总之，分析与综合是互相渗透和转化的，在分析基础上综合，在综合指导下分析。分析与综合，循环往复，推动认识的深化和发展。

3. 比较思维方法

比较是归纳法的一种。比较存在于一切事物当中，它是人类思维活动的鼻祖，也是人类意识能动性的基础，它的产生基于事物的相关性与差异性。它是思维方法中最古老、最基础的，几乎存在于一切思维活动中，正因如此，才奠定了它的研究意义。按照对象，比较分为同类事物之间的比较和不同类事物之间的比较。按照形式，比较分为求同比较和求异比较。

首先，求同比较的应用相当广泛。这基于其自身的数量特征，比较法是一种特殊的归纳法。与科学研究中的归纳法相比，比较的方法具有最少数量的样本，是从两个个案中发现规律，它的优势在于信息传播的高效。新闻采访没有必要通过数量巨大的样本进行归纳，例如采访学生对学校食堂的看法，没有必要征求所有学生的意见。新闻采访本身就具有归纳的性质，而比较是新闻采访归纳中最高效的形式，因为通过两个个案即能得出结论。其次，求异比较是一种更为简洁的归纳法。求异比较中比较双方的作用永远是不均衡的，总是以其中一种为参照，去发现另外一种的问题，因为只有这种性质的比较才能体现深度报道的意义。

4. 因果思维方法

简言之，因果关系的逻辑就是：因为 A，所以 B，或者说如果出现 A，必然就会出现 B（充分关系）。这是一种引起和被引起的关系，而且是原因 A 在前，结果 B 在后。先后关系不一定就是因果关系，例如，起床时先穿衣服后穿裤子，或者先刷牙后洗脸，这都不是因果关系。并不是一切必然联系都是引起和被引起的关系，只有有了引起和被引起关系的必然联系，才属于因果关系。

归因是新闻采访中最常用的方法，大量体现深度的问题围绕“为什么”展开，同时问题的深入也通过归因进行，归因是深度报道的基本思维模式。但因果思维不仅仅是由结果到原因的反思，很多时候还体现为一种从现实到未来的预测，也就是从原因到结果的推测。在新闻采访中，因果思维一方面体现新闻事件在时间上的线性连续关系，另一方面也体现事件在思维中的发展性关系。

5. 系统思维方法

系统思维，简单来说就是对事情进行全面思考，不只就事论事。它是把想要达到的结果、实现该结果的过程、过程优化以及对未来的影响等一系列问题作为一个整体进行研究。系统思维不同于创造思维或形象思维等本能思维形态，它能极大地简化人们对事物的认知，给我们带来整体观。系统思维是一种逻辑抽象能力，也可以称为整体观、全局观。在运用系统思维方式的时候要特别注意系统思维的整体性、动态性和综合性的问题。

在电视新闻深度报道的采访中，运用系统思维方法需要创作主体对新闻现象进行整体性统筹，有时也是对电视新闻采访自身的一种反思。采访不仅仅是一个提问和回答的过程，其显现的目标也不仅仅是被采访者说出的答案。首先，深度报道的采访是一个动态的过程，这个过程体现采访者的主体参与性、主体的个性；其次，采访是采访者与被采访者关系的一种综合显现，这种关系直接影响了受众对信息的认知；最后，采访是一种情绪与观念的呈现，是通过人际交往直观表达客观思维的一种有效形式。

（二）电视新闻深度报道采访的原则

电视新闻深度报道的采访需遵循以下原则：

1. 真实性原则

真实是新闻的生命，也是贯穿电视新闻深度报道采访的一根红线。坚持新闻的真实性，是记者的神圣职责。在电视新闻深度报道中始终以事实为依据并非一句简单的口号。由于客观事物具有种种复杂性，记者受自身认知能力的局限，以及采访过程中权力意志和各方利益博弈的影响，采访往往会偏离预定轨道，陷入主观失实或客观失实的泥潭。

在电视新闻深度报道的采访中，记者应该从两个方面把握真实性原则。第一，新闻报道中涉及的所有内容必须确有其事，所有事实要素必须真实。这就要求新闻记者在采访、收集新闻素材时，有辨别真伪的能力，通过经验和判断对大量的数据、言论或资料进行筛选。第二，新闻报道必须反映社会生活变化状况的本质。任何以偏概全的、断章取义的或者蓄意打击报复的报道都是在利用公权力，损害新闻媒体的整体形象。

真实性原则的另一内涵是准确。在实证主义科学中，数据的准确是结论正确的必要条件。新闻报道最终是真实的还是虚假的，虽然不由采访中各要素是否准确这一个条件决定，但是不准确的事实所推导出的结果一定是不真实的。我们知道，在科学实验中偶然性因素和错误数据也可能得出正确的结果，但其并不能作为科学结论的依据。

2. 平等性原则

从本质上说，新闻采访是一种具有双重主体的活动。记者固然是采访活动的重要主体，但是新闻采访活动的主体不应该仅仅是记者，还应该包括采访对象。离开了采访对象，采访就不可能获得成功，而且很多时候采访对象也会反客为主，为新闻报道提供更有价值的信息，因此，界定记者与采访对象的关系成为电视新闻深度报道必须面对的问题。

同时，新闻记者还肩负着信息传播者和文化传承者的社会角色，这些社会角色和职业角色的叠加，决定了新闻记者在面对公众时应该以何种姿态出现。他既不能是高高在上的“老大哥”，用审视一切的眼光窥探他人隐私，也不能是某一个阶级或阶层的利益代言人。他应该是独立于政治领域、经济领域和私人领域之外的公共领域的代言人，他通过专业技术优势，代行民众的知情权和批评权，将腐败丑行暴露在光天化日之下；维护社会良知和公共利益，并且始终以自由、民主、平等和正义为追求目标。

3. 情感性原则

乍一看，情感性原则似乎与新闻的真实性原则相矛盾。我们所说的情感性原则实际上是一种人文关怀立场和人道主义原则。在电视新闻深度报道中，人文关怀和人道主义多指媒体对人的生存状态和精神状态的关注，坚持以人为本的理念，倡导社会公正与平等，维护和尊重每一个人的权利和尊严，尤其是弱势群体的权利，切实关心、关注他们的生活环境和心理需求。

4. 合法性原则

合法性原则主要包括三个方面的含义：新闻记者采访权利的合法性、新闻报道程序的合法性和报道结果传播的合法性。新闻采访权是一种与公众知情权、舆论监督权密切相关的权利。我国目前虽然还没有专门的法律法规明文规定记者享有采访权，但新闻采访权被认为是源于宪法的自由和权利，不仅在习惯上、观念上得到了认可，在法理上也有一定的依据。在现实中，新闻采访权被侵害、采访权与其他权利发生冲突的事件屡见不鲜，保护新闻记者的合法采访权是建设社会主义法治和社会主义民主政治的有力保障，这一点不容忽视。

在我国的新闻实践中，新闻机构被看作是党政机关的延伸，记者有国家干部的身份，法律没有赋予新闻机构和记者强行采访的权力，但因记者强行采访而引起的法律纠纷却屡屡发生。实践中还存在新闻机构疏于管理，致使记者满天飞，甚至进行招摇撞骗的情况。新闻机构应当加强对记者队伍的管理，特别是对招聘记者、驻站记者的管理要逐步规范起来，严肃自己的职业形象。[①]

5. 戏剧性原则

戏剧性原则可以理解为故事化原则。美国普利策新闻奖得主富兰克林认为，新闻故事化是“采用对话、描写和场景设置等，细致入微地展现事件中的情节和细节，凸显事件隐含的能够让人产生兴奋、富有戏剧性的故事”[②]。美国著名新闻节目《60分钟》的制片人唐·休伊特这样描述他对新闻的理解：“我对新闻的理解是，从未听过的故事。《60分钟》所擅长的正是讲述这样的故事……我的好故事的标准是，晚上播出的节目成为第二天早上人们谈论的话题。”《60分钟》创造了电视新闻界的一个奇迹：坚持“硬新闻”的风格，却创造了类似娱乐节目的高收视率，获得了商业上的巨大成功，这在很大程度上归功于其故事化风格的叙事模式。

第二节　电视新闻深度报道采访的准备工作

电视新闻深度报道采访的准备，指记者在获得新闻采访的线索、确定报道选题之后，展开实际的采访活动之前要做的一系列工作。受新闻线索的详略和报道时效性的制约，采访准备的时间可长可短，但绝不是可有可无的。

一、背景资料的收集与准备

采访前准备工作可以从广义和狭义上来理解。广义的采访前准备包括记者全方位专业素养和人文素养的养成过程，记者应该具有较高的政治敏感和政策把握能力，深厚的文化知识储备和社会生活经验，优秀的思维品质和分析判断能力，强壮的体魄和过硬的心理素质等，这些素质是记者在长期的学习和工作实践中逐渐获得的。狭义的采访前准备是指记者在明确采访任务之后所做的特定阶段的准备工作。它类似于商业领域内的项目、教学活动中的备课、比赛开始前的热身，具有明确的目的性和时效性。下面我们着重从背景资料的意义、资料准备的最大化原则和专业知识的价值角度来理解电视新闻深度报道采访的准备。

（一）背景资料的意义

背景资料涵盖的范围相当广泛，常常包含过去和现在的各种信息。深度报道

---

① 阚敬侠. 略论新闻报道程序、方法和语言的合法性［J］. 新闻战线，2001（7）：35-36.

② 韩振亮. 故事化电视新闻报道的注意事项［J］. 新闻传播，2009（7）：94.

与常规报道的最大区别体现在采访的难度上。根据深度报道的侧重点不同，背景资料一般具有以下几种意义：

1. 串联事件线索，还原事实真相

一个新闻事件往往包含着核心人物和相关人物、发生时间和影响周期、发生地点和辐射范围、原因和结果、利益冲突和价值冲突等诸多因素，较大的新闻事件中可能还会包含政治力量、国际关系、宗教和民族问题等，构成事件各要素之间的关系、地位、意义和价值是不同的，有的重要些，有的次要些。事件的核心价值是“变化”，一个不变的事件是不会引起人们关心的。

2. 丰富人物性格，突出典型人物

人物是新闻事件的核心，所有的叙事都是围绕人物展开的。每个新闻事件中的人物都有其特殊性和典型性。新闻事件中的人物不是单一的、平面的和静止的，往往是各种矛盾的焦点。新闻故事受讲述时间的限制，如何在有限的时间内展现丰富立体的人物成为电视新闻深度报道的一个困局。简单地说，展示人物一般有两种途径，直接展示和间接展示。直接展示往往通过人物当下的语言、行为表现；间接展示则通过人物的历史活动、他人评价来表现。人类的语言和行为都具有可追溯性，留下了很多痕迹。记者通过对采访对象相关资料的收集和整理，使全面立体地展示人物成为可能。

3. 适时释疑解惑，强化媒介功能

传播学者莱特认为大众媒介的一个重要功能是：解释与规定。大众传播并不是单纯的“告知”活动，而是伴随着对事件的解释，也提示人们该如何对事件进行反应。大众传播对新闻事件的选择、评论、评价都是将人们的注意力集中到特定的事件上，“解释与规定”功能是为了向特定方向引导和协调社会成员的行为。

4. 跳出时空局限，增强报道应变

虽然电视新闻深度报道的采访形式是多样的，但现场采访始终是最具电视特色和魅力的一种报道方式。它要求记者（主持人）自始至终在新闻现场采访和报道，是与新闻事件的发生和发展同步进行的。它使广大受众如临其境，如见其事，如闻其声。记者同受众一样对下面将要发生的事只可预料，不可先知，必须随时准备应付意外情景的发生。因此，记者在出镜报道前，应当充分准备背景资料，对涉及新闻事件的人物、场景、起因及相关的专业知识等做到胸有成竹，临阵不慌，以不变应万变。

5. 深化报道主题，突出新闻导向

在一个复杂的新闻事件中，最能反映事件主题和意义的矛盾，往往不是显现于外的。人们首先看到的通常是事件的结果。“冰冻三尺非一日之寒”，冰冻是结果，持续低温是原因，事物是经由量变的积累才能达到质变的。背景资料中往往包含着导致新闻报道价值转变的量变条件，背景资料的介绍可使受众建立起一个全面的参照体系，这个参照体系是受众判断的依据。受众的判断与创作主体的预期是否一致，标志着舆论导向是否成功。在这个意义上，由背景资料提供的参照体系直接影响了舆论引导功能的实现。

（二）资料准备的最大化原则

准备多少资料才能完成一次采访，这是一个蹩脚的问题，没有人能够给出准确的答案。西方学者和记者有一种说法，采访前准备要遵循“十比一”原则[①]。也就是说，如果最后的采访要进行 1 小时，那么记者就要做 10 小时的采访前准备，以此类推。很显然“十比一”原则并不是一个教条标准，而是对资料准备的形象化表述。

如果有人问：采访中哪些资料是必不可少的？哪些又是可有可无的？正确的回答是，具体情况具体分析。我们很难从量的角度给出一个简单的数据，同样也难以从质的方面给即将出发的记者一些建议。我们能做的只是告诉记者，尽可能地多准备。

准备和采访对象相关的各类信息。

了解和新闻事件相关的法律、政策、地方法规和行业惯例。

检索相关媒体对类似事件报道的材料。

准备必要的证据资料。

……

（三）专业知识的价值

在电视新闻深度报道的选题中，难免会涉及专业技术领域和一些专门技术人员。作为外行的记者面对内行的采访对象，常常会感到力不从心，甚至误读信息价值，错失采访时机。培养专家型记者，一直是学界和业界讨论的话题，至今没有定论。从媒体的实践来看，一些记者由于长期报道某一领域内的新闻，而逐步成长为跨界“专家”，如广播电视媒体上曝光率极高的财经栏目、体育栏目、军事栏目评论员，以及一些对教育、医疗卫生、国际关系、地区政治拥有发言权的节目特约嘉宾，他们当中很多人是编辑、记者出身。早在 1880 年，美国《纽约太阳报》采访

---

① 布雷迪. 采访技巧［M］. 范东生，王志兴，译. 北京：新华出版社，1986：48.

主任丹纳就曾经说过："记者必须是个全能的人，他所受的教育必须有广泛的基础，他知道的事情越多，他的工作路子就越广，一个无知之徒，永无前途。"①

美国《纽约时报》著名记者威廉·伦纳德·劳伦斯因报道原子弹而闻名于世，作为科技新闻的报道者，劳伦斯在1937年就获得了普利策新闻奖。之后他并没有故步自封，作为哈佛大学法学博士的他，敏锐地将自己的注意力转向了原子能、原子武器的研究和报道，后来他成为唯一了解有关原子弹一切细节的记者。他以记者的敏锐，全面而深入地进行了采访。1945年8月7日，一篇关于原子弹的多达十个版面的报道出现在《纽约时报》上，他也因此再获普利策新闻奖。

二、如何选择合适的采访对象

记者在采访活动的准备阶段，首先要做的就是初步确定采访对象。随着采访的进行，事件的线索和脉络逐渐清晰之后，会出现采访对象的迁移，原来没想到的人会出现，原来确定好的被访者不愿继续接受采访……如何与采访对象进行访前沟通，是记者的重要工作。很多成功电视新闻调查类节目是从记者打给采访对象的第一个电话开始的。

（一）采访对象确定的一般性原则

采访新闻事件的当事人、亲历者。从新闻报道的公正性和客观性出发，记者必须尽量采访到事件各方的当事人。"偏听则暗，兼听则明"，处于多重利益和矛盾焦点的当事人会对同一事件有截然不同的看法，让不同的声音"发声"是新闻报道真实、可信的保障。

采访对新闻事件结果负有责任的人。两个事件之间的相关性并不意味着它们之间存在某种必然的因果关系，比如跑得快的人和长得瘦的人、面相凶狠的人和内心凶残的人都没有必然的因果关系。因此，记者必须透过表面现象深入事件内部，找到真正的"牛鼻子"。在电视新闻深度报道采访中存在着大量舆论监督内容的报道，这些内容涉及制度建设、法律监管、权力滥用、渎职犯罪等各个方面。事件背后所反映的社会问题，有时候远远大于事件本身。这就要求新闻记者不但要从个体层面就事论事地采访和报道，还要从全局上把握采访对象。

采访权威。社会心理学研究表明，权威在说服公众意见或改变意见上比普通人有更大的效果。权威往往以某一专业领域内学识渊博者的形象被介绍给大家，

① 季宗绍.电视深度报道教程［M］.上海：复旦大学出版社，2008：123.

权威的发言是新闻信息可信度的重要组成部分。在新闻报道中，记者不是全知全能的人，为了能准确把握所报道事实的本质、挖掘事件的深刻内涵，更为了使报道的主题得到强化，求助专家是一个简单可行的好方法。

（二）中心人物原则

中心人物指那些在新闻报道中具有最大价值的人物，在一般情况下，他是新闻事件的当事人，也可能是新闻事件的相关者。采访活动中的中心人物串联着采访过程中的各个要素，牵一发而动全身。

中心人物身上往往承载着几种重要功能。首先，中心人物具有典型性特征；其次，中心人物的行动是推动新闻故事叙事前进的重要力量；再次，报道通过中心人物的语言、行动，展示人际传播的魅力；最后，中心人物使节目蕴含丰富的人文内涵。

（三）对采访对象的简单筛选

电视新闻深度报道采访对象的选择除受上述两个基本原则的影响外，还有一些需要注意的特殊要求。受电视传播声像同步、所录即所见传播特性的影响，它对采访对象的要求与报纸、杂志、广播等媒介略有不同。

第一，除非特殊需要，采访对象的形象要尽量不使人反感。

第二，从清晰度出发，采访对象应尽量使用普通话表达。

第三，采访对象要具有表情达意的语言能力（思维不混乱、语言有逻辑）。

第四，除非特殊需要，应尽量展示采访对象的身份。

三、拟定采访提纲

拟定采访提纲或制订采访计划是电视新闻深度报道采访准备阶段的最后一个环节，它是对整个采访过程的大体规划。制订采访计划要充分考虑各种因素，一份系统、高效的采访计划往往具有很强的可执行性。采访计划一般包含两部分内容：一是对前期工作的总结，包括明确采访意图、确定和联系采访对象、整理现有资料等。二是采访计划的主体，包括采访活动的时间安排、人员安排，采访的手段和方法，采访设备与录制要求，采访的主要问题和主次关系等。

（一）确定采访顺序和活动安排

首先要确定采访地点。采访地点要与新闻事件有内在的关联性，办公室、医院、学校操场、咖啡厅、行驶的火车上、灰暗的地下室、监狱的狭小房间……原则上任何地点都可以成为新闻采访的发生地。作为典型环境的采访地点往往具有其他环境所不具有的强烈视觉冲击力和情绪磁场（比如在医院里采访钟南山，在监狱里采访落马官员）。环境本身也会参与叙事，传播意识形态和态度。

（二）确定采访时间

采访时间具有双重属性。它首先指采访活动发生的现实时间，这个时间与我们真实生活的时间相重叠。其次指经过电视屏幕呈现出来的节目时间，它是抽象的、经过割裂和拼接的屏幕时间。受新闻时效性的影响，第一时间采访到新闻事件的当事人往往会获得独家和头条的传播优势，因此，电视新闻报道的记者往往具有较强的时间意识。抢新闻不仅适用于常规性的消息报道，在深度报道中也意义重大。一旦其他媒体获得了对重大新闻事件的独家采访权，再好的选题和策划也会失去意义。另外，电视节目播出的时间是对现实时间的浓缩和扭曲，采访的时间一般都长于播出时间，因此如何安排采访时间还应考虑节目时长和节目编排的需要。

（三）确认自我身份

新闻记者在采访中以什么样的姿态出现，很大程度上决定了节目的采访效果和传播效果。批评性报道、问责式采访的记者就一定要有居高临下、咄咄逼人的姿态吗？代表媒介正义与公众利益的自我认知有时候反而成了媒介暴力和舆论强权的化身，亲切温和、感同身受的低姿态有时候反而表现出一种伪人文关怀和道德优越感。记者的职业角色和社会角色经常会在身份确认上出现冲突，好的记者是应该以职业需要为身份出发点，以公共利益为价值诉求，不卑不亢、平等直视地面对采访对象。做到这一点，记者身上会有一层温润的光环，可以得到公众的信任，塑造媒体的威信。

（四）确定采访方式

采访方式又叫采访方法。电视新闻深度报道的采访方式按照不同的范畴可以分为三类：

第一，按照记者参与新闻事件的程度分为旁观式采访、参与式采访和体验式采访。

旁观式采访强调记者在采访时，始终保持旁观者、目击者的身份，不介入新闻事件中，更不因记者的采访活动而影响事件的发展。旁观式采访接近纪录片创作中的纪实。

参与式采访指记者以明确的职业身份“介入”、参与新闻事件，成为推动新闻事件发展的一员。近些年出现在各地方电视台的“帮忙”“调解”“维权”节目，就是典型的参与式采访。参与式采访既可以是积极赞扬的正面报道的采访方式，也可以是负面否定的批评报道的采访方式。

体验式采访又叫隐性采访，它与参与式采访最大的区别在于，体验式采访中记者是以职业身份之外的另一种社会身份甚至是虚假身份参与新闻报道的。体验式采访常常使用暗访、偷拍的手段获取新闻事实。

第二，按照采访者与被采访者的时空关系分为现场采访和非现场采访。

如果采访者与被采访者在同一时空内完成采访活动，我们称之为面对面采访或者现场采访。面对面采访是电视采访最重要的形式，也是其最擅长的表现方式。新闻记者与当事人或有关人士同时出现在画面中，构成封闭的话语空间，突出了电视采访的叙事功能。非面对面采访则包括电话采访、电子邮件采访、信件采访等，这种采访方式是新闻记者通用的传统采访手段。面对面采访的优势是“所得即所见”、信息传递直观、形象、具体、生动；人物的语言、表情、动作、着装等细节通过摄像镜头直接表达，真实性和信息的丰富性是无可替代的。面对面采访的另一个重要价值是，它将记者与被采访者的对抗和冲突直接呈现给受众，增强了新闻报道的戏剧性冲突和节目的可看性。非面对面采访方式常常因为是间接的、单一的（语言）、抽象的（文字）而需要受众在解码信息时进行大量的工作。

第三，按照技术手段可分为脱机采访和带机采访。

根据报道过程是否使用采录设备，采访可以分为带机采访和脱机采访。电视新闻深度报道的采访一般为记者出镜的带机采访，它对记者驾驭语言、把控现场有一定的要求。脱机采访更接近于纸质媒介的传统采访方式，录音、笔记是记录的主要手段。

第三节　电视新闻深度报道采访中的倾听与提问

严格意义上讲，电视新闻深度报道采访的过程包括数据收集、调查研究、摄录取材、采访提问等多个环节，在这些环节中最重要、最核心的因素无疑是对人的观察和访问。“人”既是事件的形式因也是目的因。离开了“人”，任何报道都将失去它的生命活力。记者与采访对象的沟通行为本质上是一种人际传播活动。人际传播按照传受双方的联系方式，可以分为直接传播和间接传播。直接传播主要是通过口头语言、类语言、体态语进行的信息交流。间接传播是指在现代社会里的各种传播媒体出现后，人际传播不再受距离的限制，可以通过各种传播媒体进行远距离交流，这就大大拓展了人际传播的范围。

一、采访中的倾听

新闻采访是问与听的互动，善问者首先必须是一个善听者。为什么把倾听放在这么重要的位置上？我们从倾听的功能上来思考一下。

（一）倾听是准确提问的前提

采访中的提问是受采访目的统摄的，但是被采访者的回答不是被动的，更不会有提问者所期待的标准答案。被采访者对记者的提问会进行广泛而详尽的阐述，也可能是松散、歪曲、片面的应付。被采访者的回答夹杂着大量的冗余信息、错误信息和无效信息，这给记者的进一步提问设置了不小的障碍。记者需要在大量的反馈信息中，抓住问题的关键、找准话题的核心，直击要害，解释主题。有的时候被采访者会故意制造语言的烟幕弹，用不相关的回答避开提问的锋芒，这个时候记者能否准确地发现被采访者的意图、目的，迅速调整自己的思路和提问显得至关重要。

（二）倾听是合理判断的依据

采访活动是在特定时间内完成的特定任务，虽然有些采访相对从容和自由，但就整体而言是有时间和效率要求的。对被采访者的回答，记者会进行适时的分析与判断，也会在后期加工时进行必要的取舍。在采访的过程中，记者往往要判断被采访者话语的真实性、准确性、全面性、动机和目的等因素，同时也要判断回答的价值量、敏感度、轰动性、采访内容是否适合播出、会有哪些影响等。记者的大脑在采访时并行加工多种信息，而这些信息的出发点就是被采访者的反应。口语交际表现出丰富的可能性，有些人善于运用比喻、类比、夸张等形象的语言表达自己的观点，表现出流利和健谈的原生口语风格。电视新闻类节目传播语言作为一种次生口语文化样本更接近于书面文化，它突出表现为文字的抽象性，发展的是人类思维的逻辑分析能力。如何从“色彩斑斓”的答案中，听出冷静的“纯色”，需要记者超强的分辨能力和理性的思维能力。

（三）倾听是思考的来源

在被采访者的回答中，有一类答案不是简单的事实陈述，而是观点和意见的表达，是被采访者思维活动的结果，往往以直言判断、联言判断、选言判断、假言判断、模态判断的形式出现，甚至表现为被采访者对记者的反问、质疑等形式。这个时候记者往往会本能地进入思考和回应模式，这种智力上的交锋是精彩访谈的必要条件。记者在采访中面对各行各业、具有各种专业背景和知识水平的对象，有些问题是被采访者清楚而记者不清楚的，有些知识则完全超出了记者理解的范畴，特别是在解释性报道的采访中，面对陌生的概念、定义和标准，记者能不能听明白、想清楚是采访顺畅推进的关键。采访的过程对记者来说也是学习的过程，适度遇挫或许会让受众觉得有趣味，完全遇挫则显得记者准备不足和水平有限。

（四）倾听是对被采访者的鼓励

不是所有的被采访者面对镜头都会习以为常，大多数电视新闻深度报道节目中的被采访者面对镜头都会有一个从抗拒、调整到适应的过程。这个过程有长有短，因人而异。如何让被采访者排除顾虑畅所欲言？一个被信任、被接受的倾听者是十分重要的。

在倾听时，记者应该调整自己的状态，做一些积极的准备。

注意力高度集中。没有听清对方说什么，或者把对方说过的内容遗忘了而重复提问，是记者的噩梦，也是对被采访者的不尊重。遇到强势的被采访者，这甚至可以成为采访天平倾斜的转折点。

尽量全面地倾听。这是一个老生常谈的问题，全面倾听与重点关注之间并不矛盾。全面倾听并不需要全面关注，或者平均用力。它是对记者从全局和宏观上把握采访的要求。一般情况下记者不应该在被采访者回答问题时，分心去准备下一个问题或者认为这段回答不重要，而意欲直接跳过。调查性报道中的全面，包含了让事件各方都有机会表达，让每一次表达都能充分展开。但实际情况是，记者尽量做到即可，并非金科玉律。

倾听要有耐心。耐心是倾听品质中比较核心的成分。面对记者，有人会知无不言，言无不尽；有人是胸有千言，口无片语；有人则是滔滔不绝，离题万里；有人揣着明白装糊涂；有人则歪曲事实，满嘴谎言。虽然耐心这种品质并非对谁都适用，但它是记者人文素养的重要组成部分。耐心不是迁就，也不是无奈，耐心是尊重，更是一种新闻理念。如果记者可以对紧张焦虑的被采访者有耐心，为什么不能对趾高气扬的被采访者同样有耐心呢？强势可以是任何个人的性格特征，但不应该是媒体的职业特点。近些年，群众对“媒体审判”的批评之声越来越多，就是有些记者平等意识缺失的结果。既然人人都有发言的权利，记者就应该耐心地对待每一个人。

二、采访中的提问

提问是采访中获取信息的主要手段，也是推动采访进行的主要动力。提问是记者和被采访者沟通的桥梁，离开这座桥梁采访活动既不能在人际交流中交换有效信息，也不能为大众传播活动提供有用素材。没有问与答的交锋，思想观念和意识形态也就无从表现，深度报道的“深度”便不能借助理性思维的参与而产生。同时，问与答是双向刺激—反应的过程。从记者角度，提问的目的是让被采访者开口讲话，讲真话、讲有用的话，借当事人之口揭示事件价值；从被采访者角度，同样对提问这一环节有多种心理预期和目的诉求。当提问者的利益和诉求与回答者一致时，采访往往会很顺利地进行，但同时可能缺乏兴趣点；当采访者明显站在被采访者对立面时，问与答的交锋则可能因为充斥着火药味而看点十足。面对不同的题材、不同的被采访者、不同的采访环境，采访中的提问具有无限的可能性。

（一）提问面临的挑战

每一次采访对记者来说都是一次挑战，有的挑战容易些，有的则是硬骨头。记者在采访时面对的提问环境也是波诡云谲变化万端的。概括起来，采访提问面临的主要挑战来自三个方面。

1. 采访选题千差万别

采访的选题涉及社会政治、经济、文化生活的各个方面。不同的选题，以典型价值代表着媒体对社会的认知和把握。记者作为采访活动的主体，要对复杂的采访内容、采访目的和采访主题有深刻的认识，但是人的知识是有限的，用有限的经验认识去面对无限丰富的生活，对任何新闻工作者来说都是一个挑战。所以，采访者只有不断地学习、观察、分析和思考，才能在采访中把握核心问题，提出高质量的问题。

2. 采访对象各具特色

有多少不同的新闻事件就有多少不同的新闻当事人，性别、年龄、职业、人生阅历、知识体系、认知水平、表达能力、心理素质……可以说，关于人的指标的复杂性是难以统计的。记者以一个相对稳定的个体身份去面对无限丰富的个体差异，其难度和挑战性不言而喻，所以，记者要始终以一个学习者的姿态倾听各种各样的表达，从中发现问题，进行有效提问。

3. 采访过程不可预期

采访过程既是有计划的，又是随机的。记者可以预测到采访中可能出现的一些问题，有针对性地制定详细的问题大纲，在笔记本上密密麻麻地罗列各种问题，但是思想碰撞产生的随机性和偶然性是不可预期的。一个问题会带出另一个问题，在通向终点的道路上有无数的岔路口，何去何从，如何取舍，恐怕是记者在采访提问中面临的第三个主要挑战。采访中的判断要有极高的效率，有价值的对话可能会淹没在语言的洪流之中，有经验的记者、思维高速运转的记者、聪明的记者往往会抓住转瞬即逝的灵光，提出高质量的问题。

（二）采访提问的一般原则

1. 提问围绕核心问题展开：目的统摄、价值统摄

记者提问是在充分准备的基础上展开的。在准备问题的过程中，除了要考虑问题的总量以外，还要筛选和提炼出关键问题、要害问题。在事物的矛盾关系中有主次之分，在因果关系中有内外因之分，事件发展过程中存在着量变、质变、直接、间接、对立、统一等逻辑关系。所谓关键和要害就是在事物内外部联系中，决定事物性质和发展方向的本质关系。记者在采访中如果能抓住主要矛盾，提出的问题就会有分量。关键问题、要害问题的选择是在目的意识和价值意识的指挥下完成的。

2. 提问要满足受众的好奇心：受众意识、传播意识

这里所指的受众的好奇心，并不是指对受众的猎奇心理、低级趣味的满足，而是要求记者养成一种受众意识、传播意识。记者采访的过程实际上是代表广大受众去认识社会、监视环境和获取知识的过程，受众最关心的问题也应该是记者最关心的问题，如果一个记者的提问，仅限于自己狭小的兴趣范围，或者少数群体的认知领域，那么这期选题、这期节目很难在大众传播的竞争环境下得到认可。重大的新闻事件，如非典疫情、汶川地震、马航航班失联、“7・23”甬温线特别重大铁路交通事故、房地产限购、北京冬奥会等，以其对老百姓日常生活影响的大小、远近、强弱来判断其核心价值，越是和受众接近的信息就越能引起受众的关注。

3. 提问要以被访采访者为出发点：提问要有人情味、道德出发点、法律出发点

因为经济地位、政治地位、社会地位的不同，更因为在新闻事件中所处的位

置不同，被访采访者会以各种心态和压力水平接受采访。这些压力有来自外部的，也有来自内部的；有道德成分，也有法律成分和经济成分；有些被访采访者甚至还面临着生命的威胁。面对异质的和多重身份叠加的被采访者，记者的提问要遵循基本的人道主义原则、道德宽容原则和法律底线原则。记者不是法官，没有权力在法律作出裁决之前对别人进行“媒体审判”；记者也不应有先天的优越感，站在道德的制高点上对被访采访者妄下结论。比较合适的做法是，记者以平等的心态面对不同群体中的不同受访对象，对“人”本身给予尊重，而不是对加于“人”之前的各种限定成分给予尊重，提问要有人情味。

（三）几种常用的提问方法

理论上讲，新闻采访提问的方法是多种多样的，提无常规、问无定法，因人而异、因事而异，但从新闻采访实践出发依然有些规律和常用的手段可供参考。例如，从提问的角度可分为正面提问、侧面提问、反面提问、迂回提问等，从记者的主观态度出发可分为求教式、启发式、温和式、激进式等，从心理策略上可分为诱导式、激将式、错问式、反诘式，从回答的预期上又可分为开放式和闭合式等。以下我们选取几种具有代表性的提问方式予以介绍。

1. 开放式提问

开放式提问指在访谈过程中采访者的问题没有明确的目标，对答案的预期是以模糊的状态呈现的，多从被采访者的情感、态度或者体验等方面进行切入。这种方法从形式上看起来很简单，有时仅仅是“您现在的感觉怎么样”“您对 ×× 事件有什么看法”等。也正是因为这种简单的形式，这类问题经常遭到受众的诟病。开放式提问需要选择性地满足一些前提条件：被采访者是舆论关注的焦点，相关事件具有高度的差异化特征。满足上述条件中的一点，一个开放式的提问就具备成功的可能性。

开放式问题适用于特殊的现场采访环境。很多体育新闻记者最喜欢使用开放式的提问，比赛结束之后“感觉怎样”是被提问频率非常高的问题。这种问题的指向性模糊，被采访者往往用“感觉很好、很兴奋”等话语敷衍，这对于当下的电视观众而言，显然无法令其满意。但这种问题依然常态地存在于电视采访中，是有原因的。

2014 年 CBA 总决赛的最后一分钟，北京队胜利已成定局。十几名记者未等比赛结束就冲向赛场，围住了北京队的核心球员马布里。在这种情况下，除了拍照以外，记者的问题很难引起马布里的注意，类似于“你在第二节的表现是教练的战术安排吗”这样事先设计的问题都会失去意义。因为复杂的环境使被采访者无法回答这种问题，于是简单开放式提问的正向作用就显现了出来。当时，记者的问题基本都是“你现在感受如何”，此时的马布里没有回答任何问题，只是蹲下身子双手掩面哭了起来。这样一个举动恰恰是对这个开放式提问的最好回答。

2. 闭合式提问

闭合式提问有着明确的细致的目的性，通常以事实信息为目标。这类提问多以舆论关注的热点事件为中心，而不是以焦点人物为中心；其提问的目的也是以事实信息为中心的，而不是以被采访者的态度情感为目标。闭合式的信息调查一般围绕焦点事件中受众的已知信息展开，是一种针对事件细节的调查手段。这种类型提问成功与否的关键在于，采访者是否能从复杂的新闻事件中找到最关键的信息点，通过这种点状信息在时空及主观意识层面挖掘出更多的新闻事实。

质询与追问。质询与追问是闭合式提问的一种，而且是其中目的性最强的一种。这类提问经常使用选择性的提问。一个必须注意的问题是，选择性的提问不能是孤立的，而必须是连续的。这种连续的选择性提问经常使用在具有调查性甚至是对抗性的提问中。同样，闭合式提问也受到采访环境的制约，新闻报道中的调查或者对抗的显现需要一个理性的传播环境。采访者的提问是对受众思维的引导，经常体现为对被采访者的一种质询。受众通过这种经过采访主体加工的信息的整合可以得出自己对新闻事件的看法。

诱导式提问。诱导式提问也是闭合式提问的一种形式。诱导式与质询式体现出交流状态上的差异。如果说质询式提问是一种激烈的论辩，那么诱导式提问就是和谐的聊天。需要说明的是，诱导式提问不是通过设置圈套、陷阱使被采访者说出采访者想要的话，更不是对被采访者话语的歪曲解读，这是有悖于新闻伦理的卑劣手段。诱导式提问的目标在于塑造一个自然的访谈环境，使被采访者能够自如地把自身的经历与情感娓娓道来，也使受众在一种轻松的视听环境中了解信息，获得某种情感经历。诱导式提问主要应用于对新闻人物的访谈，在突发新闻事件的采访中基本不使用该提问方法。

3. 组合式提问

组合式提问是开放式与闭合式相结合的一种形式。这种提问既需要采访者作出充分的准备，具有明确的信息目标；同时也要求采访者在访谈过程中随时针对新的信息提出新的问题。可以说，组合式提问是有准备的问题与随机问题相结合的访谈实践，是新闻采访技巧的综合体现。如果整体地审视一期电视新闻深度报道节目，其访谈的手段通常都是组合式的。尽管组合式提问是准备问题与随机问题的结合，但显现采访核心价值的却是随机性问题。

本章小结：

1. 深度报道与采访的关系主要有三个方面：采访是调查性报道不可或缺的手段；采访是解释概念、疑惑、误解的方法；采访是预测性报道素材的来源。

2. 电视新闻深度报道采访的准备工作受新闻线索的详略和报道时效性的制约，对采访准备工作有较高的要求。

3. 电视新闻深度报道采访，要采用倾听与提问相结合的方式。

关键术语：

1. 思维方法：是人们通过思维活动实现特定思维目的所凭借的途径、手段或办法，也就是思维过程中所运用的工具和手段。

2. 倾听与提问：采访过程中的一切信息和价值都必须围绕对采访对象的有效访谈和深度挖掘来实现，而是否善于提问和倾听是决定此类报道成败的关键。

思考与研讨题：

1. 以《新闻调查·职场性别歧视：偏见和忽视》为例，分析记者采访中情感性原则的运用。

2. 结合《新闻调查·哈尔滨天价医药费》节目，分析戏剧性原则在本期节目中的运用。

3. 综合运用本章知识，制定一份采访政协委员 ××× 的问题大纲。

4. 寻找一个具有深度报道价值的选题，结合本章学习内容，综合利用各种手段，拟定一份完整翔实的采访大纲、提问大纲，并带机完成节目的采访和拍摄，提交一期 40 分钟的电视新闻深度报道节目。

延伸阅读：

1. 季宗绍. 电视深度报道教程［M］. 上海：复旦大学出版社，2008.

2. 梅茨勒. 创造性的采访：第 3 版［M］. 李丽颖，译. 北京：中国人民大学出版社，2010.

第七章 电视新闻深度报道的编辑与评论

▶章节大纲：

1. 新媒体环境下，电视新闻深度报道编辑将深度与广度相互融合，对深度与速度做出取舍；

2. 新媒体语境下电视新闻深道报道编辑工作的变迁；

3. 新闻价值随着新闻评论的变化向社会价值延伸，进行舆论引导。

▶章节内容：

本章的难点在于如何将电视新闻深度报道的编辑、评论与新媒体特性相结合，新媒体环境下和电视新闻深度报道编辑、评论相关的理论解释。

第一节 电视新闻深度报道的编辑策略

长期以来电视处于大众传播时代媒介的核心位置，电视新闻也用多样的表达方式报道和记录着社会生活百态。随着新媒体时代的到来，电视新闻拥有了更多、更快的信息传播与接收渠道，但纷繁复杂的网络信息也增加了新闻编辑工作的难度，如何将电视新闻的深度与广度适当融合，对深度与速度做出取舍，成为新媒体环境下电视新闻编辑面临的难题，新媒体语境下的新闻编辑内涵也产生了嬗变。本章将试图解答新闻编辑所面临的困境，并阐述其在新媒体语境下的变化。

一、深度与广度的融合

新媒体语境下，电视新闻的编辑策略产生了变化。电视新闻使用视频、图像、声音等载体向公众传递新闻信息，纵向挖掘新闻线索，通过具象化、可视化的表达增加新闻的深度；大数据、云计算等新兴技术能够协助新闻工作者挖掘更多新闻线索，拓展新闻报道的广度。电视新闻想更好地适应新媒体时代的发展、持续吸引受众注意力，就要改变编辑策略，努力实现深度与广度的融合。

（一）深度与广度融合的必要性

新媒体时代的到来，使电视新闻深度报道受到了冲击。首先，在“人人都有麦克风”的时代，传受双方地位趋于平等，传统电视媒体对信息的采集和报道已不再具有特权，自媒体的崛起冲击了传统电视新闻行业的主力军地位。其次，新媒体即时、高效的特性，使新闻报道呈现出碎片化特征。注意力经济下，受众习惯在几秒钟之内得到事情的简单概述，而不是花费大量时间研究事件的发展过程，新媒体平台中的新闻也倾向于短篇幅、高信息量的呈现方式，深度报道难以长时间维持受众的注意力。最后，电视新闻深度报道由于播出时长的限制，每期节目所包含的信息量较小，新闻的广度明显落后于新媒体；加之电视新闻节目后期的采集、加工、制作等环节也使电视新闻的播出时间与新闻事件的发生存在一定距离，因此，时效性上也没有明显优势。

电视新闻深度报道通过编辑策略将深度与广度进行融合已势在必行。只有借助新媒体的力量，综合社会各行各业的新闻，为受众提供真实、丰富的新闻消息，不断加大电视新闻深度报道的广度，才能发挥新闻媒体耳目喉舌的功能，将党的理论政策、路线方针与人民群众相结合，主动适应时代发展潮流，避免不被淘汰；通过融合电视新闻报道的深度和广度，推动新的叙事方式不断向前发展，电视新闻深度报道才能重回高地。

（二）新媒体环境下深度与广度融合的可行性

新媒体时代，信息的获取与接收渠道被互联网技术所渗透，媒介技术的发展催生出了新的媒介形式，也启发了电视新闻节目的报道形式。广播电视新闻工作者应逐渐探索编辑策略及手段的改革之路，保证报道获得更多受众的青睐，新媒体技术的发展显然为电视新闻深度与广度的融合提供了更多可能。

1. 技术赋权下采编对象的平民化趋势

电视新闻深度报道一般都是对焦点和热点事件进行深入的剖析与报道，并在报道中关注群众身边的事，凸显人文关怀，为群众释疑解惑、排忧解难。技术赋权之下，多人实时信息的发布与交流成为可能，个人的信息主体地位被强化，民生新闻崛起。传统的广播电视得以突破以往采编对象的局限性，针对受众发现的新闻线索和民生关注的焦点进行采访与编辑，获取更多新闻素材。在接收端，广播电视新闻的采编对象进一步扩大，一切拥有手机移动终端的对象都可以成为广播电视新闻的受众，当广播电视新闻报道与呈现民生新闻时，受众更容易产生共鸣。在此过程中，电视新闻深度报道无形中拓展了新闻的广度，使传播内容更加贴近受众，反映社会生活的各个方面，并以客观的方式对事件进行全面立体的报道，提出有建设性的解决方案或思路，实现深度与广度的融合。

2. 编辑制作的多元与多样化

不断发展的媒介技术也帮助新闻工作者实现了电视新闻深度报道的多元传播与多样呈现。首先，在新闻传播的途径上，新媒体技术打破了传统电视媒体单纯依靠电视媒介的传播模式，手机移动终端、计算机、社交媒体甚至自媒体等也可完成电视新闻深度报道内容的传递，将深度的信息通过受众易得、易接收的传播途径进行有效传递，且受众能够在接收信息后即时给予反馈，促进了新闻工作者与受众间的沟通交流。其次，媒介技术能够协助采编人员以灵活、可视化的方式呈现深度内容，改变以往以图像、音频、文字为主的传播方式，提高采编效率，完成信息的有效传达。在此过程中，电视新闻的深度内容也能够在关切到广泛问题的同时，降低深度内容的接收门槛，获得更好的传播效果。

3. 计算机技术兼顾深度与广度

大数据、云计算等技术能够协助新闻工作者在新闻编辑的环节更好地兼顾报道的深度与广度。以“清博舆情”“人民众云”为代表的舆情监测与分析平台，通过大数据技术实时监测与跟踪新生舆情热点，并利用云计算为其赋值，评估舆情影响力，这些可以作为新闻工作者深度报道采写编评的依据。计算机技术可以完成人类无法完成的广泛而巨大的数据采集与分析工作，密切关注各个领域的新闻事件，并深入挖掘新闻事件的来龙去脉，为包括电视新闻报道在内的各类新闻报道提供兼具深度与广度的新闻信息。电视新闻深度报道可将计算机技术的应用作为编辑策略中重要的一部分，使其在深度报道选题、采访、编辑、报道的过程中实现深度与广度的平衡与融合。

（三）新闻编辑如何融合深度与广度

新媒体时代，广播电视新闻已不再是信息传播的主导，自媒体的蓬勃发展拓宽了人们获取外部信息的渠道，新闻传播领域呈现多元主体动态竞争的发展态势。在激烈的市场竞争中，电视新闻深度报道要吸引受众，就需不断提升自己的竞争力，打破传统、改进技术、创新技巧，通过编辑策略的优化升级打造广播电视行业全新的发展局面。

1. 编辑环节加强融合，提高竞争力

传统电视新闻深度报道的编辑模式是由记者深入基层，采集和深入挖掘新闻事件后，再经过写作、编辑、校正、后期制作及主持人的播报与讲解向受众呈现真实客观的报道内容。在新媒体环境下，电视新闻编辑人员应积极顺应时代发展潮流，巧妙运用互联网思维，使广播电视平台与网络新闻平台建立密切的关联，相互促进与融合；借助网络新闻平台扩大新闻报道的广度，及时关注各领域受众的需求，抢占先机；同时发挥电视新闻深度报道的优势，深挖线索、还原事实真相，严谨准确地为受众提供小而精的新闻报道，保持电视新闻深度报道的高质量与高水准。电视新闻深度报道的编辑人员也可以借鉴传统媒体的融合经验，积极开展新媒体的转型升级。

2. 编辑技巧优化升级

新媒体的平民话语方式、生动活泼的表现形式得到了受众的青睐，面对新媒体的冲击与挑战，电视新闻编辑需灵活编排、提升技巧，制作出新颖深刻的节目。

第一，在播报形式上，可以采用灵活的点评、讲故事的方式，将深度内容化繁为简，深入浅出地向受众讲解事件背后的故事，突破传统的单纯播报模式，降低受众接收信息的门槛。

第二，在编辑方式上，应根据新闻素材的内容，采用适宜的编辑方式。涉及时事政治的深度报道，就应严谨准确、立场鲜明，保证严肃性与权威性；涉及社会性事件的深度报道，就应揭露事实、消除疑虑、反应迅速、客观冷静，积极进行舆论引导；涉及民生的深度报道，就应清晰阐述、严密论证，突出民生关怀与群众视角，实现深度报道的社会功效。同时，要避免泛泛而谈，避免套路化、模板化。

第三，在节目呈现上，应注重融合互联网新兴技术，创新呈现方式。一方面要注重视频、图片等呈现方式的应用效果，生动直观地呈现新闻内容；另一方面可运用大数据、云计算、人工智能等技术生成如词云图、可视动画等新媒体时代特有的呈现方式，将各方面、各平台的新闻素材进行整合，以直观的方式呈现有深度、有广度的内容。

第四，在编辑角度上，要综合考量新闻内容的社会影响力、新闻价值等要素，选取适宜的编辑与制作角度，突出电视新闻深度报道的独特价值，区别于其他新闻作品，增强自身的吸引力与竞争力。

二、深度与速度的取舍

新媒体时代，受众希望通过使用媒介来改变信息不对称的情况，满足自身对于信息的需求，获得安全感与信息主动权，因此，新媒体环境下诞生的门户网站、微博、微信等新兴媒介形式都在不断地追求新闻的时效性甚至实时性。而电视新闻深度报道为了更好地体现节目的深层次思考，往往需要耗费大量时间进行调查研究，故而在内容生产的时效性上落后于新媒体，这就给电视新闻深度报道带来了危险与挑战。在此情况下，电视新闻深度报道要想维持原有的影响力与品牌效应，就必须做好深度与速度的取舍。

（一）深度与速度取舍的标准

1. 符合新闻价值的要求

面对市场的竞争压力，电视新闻深度报道应明确自身在市场中的定位，对于不同类型新闻的价值作出判断与分析，区分出不同新闻报道深度与速度的优先级，取舍有度，明确报道的具体方向。新闻价值包括：

时新性。事件是新近发生的，且尚未引起大众关注的，即时间近、内容新。事件发生离公开报道的时间越短，新闻价值就越高。

重要性。事件和当前社会生活以及广大群众的切身利益有密切关系，势必引起人们的关心。与人们关系越密切，关联程度越深，新闻价值就越高。

接近性。其一是地理上接近。公众首先要知道自己周围发生的事情，因为本地发生的事情，与他们有更直接的关系。其二是心理上接近。有些事情虽然发生在远方，但由于在经济、文化、人事等方面和自身有密切关联，因而也会引起公众感情上、心理上的共鸣。

显著性。名人、胜地和著名团体、单位的动态往往更为世人所瞩目。

趣味性。即通常所说的奇事趣闻，或者富有人情味和高尚的生活情趣等的事件，更容易引起人们的共鸣。

任何一个事件，只要具备了时新性和其他任何一性，就有成为新闻的可能，就可供新闻单位选用。一个事件所具备的这些素质越多，其新闻价值就越高，就越能引起受众的兴趣。

此外，对于追求政治利益的报社、电台、电视台，经过新闻价值筛选的事实还要再经过宣传价值的筛选。宣传价值就是事实本身所包含的有利于传播者、能够证明和说明传播者主张的素质。宣传价值的素质包含五个方面：

一致性。不违背新闻媒介所持的政治主张、价值标准。

针对性。针对社会上的各种猜测、怀疑、歪曲、流言，选择事实进行有的放矢的宣传。针对性越强，宣传价值越大。

普遍性。事实中所包含的思想观点对广大受众具有普遍的教育意义、指导作用，从而能引起人们广泛的关注，启发人们去思考。

典型性。事实不但要和传播者想说的思想观点相一致，而且能够有力地说明观点，所选用的事例能使人口服心服。

时宜性。有些新闻只有选择适当的时机播出，才能收到更大的宣传效益，避免引起不必要的思想混乱。

电视新闻深度报道在进行深度与速度的取舍时，应遵守新闻价值，及时回应社会舆论最关注的、最重要的议题。当新闻报道速度占据优先级时，可借助栏目的新媒体账号对事件进行持续跟进，逐渐深入挖掘线索，尽快推出节目，保证新闻报道的时新性与重要性；当新闻报道深度占据优先级时，应充分考虑栏目的政治主张与价值标准，回应受众关注的焦点，保证新闻报道的显著性、接近性与趣味性。当然，在深度与速度的取舍中，也要注意不能走向单纯追求深度或速度的极端，不能盲目追求刷屏式的报道，而要经过权威渠道的交叉验证，保证报道的真实性与客观性，由此彰显电视新闻深度报道的公信力与权威性。

2. 符合媒体最佳资源配置

对于深度与速度的取舍，应当追求最优化原则，对于新闻信息的筛选、策划、报道，应当符合媒体的最佳资源配置。不同类型的媒体资源配置具有不同的特性，其质量高低、数量多寡、层次深浅、范围大小、技术好坏都有区别，电视新闻深度报道不同于门户网站、新媒体平台等的报道，在数据获得、传播速度等方面都具有局限性，难以高速处理海量数据并分析挖掘其背后的新闻线索，因此在针对深度与速度取舍的编辑策略中，应充分考虑媒体资源配置的最大化。

电视新闻深度报道体现事件的“事实与可能”，其作用应该是信息集成与事件预测。要想做出优质的电视新闻深度报道节目，首先要对报道选题的筛选因地制宜，对所拥有的资源具有清醒的认知，人尽其用、物尽其用，让信息资源、团队建构、受众注意力都发挥最大功效，让物质、资金、环境集成与整合，发掘资源最佳配置，激发电视新闻深度报道的核心竞争力。其次要保证信息的质量，在追求信息时效的同时，兼具即时性与共时性、表面性与本质性，不仅呈现事件全貌，也要深挖事件本质，呈现未来发展趋势。最后要确保报道深度与速度的取舍得当，信息的广度、速度、深度最优化，避免资源浪费、缺少创新的情况，要将取舍过后的信息传递给目标受众，在吸引受众注意力的同时引发受众的思考，满足其深层次的信息需求。

3. 符合媒体定位与特色

新媒体技术建立了全新的信息传输与建构模式，开拓了新的人类文明。信息传播的方式转向了提供“人际传播”“集体参与”“信息搜寻”的新媒体平台，媒介的涵化作用使人们转向追求知识的多元化，新的文化形态出现，人类与机器相互连接，在这样的文化生态中，传统媒介与新兴媒介对于有限的受众市场竞争更加激烈。新媒体为人类带来了社会的民主化与多元化，中央控制型的“一对多”传播模式已经成为过去式，取而代之的是注重个性化的“一对一”传播模式。个体不仅是信息的享有者、消费者，也是信息的生产者、制造者，在信息生产大于信息需要的新媒体时代，没有特色与个性的媒体必将失去受众，难以获得生存与发展的空间。

（二）深度与速度取舍的策略

1. 内容为王，思维至上

电视新闻深度报道虽然注重新闻性，有时效的要求，但其优势并不在于时效性，只有优质、高效、有深度的内容才是电视新闻深度报道的核心竞争力。“特许的内容生产权——基于传统介质的分销与传播”，是传统电视媒体价值链的重要环节。在新媒体时代，移动终端的普及赋予了受众内容生产权，移动端逐步蚕食传统电视媒体的发声渠道，但信息的碎片化与信息的实时传播却难以保证新闻的真实性，采访权利、品牌背书、公共信用、专业素养等依旧是传统电视新闻深度报道的王牌。

电视新闻深度报道在思维方面具有无可比拟的优势，但也应在保证深度的基础上满足受众的微观需求。在编辑节目时，应在海量资讯中挑选出符合媒体定位与受众需求的内容，对新闻事件进行独到的解读，采用故事化的叙事方法使深度报道摆脱严肃、枯燥的惯性，吸取新媒体的新理念、新认识为传统媒体补短板，保持新闻内容采集渠道的优势，借用新媒体的渠道平台，以内容为王，发挥自身的深度和理性优势。

2. 提高速度，保证时效

在新媒体环境下，不可否认的是，时效性大大影响着电视新闻深度报道的传播效果。与其他媒体不同，电视新闻深度报道需要在内容生产上耗费大量准备时间。电视新闻深度报道应尽量提高内容生产的时效性，遇到重大事件时，多组人马同时运作，协同生产，努力改变在制作周期上的不足。

抢时效不仅是内容生产的要求，也是电视媒体顺应时代、留存受众的要求。信息的时效性要求电视新闻团队积极培养全能人才，新闻从业者需集不同的媒介采制技能于一身，可以独立完成文字、图片、声音、视频等的采编工作，注重新媒体、社会化媒体的交融与合作，借助其力量完成新闻报道，保证报道的高效生产。

三、新媒体语境下的新闻编辑

新媒体时代，新闻编辑技术的发展日新月异，新闻编辑的团队建构、职业素养与伦理道德也随着新媒体的发展而产生了新的特点，新媒体信息的海量性对新闻编辑的内容创作与整合提出了新的要求。因此，分析和把握新媒体环境下新闻编辑的新特点和新规律成为广大新闻编辑面临的新课题。

（一）新闻编辑工作的特点、职能

新媒体环境下，新闻编辑工作的演变与网络技术的发展同步，并受制于技术的发展。新媒体的传播模式每时每刻都在对新闻编辑工作产生影响，要想取得更好的传播效果，新闻编辑应当结合新媒体传播的特点，不断与时俱进。

新媒体环境下新闻编辑工作的特点如下：

第一，多媒体编辑。新媒体环境下新闻编辑工作的特点之一就是网络媒体与多媒体编辑技术的应用，即利用计算机将新闻信息以文字、图片、视频、动画等形式整合在新闻报道中，展示出不同媒体的形态。在媒体形态融合的技术手段上，主要包括音频技术（采样、合成、语音识别）、视频技术（视频后期处理、特效制作）、图像技术（图像处理、动态生成）等。新闻编辑技术的演进在一定程度上改变了受众获取信息的方式，提高了受众的信息获取效率，将新闻信息以更加直观生动的方式呈现给受众。对于新闻编辑人员来说，只有不断学习，掌握新兴的多媒体编辑技术，才能更好地服务受众，创造出优质内容。

第二，时效性编辑。在新媒体环境下，借助互联网进行的信息传播几乎达到了实时的程度，新闻编辑要保证新闻报道具有时效性，就应及时关注最新信息，发现新闻线索，并确保以最快的速度开展策划编辑工作。互联网的开放性也为信息的检索与筛选提供了便利，新闻素材的获取可以借助互联网的力量，打破时空界限，节省了采访奔波的时间，大大缩短了新闻编辑的时间。

第三，整合性编辑。整合是指对新闻信息进行加工重组，使之完成整体优化，达到 1+1 ＞ 2 的效果；整合不仅仅是对新闻信息的聚合呈现，更是通过跟踪报道、编辑评论等方式实现内容的增值，形成新闻报道的独特性。整合性编辑可以协助电视新闻深度报道分析不同媒体的差异化报道，从不同的维度获得报道的广度，通过多渠道的展示保证信息发布的平等，使报道更加真实、客观、有深度；整合性编辑还能够帮助电视新闻深度报道充分发挥专业优势，以独特、有见解的报道增强栏目的品牌效应，吸引受众注意力，在激烈的市场竞争中找到属于自己的独特位置。

在新媒体环境下，新闻编辑的职能如下：

第一，把关人的职能。美国社会心理学家卢因于《生态心理学》（1943）和《群体生活的渠道》（1947）中提出了“把关人”的概念。把关指传播者对信息的筛选与过滤，把关人指对信息进行过滤和加工的人或组织，控制信息的流量和流向，产生受众的拟态环境。把关可以减少信息冗余或信息丢失。1950 年，怀特将它引入新闻研究，明确提出了新闻传播过程中的把关机制。后来麦克内利、巴斯等又对之进行了发展和完善。

虽然在新媒体环境下把关人权利逐渐下放，网络中的意见领袖也可以作为把关人进行信息传递，受众甚至可以进行“自我把关”，但是受过职业训练、具备职业操守的“职业把关人”依然具有极高的把关效率与把关质量。因此，新闻编辑仍然具有把关人的职能，将筛选与过滤后的信息以整合的形式报道给受众。

第二，舆论引导的职能。在新媒体环境下，舆论环境发生了巨大的变化。信息借助新媒体实现了高速传播，信息的交互更加频繁，信息形态多种多样，信息的流动呈现无序性，舆论的主体分化，舆论引导格局也随之发生了巨变。作为信息资源与传播行为的所有者，新媒体异军突起，新闻编辑要想实现舆论引导的职能，就必须掌握新媒体的使用能力，并借助新媒体的力量达到舆论引导的目的。

对于新闻编辑来说，要努力成为思想和观点的源头，不能仅局限于信息传播，在对新闻事实进行聚合与概括的同时，还应提供给受众关于事件的分析与解读。舆论引导不能仅体现在语言表达上，而是要贯穿整个新闻编辑工作。

第三，策划与组织的职能。新媒体环境为新闻编辑实施策划与组织提供了可能。要想在众多新闻媒体中脱颖而出，就需要建立品牌效应，为受众提供独特的产品和多样化的服务。新闻编辑应在策划创新的过程中，通过对新闻的总体策划，运用文字、图片、视频等现代技术手段，全方位、多层次地展现新闻事件，拓展报道的深度与广度。在新闻报道中，新闻编辑通过对节目的策划与设计，首先能够实现对报道内容的协调，包括协调各部分内容的采集与分类工作等，其次能够实现多样化的报道，对不同的信息采用不同的报道形式，如新闻专题、追踪报道等，满足受众对信息的深度需求。在策划与组织的过程中，一期期高质量的报道呈现在受众眼前，电视新闻深度报道栏目也因此牢牢抓住目标受众，形成稳定的受众群体。

（二）新闻编辑原则、新闻编辑的素养与伦理

新闻编辑原则是指编辑主体与客体在交互过程中贯穿始终的分析问题、解决问题的根本性原则。新闻编辑的素养与伦理是新闻编辑在长期职业实践中形成的行为规范与准则。

在新媒体环境下，新闻编辑原则如下：

第一，受众需求原则。电视新闻深度报道要想在激烈的市场竞争中取得长远发展，就必须切实了解目标受众的需求，从受众需求的角度出发，进行新闻报道的策划与编辑。对于电视新闻深度报道来说，编辑人员要在报道前充分了解受众心理，把握受众共有需求及特殊需求，如年龄、职业差异等对节目的不同需求，推出普通大众可以接受的深度报道，获取最佳传播效果。

第二，市场导向原则。任何媒体要保证生存与长远发展，都需要争取最大的社会效益与最优的经济效益。编辑工作也属于一种追求经济效益的谋利行为。与普通交易行为不同的是，新闻报道所提供的产品是信息，信息作为一种特殊商品，通过传播与流通实现其价值；与此同时，媒体也通过信息的传播获得了收益。在新媒体语境下，新闻编辑应密切关注市场动向，社会需要什么样的信息，媒体就为之提供什么样的信息服务，遵循编辑工作的市场导向原则，才能科学判断市场走向，实现媒体的长远发展。

第三，文化选择原则。新媒体时代的到来改变了社会文化范式，开启了全新的文化时代。原有的文化传播形态被打破，非线性、超链接、实时性的传播模式正暗示着一个新的文化时代的到来。作为电视新闻深度报道的编辑，在编辑工作中应遵循以人文本的文化原则，引导大众潜移默化地接受先进文化，崇尚美德，树立正确的价值观。在新闻报道中，要适当树立典型，发挥先进榜样的模范作用，

弘扬中国特色社会主义核心价值观，引导受众共建美好精神家园。

在新媒体环境下，新闻编辑的素养与伦理如下：

第一，政治素养。新闻传播活动作为人类特有的一种有意识的社会性的信息传播活动，始终存在观点的表达、是非的把握、好恶的取舍，离不开一定的价值取向，离不开特定的思想理论指导，反映着利益诉求，体现着政治立场。在我国的媒介环境中，新闻媒体应当具有高度的政治敏锐性，新闻编辑应在编辑工作中用正确、科学的实践观指导工作，深刻领悟党和政府的方针政策，在海量的新闻信息和多元的思想文化交织中保持坚定的政治立场。

第二，科学技术素养。新闻编辑要不断学习新的技术，努力成为复合型人才。首先是借助技术改进新闻编排手段，延伸新闻传播的价值链条，在新闻事实报道的基础之上，运用多样的表现形式，为受众提供优质且有深度的信息服务。其次是提高信息处理能力，恰当地选择各种信息工具，对信息进行采集、加工与发布。

第三，自律与他律。新闻编辑的自律是指从职业道德与职业素养入手，践行职业道德与素养的要求，将自律行为外化为自觉端正的新闻传播行为。首先，新闻编辑要将新闻职业道德内化成新闻道德规范，严防职业倦怠与利益诱惑；其次，新闻编辑要将正确的职业道德观外化成为从事新闻编辑工作的具体活动，让主观意识支配客观行为，不断完善自我。新闻编辑的他律相对于自律而言，包括外界的行业法规与要求、媒体机制与制度、国家法律法规、社会的监督和评价等。与自律相比，他律在外界的约束与规范下更加可靠，因此，有必要以科学创新的方式制定相关的他律规则，不断提升新闻编辑的道德水平。

第二节　电视新闻深度报道的评论边界

新媒体的快速发展使传播格局与舆论生态产生了深刻的变化，新闻评论能够使新闻媒体在快速报道新闻事实的同时，表达观点，引导舆论。在新媒体环境下，电视新闻评论的边界在话语和价值等方面发生了巨大变化，电视新闻媒体在融合媒体话语与网民话语的同时，做到新闻价值向社会价值的延伸，得以在多元主体、多元价值的传播格局中实现舆论监督与舆论引导。

一、媒体话语与网民话语的辩证

新闻媒体通过对话语的制造与传播，生产与传播着意义，不断创造社会现实，产生新的权力机制，因此，话语代表着一种复杂的权力关系。针对电视媒体的研究，能够体现复杂的主体在社会不同领域的权力结构，并在传播的过程中完成各主体间的对话。电视新闻深度报道中的评论，在一定程度上能够反映并沟通多元主体的立场、态度，使其在公开与平等的机制下交流、对话、竞争、共生。

（一）媒体话语的特点

以视觉认知为主要传播诉求的电视媒体降低了接收者的准入门槛，让更多的人通过电视接收和认知信息，从而使主流的声音传达和话语引导更加高效。在电视新闻评论中，新闻媒体作为节目的策划和制作者，将国家、精英、大众的话语系统相融合，使其在媒体的公共领域中相互碰撞，在此过程中形成了属于媒体的独特话语体系。

媒体话语的特点如下：

1. 宣传主流立场，引导主流价值

电视新闻媒体作为国家所有、国家经营的事业单位，是党、政府、人民三位一体的耳目喉舌。在新媒体时代的众声喧哗中，传统电视新闻评论的核心竞争力应以思想与观点制胜，向社会传递主流价值，发出最强音、占据制高点，用高质量的主流观点在重大新闻事件中及时发声，传递权威与主流的声音。电视新闻评论在政治上、思想上和组织上都同党中央保持一致，借助新闻评论，用主流思想吸引人、感染人、影响人，把党的方针政策变为人民群众的自觉行动，做到科学性和革命性的统一、党性和人民性的统一，不断增强政治意识、大局意识、核心意识、看齐意识。

2. 坚持问题导向，关注群众需求

《人民日报》原副总编卢新宁在2018年党报评论融合发展论坛上对新闻评论的功能做出界定，认为“宣传思想工作是做人的工作的，评论更是要直接与读者对话、引导受众思考、进行有效说服，自觉承担起新形势下宣传思想工作使命任务，做到‘统一思想、凝聚力量’，评论必须发挥关键作用”①。电视新闻评论从大众关注的问题入手，注重寻找符合基层百姓需求的评论视角，用观点引导舆情发展，切实解决现实问题，在尊重事实的前提下提出观点与建议，发挥新闻媒体的建设性作用。

---

① 人民日报：提升“四力”，让主流声音更响亮——2018党报评论融合发展论坛综述［EB/OL］.（2018-08-31）［2022-03-02］. http：//opinion.people.com.cn/nl/2018/0831/c1003-30262343.html.

3. 开展协商批判，实施舆论监督

电视新闻媒体在进行新闻评论时，对社会问题所进行的是一种协商式的舆论批判，是以推动社会治理进步为目标的批判。电视新闻评论是一种精英语态之下的知识分子的话语空间，有理想的媒体人通过对社会现象的揭露和对新闻事件的评论，保障社会公众知情权，推动社会理性的形成。电视新闻媒体在协商式的批判过程中，起到舆论监督的作用，电视新闻评论中的许多稿件是针对社会不良风气、贪污腐败现象等进行批判的，对扶正祛邪、改进工作具有积极的作用。

（二）网民话语的特点

随着移动互联网技术的广泛应用，社会化媒体的出现改变了信息传播与接收的形式，网民话语通过自媒体等传播渠道进入传播过程，介入电视评论话语体系，推动传统电视新闻评论视角呈现出多样性的观察视角。基于网民话语的评论与媒体话语共同构建了新媒体环境下电视新闻深度报道的话语体系，承担起社会环境监控、舆论监督等话语责任。

网民话语的特点如下：

1. 技术赋权下的多元视角与立场

新兴媒介技术突破信息传播的身份界限与时空阻隔，任何人都有可能成为信息的发布者，网民的广泛参与为新闻事件和新闻评论的呈现带来了不同的视角和不同的观点。在一些突发事件中，网民或自媒体的信息内容可以协助电视记者的报道，形成一种全民皆是记者的即时传播态势，保证新闻传播的真实性和时效性。网民的话语能够从不同的视角反映民意，在社会化媒体中，“人人是记者”“人人是评论员”使新闻事件多角度呈现，网民个体表达的汇流达到了拉扎斯菲尔德所说的“环境监测”的效果，使得舆论监督走向全民化，新闻媒体及政务机构的“公众服务”有了新的途径。

2. 草根文化下非理性的娱乐至死

媒介技术的发展使网民的话语整体呈现为一个相对自由的话语表达空间，网络的匿名性和传播主体的广泛性使观点表达的约束感下降，话语表达的可控性降低、信息发布的随意性提高，网民话语呈现非理性的特点。根植于社会大众的网民话语具有草根性，网民不再是被动接收媒体信息的“沉默的大多数”，与新闻媒体的精英话语体系不同的是，网民话语更加追求娱乐化、偏激化、非理性的观点表达，容易出现意见表达的低俗与过激。

3. 后真相时代的舆论反转与舆论审判

新媒体技术满足了公众在传统媒体时代无法实现的信息传播、意见表达与社交需求，在圈层化的传播模式下，圈层成员的观点表达逐渐固化，网络社群中的成员可能生活在信息孤岛中，不断被社群中的信息强化偏见，加剧“后真相”的产生。新媒体为网民提供了顺畅的意见表达通道，个人表达欲日益旺盛，在缺乏事实判断的情况下，偏激的观点与情感会干扰正常的舆论环境与社会秩序；复杂的信息环境与多元的传播主体使观点先行于事实，可能造成舆论的不断反转与舆论审判。

（三）电视新闻深度报道如何融合媒体话语与网民话语

在新媒体环境下，电视与受众的关系发生了巨大的变化。大众传播时期，电视是唯一声音 + 画面的低成本信息接收途径，受众只能被动地接收电视传播的信息，但在信息传播渠道多元化的今天，受众已经成为具有选择权和话语权的传受共同体。如何调整电视新闻深度报道的传播策略、传播内容、传播方式，如何融合媒体话语与网民话语，制作出引人入胜的节目，成为当下电视新闻深度报道改革的重要命题。

1. 多元主体，观点融合

新媒体时代，电视新闻评论不再是以新闻从业者作为唯一主角和唯一传播者的舞台，电视新闻评论除了专业媒体人的观点外，普通民众的观点得以展示并参与新闻生产的环节成为评论栏目发展的重要趋势。因此，在电视新闻深度报道中适当地增加受众的媒介参与，表现多方评论观点，给予草根群体更多表达观点、发表评论的空间，增加受众观看节目的体验感，是电视新闻深度报道评论类栏目在新媒体时代背景下的传播趋势。

2. 媒体融合，增强互动

虽然我们一直在强调电视媒体应当学习与借鉴新媒体的优势，但是电视媒体不可能完全成为新媒体，无法完全具备新媒体的传播优势。电视媒体本身所固有的优势也具有不可替代性，如专业的人才团队、强大的公信力及行政与政策支持，都是新媒体在短时间内难以追赶的；电视新闻深度报道及其评论栏目对于政治决策的阐释与解读，对于社会问题的剖析与见解，都是无法被新媒体轻易撼动的稳固优势。因此，只要电视新闻评论积极转型，与新媒体全面融合，在将新媒体的传播特征、传播方式、传播渠道整合到电视新闻评论的基础上，实现“为我所用”，就能够在保持电视新闻评论的独特与深度的同时，利用新媒体的传播特点实现优势资源的整合。

3. 技术助力，丰富表达

新媒体技术，如数字媒体技术、大数据技术等，可以助力电视新闻评论在呈现方式与表达方式上融合媒体话语和网民话语。在其他类型的电视节目中，电话连线、弹幕等互动形式已成为基本设置，近几年电视节目的网络迁移甚至使综艺等娱乐类节目出现了沉浸式体验，受众在观看节目的同时，根据节目组设置的选项进行选择，不同的选择可以解锁不同的支线内容。电视新闻评论可在其他类型的节目中获得灵感，如设计电视、网页和手机的三屏互动，使信息通过多个通道进入，打通两个舆论场，既能保证节目的正常流程，又能强化“场”的概念。受众的留言和评论可以实时出现在大屏幕上，被演播室的评论员实时接收，实现多屏联动，使新闻评论节目在媒体话语和网民话语的共同在场下完成传播。

二、新闻价值向社会价值的延伸

在新媒体时代，电视新闻评论的节目内容除了需要符合新闻价值时新性、重要性、接近性、显著性和趣味性的原则外，还需要承担作为新闻媒体的社会责任，关注具有社会价值的议题，传递主流观点与价值，实现电视新闻评论的社会功能。

（一）电视新闻评论的社会功能分析

1. 促进对话，丰富视野

电视新闻评论能够促进不同社会群体之间的对话与交流。电视新闻深度报道负责通报新闻事件，电视新闻评论则负责对新闻事件进行分析和评论。传统媒体时代，电视新闻评论通过邀请专家、学者、媒体人、企业家这样的精英人士来传递主流观点，同时也设置热线电话、短信等互动方式来为更多受众提供发言空间，保障其发言权。而在新媒体环境下，实时弹幕、大屏互动将不同观点置于同一空间中，碰撞交融。电视新闻评论在对新闻事件进行解析与评论时，一方面将传播语态与价值观点贴近群众，另一方面也不断融合舆论的声音，使党和政府的方针政策、重大社会事件等硬新闻不再是少数人的专属，而是成为一种同舟共济、共同担当的全民参与和认知。通过对新闻事件进行不同角度的价值判断，电视新闻评论丰富了受众在政治、经济、文化、历史等维度的视野，增加了意见表达的多样性与趣味性。

2. 深化思想，协调社会

电视新闻评论通过深层内涵的整合来表达不同社会群体的意见，通过挖掘事件内部的联系，将国家利益、党的方针政策、人民共同理想穿插于报道和评论中，以揭露社会弊端、完善社会运转为落脚点，透过本质抓内核，强化人们对事物的认识，延伸事件的内涵。

新媒体时代的电视新闻评论在协调社会关系的作用上仍然具有不可替代的地位。电视新闻评论能够通过意见传递，达成社会不同部门、不同领域之间的协调、配合与发展。任何经济、政治上的不平衡都可能意味着误会、矛盾和隐患，政府需要一个能够面向公众的渠道，来跟公众阐释、解读、沟通社会发展过程中产生的一些问题。作为声画一体的大众媒介，电视有着很强的舆论引导功能，加之新媒体技术的融合与应用，电视新闻深度报道能够深度解析新闻事件，而电视新闻评论则能对典型新闻事实、新闻人物进行第一时间的解读发布。

3. 舆论监督，情绪疏导

电视新闻评论通过对社会问题的报道，聚焦权力机关与普通民众的共同目光，集中力量解决问题。权力机关与普通民众共同作为平等的主体，公开、公正地在新闻媒介中介入客观问题的解决过程中，维护了广大受众在观看电视节目的同时对社会问题和国家发展进行监督和关注的权利。电视新闻评论通过客观真实的采访画面，还原事件真相，呼吁舆论监督，也在一定程度上扮演了“青天大老爷”的角色，为普通民众提供了监督与反馈的渠道，缓解了社会矛盾，减少了社会摩擦。

4. 政策解读，价值表态

电视新闻评论整合功能的一个重要应用场景就是针对国家政策的解读和表态。由于国家政策主要是针对国际国内等层面的国家利益表态，需要深入细致解读才能更利于民众接受，电视新闻评论能够把国家政策掰开揉碎，深入解释，降低普通民众对政策理解和接受的门槛，将抽象的政策表述浓缩在典型的、具有情节性的新闻事实，甚至是故事情节之中。电视新闻评论能够起到对观点强调和解释的功能，作为党的耳目喉舌，新闻媒体也代表了群体共同利益，进行了公众宣传与更高层次的价值表态。同时，电视新闻评论能够在解读政策、传播价值的过程中起到上传下达的桥梁作用，沟通和引导受众思维流向，使其自然团结在国家主流观点和官方情绪左右。

在新媒体环境之下，电视新闻评论对于国家政策的解读无疑也成为具有权威性的风向标，作为主流的新闻媒体，电视新闻评论起到了舆论定音鼓的作用，能够吸引与鼓励自媒体的价值表达，营造良好的政策传播氛围，及时沟通、答疑解惑、传递价值。

（二）电视新闻评论的社会价值实现

新媒体时代，电视新闻媒体不断受到冲击，传统新闻行业正在流失受众，人工智能、自媒体等也不断蚕食着传统新闻人的领地。在信息技术广泛应用的智媒时代，电视新闻深度报道如何与时俱进，如何实现作为新闻媒体的社会价值，如何发展新闻业务、协助社会治理，都值得进行深入的理论探讨与实践。电视新闻深度报道坚守初心与使命，实现新闻价值向社会价值的延伸，主要依靠以下两个方面：

一方面是要坚持电视新闻评论的建设性理念。以电视媒体为代表的传统媒体需要积极探索与新兴媒体融合发展的实践路径，顺应信息技术的发展趋势与受众的内容需求，在内容、平台、渠道、管理等方面实现新旧媒体的深度融合。依靠电视新闻评论的政治优势和新媒体的交互性、参与性，充分调动公共传播的民众参与，协调社会各界力量，共同关注客观问题，同时加快新闻媒体的内容融合。问题导向的建设性理念也能够明确新闻媒体在揭露真相、引导理性回归方面的职责，在重大舆情及突发性社会事件中推动问题得以有效解决，呼吁理性讨论。

另一方面是要坚持电视新闻评论对主流文化与价值观的建构。电视新闻评论传递着权威性的主流观点，能够构建主流文化与社会主义核心价值观。在新媒体时代，电视新闻评论摆脱了原本的政治说教风格，转变话语风格，适应受众的需求，更加民主、接地气地进行着观点的传递。

三、作为舆论引导的新闻评论

新媒体时代的传播格局和舆论格局已经发生了显著的变化，舆论表达渠道的多元与便利使舆论场的信息量大幅增长，各个观点之间出现分化与多样的趋势，舆论复杂多样、发散严重。以往，电视新闻评论能够在参与舆论对话的过程中以强势的姿态达到停止争论、引导舆论的效果，但在开放多元的舆论格局中，电视新闻评论想要继续发挥舆论引导的作用，就需要改变策略，找到其独有的竞争力。

（一）电视新闻评论的舆论引导

舆论引导是指针对特定的社会舆情事件，依据特定的意识形态，进行议程设置，引发互动，引导和促进互动对象共同达成社会共识。随着中国特色社会主义建设进入攻坚期，社会利益的调整带来的社会矛盾不断凸显，信息技术的发展也为公众提供了舆论表达的场域，电视新闻评论的舆论引导遇到了新的挑战。

1. 网络舆论冲击舆论引导力

网络评论的异军突起导致了电视新闻评论受众的流失，在激烈的市场竞争中，网络新媒体为了抢夺受众，正在不断提升自己的思想性。同时，网络评论打破了电视新闻评论的播出时间段、播出时长等的限制，在时效性、互动性等方面更能够迎合受众需求。在媒介资源相对匮乏的年代，电视新闻评论能够在很大程度上决定受众的关注点，更容易对受众进行议程设置和观点的引导，但是在注重即时性、灵活性、草根性的网络舆论场中，电视新闻评论的舆论引导能力正在被削弱。

2. 缺乏对敏感议题的报道

电视新闻评论在选题和语言表达上会基于不同的考量和出发点进行发声，可能会与公众意见出现一定偏差，但二者在根本利益上是一致的。电视新闻评论更多集中在国家政策、国际局势与国际关系、政府行为与干部管理等领域，更加侧重于宏观层面的价值引导，对社会公众比较感兴趣的民生类议题关注度较低，特别是一些敏感性问题难以在电视新闻评论中体现出来。但是社会公众更加希望权威性和公信力较高电视新闻评论能够对敏感议题作出一针见血的回应，及时发声，正面讨论。若是电视新闻评论态度与观点不够明确，则可能有回避敏感话题之嫌，难以强有力地引导舆论。

3. 受众刻板印象阻碍舆论引导

以往的电视新闻评论往往以严肃的精英语态为主，对社会议题进行评价和表态，在社会精英、高级知识分子中具有较高的权威。以往严肃、生硬的舆论引导方式，可能导致受众对电视新闻评论产生刻板印象，在一定程度上阻碍了电视新闻评论的舆论引导进程。虽然许多电视新闻评论栏目都纷纷改革，试图以接地气的方式引导大家共同探讨宏观的话题和社会事件，但若想消除受众对电视新闻评论的刻板印象，还需要进一步的努力与探索。

（二）新媒体时代电视新闻评论提升舆论引导力的探索

面对日新月异的新媒体竞争和思想文化的交织，电视新闻评论有必要探索提升舆论引导力的策略，提高新闻评论的吸引力，掌握话语主动权。

1. 推进媒介融合，打通两个舆论场

在媒介格局剧变的今天，电视新闻评论想要发挥舆论引导的带头作用，就需要加速推进媒介融合进程，吸收和利用新媒体优势，凸显电视新闻评论的特色与优势。一方面，需要加强懂技术、高素质的人才队伍建设，既要在评论的即时性、传播性上下功夫，也要保持高度的政治觉悟和新闻敏感性，坚持正确的立场和态度。另一方面，要充分利用各平台信息资源的优势，及时回应不同渠道的声音。要创新电视新闻评论栏目的运营体系，在保证权威公正、有深度的同时，贴近受众需求，深入分析和挖掘网络热点及民生议题，满足不同受众的需求。

2. 创新工作思维，消解刻板印象

针对受众对电视新闻评论存在的刻板印象，首先，应当创新思维，改变话语表达方式，通过改变评论稿件的文案风格、主持人的语言表达等，增强电视新闻评论的可看性、与受众的心理接近性。用丰富鲜活的案例提升评论的吸引力，用贴近民意的议题获得受众的称赞，及时回应舆情热点。其次，应当主动出击，掌握舆论引导的主动权，代表党和人民的根本利益，直接、鲜明地表达观点，整合意见，先发制人，紧握舆论引导的主动权。

3. 加强舆论监督，提升舆论引导力

电视新闻评论不仅需要传递国家大事与方针政策，也需要对社会问题发表针砭时弊的意见，对可能危害国家、社会及人民利益的问题进行警示，提出建设性意见。电视新闻评论要在舆论监督方面发挥效能，高度关注与国家发展、群众利益密切相关的社会问题，呼吁多元群体参与舆论监督，在多元观点的碰撞中引导理性讨论，为受众展示针对同一议题的不同视角。作为社会的瞭望塔，电视新闻评论要争当社会问题的指向标，在不断履行舆论监督职能的过程中积累权威与信任，更好地引导舆论。

第三节 电视新闻深度报道发展方向的理论支撑

一、刻板印象

（一）理论详述

刻板印象的英文是stereotype，最早来源于希腊语，由词语“stereos”和“typos”合成，原义分别为rigid（坚硬的）和trace（痕迹），合成后指的是刻印铅字的模板。学界对刻板印象的定义基于李普曼提出的概念，李普曼认为刻板印象是一种认知结构，“它是对我们自尊心的保护，是投射在这个世界上的我们自身的意识、我们自身的价值观念、我们自身的立场和我们自身的权利”[①]。就操作定义而言，刻板印象通常是指个体认为某个社会群体所具有的典型特征，特别是那些能将不同的群体区分开来的特征，即当我们想到某群体时，心中闪现出的那些特征。

大众传媒作为重要的文化传播工具，在传播刻板印象信息中起着重要的作用。大众传媒不仅向受众提供了某个社会群体的特征，也向受众传递了如何对待该群体的认知。例如，大量电视新闻报道中经常出现关于黑人群体的犯罪新闻，这影响了受众对黑人群体的刻板印象，从而影响黑人群体在社会中的地位。再如，在商业广告或者影视作品中，亚裔形象经常以配角形式被呈现，而亚洲人“古板、书呆子”的形象也在影响着西方人对于亚裔群体的认知。涵化理论认为，长期接触媒介，会使受众生活在拟态环境中，影响着受众对社会群体的认知，大众传媒正是通过这种方式影响着不同社会群体的刻板印象。

（二）新媒体语境下的电视新闻深度报道与刻板印象

电视新闻，尤其是电视新闻深度报道对于塑造公众对某社会群体形象的认知，加深公众对该群体的刻板印象和偏见起着重要作用。在新媒体语境下，电视新闻深度报道对于刻板印象可从正反两个方面来看。

1. 塑造刻板印象

电视新闻深度报道中明显地包含着一定的话语倾向与既定逻辑。作为大众传播时代的主力媒体，电视新闻深度报道在新闻话语中呈现出的刻板印象是为了维护主流意识与主流价值。正如李彬所说：“话语不存在一个单独的作者，它只是一套潜在的逻辑和机制，它隐匿在人们的意识之下，暗中支配着人们的言语、思想及行为方式。”[②]电视新闻深度报道会在传播内容中构建一定的框架，不断重现框架内的价值与共识，使受众形成内化的价值观与自我意识，逐渐形成一套社会文化意识，如勤劳勇敢的传统美德、舍己为人的社会风气等，使社会规范逐渐成为人们的共识，不断对社会环境进行调整。

在新媒体语境下，电视新闻深度报道的大量一手资料及新闻素材都来源于社会化媒体及新媒体社区，网民话语的参与也使刻板印象的形成更加复杂，更加难以辨认。在传受一体的年代，部分媒介素养较低的网友在经历新闻事件时，可能会出现贴标签行为以及部分体现身份引导的词语，不断强化着某些特定社会群体

① 李普曼. 公众舆论［M］. 阎克文，江红，译. 上海：上海人民出版社，2006：78.
② 李彬. 符号透视：传播内容的本体诠释［M］. 上海：复旦大学出版社，2003：309.

的社会形象。

最典型的例子就是电视新闻深度报道对女性群体及老年人群体营造出的刻板印象。例如，女性经常以弱者的形象出现在电视新闻深度报道中，如女大学生搭乘黑车后被杀害、女性被丈夫家暴等，在相似的议题中，“女司机”“女官员”等字眼往往会引起更多关注。而老年人群体则多以保守、容易上当受骗等形象出现在电视新闻深度报道中，如老年人被诈骗、老年人跳广场舞扰民等，更多展现出老年人不受欢迎、不快乐、被边缘化的形象，造成对老年人群体报道的刻板印象。

2. 改变刻板印象

新闻业进入新媒体时代后，各家电视台的改革与创新层出不穷。电视新闻深度报道要改进内容，提升传播力，就需要加强与新媒体的融合。在媒介融合与改革进程中，许多因素也影响着电视新闻深度报道对社会群体刻板印象的塑造。

首先，多元价值的汇入影响着电视新闻深度报道对议题的整合与传播。在浩瀚的互联网中，亚文化群体等原本居于小众圈层的社会群体逐渐由社会边缘走向舆论关注的中心，这些社会群体的成员拥有了表达观点和发表评论的空间。电视新闻深度报道节目在报道亚文化群体时，也拥有了更多展示群体内部真实形象的素材，随着多元价值在节目中的集中呈现，能够改变社会过去因对该群体了解不足而形成的刻板印象。

其次，某些社会群体中更多的个案在新媒体语境下更容易被捕捉到，通过对个体的报道，能够丰富社会对该社会群体的认知，打破原有的单一、固定的刻板印象。例如，近几年互联网中的女性主义崛起，使得部分优秀的女性进入公众视线，比如创办免费女子高中，帮助女性走出大山的张桂梅，打破了女性作为弱势群体的媒介形象，丰富了社会对于女性群体的认知，女性“独立”“自强”的社会形象正在逐渐形成。电视新闻深度报道作为权威主流的新闻传播方式，能够向受众展示更多社会群体中的个体，丰富社会对某社会群体的认知，改变社会对其的刻板印象。

（三）新媒体语境下的电视新闻深度报道如何打破刻板印象

新媒体的兴起，对于电视新闻深度报道来说，既是机遇也是挑战，电视新闻深度报道要用新闻规律展现、阐释新闻事件，提高新闻的真实性、客观性，打破刻板印象的不良影响。

首先，从媒体的角度来说，电视新闻深度报道应恪守新闻的客观性与中立性，不随意添加或删改新闻事件的细节，避免影响受众对新闻的解读与思考。新媒体平台中的新闻线索多如牛毛，面对争议性新闻和包含矛盾与纠纷的新闻，电视新闻深度报道应保持清醒的头脑与明辨是非的能力，做到不偏不倚，把握报道的角度，让受众看到真实、客观的新闻事件，避免网络言论中可能包含的刻板印象。

其次，某些易受误解的社会群体成员应当意识到自身可能受到的刻板印象的负面影响，及时发声，击破不实言论。作为当事人或是与当事人社会距离较近的群体成员，个体的声音可信度较高，是电视新闻深度报道中不可或缺的内容，应在适当的时机积极地发出真实的声音，防止媒体与受众对事实进行揣测。

最后，电视新闻深度报道要广开言路，引入新技术，加强与受众的互动。受众是舆论的主体，也是社会意识形成过程中的重要参与者，刻板印象的形成与打破都离不开社会公众。一方面，电视新闻深度报道过程中通过实时弹幕、评论区留言等形式与受众互动，能够让栏目及时收到反馈，随时调整节目的走向；另一方面，也能让受众实施对电视新闻深度报道的监督，当报道中出现与刻板印象相关的词语或新闻素材时，来自不同社会群体受众也可作为报道的参与者，为报道提供批判性建议，规避刻板印象可能造成的影响。

二、娱乐至死

（一）理论详述

媒介环境学从麦克卢汉的“媒介即讯息”出发，研究媒介在社会中的作用。媒介环境学是 20 世纪 30 年代在北美萌芽，于 70 年代形成并发展起来的一个传播学派。经过三代学者的努力，它已成为与经验学派、批判学派鼎立的第三学派，主要探究媒介与人类社会文化的关系。作为媒介研究领域之一，媒介环境学的独特性表现在它将研究重点放在研究传播技术本质或内在的符号和物质结构如何对文化造成深远的影响。尼尔・波兹曼作为媒介环境学的第二代领军人物，对电视媒介进行了深入的批判性研究。他认为电视媒介的娱乐本性使得非娱乐性的信息不得不在“声像”上包装自己，最终导致这些信息在内涵上缩水（换句话说，信息越来越有作秀的成分）。另外，由于电视传媒仅仅是单向沟通，无法与受众进行有意义的交流，它也就没办法实行教育的职责（因为他认为交流是学习的重要组成部分），导致形成“娱乐至死”的局面。

媒介技术的快速发展影响了社会生活的方方面面，不仅改变了人们的生活习惯、阅读方式、接收信息的渠道，而且对社会成员的人生观、价值观、道德观等也具有强大的塑造功能。在科学技术迅猛发展的今天，媒介影响着公众话语，媒介话语也因此有了强势的话语力量，电视媒体、网络媒体正在主宰着社会生活，这就是波兹曼所担忧的泛娱乐化时代。

作为集中了图像、声音、文字等多种要素的媒介，电视向公众提供了一种全新的话语内容，冲击了印刷媒介创造的“阐释时代”，发起了一个“全民娱乐时代”。电视以图像为中心，强烈地冲击人们的视觉、听觉和触觉，因此，电视营造的是一个无语境、不连续、无序的狂轰滥炸式的信息环境。电视呈现的拟象世界是一个“躲猫猫”的世界，电视的特点不利于人们塑造理性思维，人们看着电视，在无形中接受了电视的隐喻。电视重新建构了社会文化，并引领着社会文化的发展方向。

（二）新媒体语境下的电视新闻深度报道娱乐化倾向

新媒体时代的到来，将人类带入了一个超真实的世界，人们沉浸在各种极具感官刺激的信息中，现实世界与虚拟世界的边缘区域模糊，为人们带来了全新的娱乐体验。在“二次售卖”理论的支配下，媒介希望通过娱乐来吸引消费者的注意力，以从广告商处获得经济利益。电视新闻受到新媒体的冲击，为了留住受众，试图通过在新闻报道中加入娱乐性内容以追求经济利益。

1. 竞争压力下的娱乐化倾向

我国正处在转轨与转型的特殊时期，从社会制度到各种经济成分都经历着一场深刻的变革，许多人对此无所适从，从而产生紧张感和压抑感，而娱乐特别是电视娱乐有着声画并茂的优势，对受众几乎不设门槛，最易营造轻松愉快的休闲氛围。这本来无可厚非，然而一些综艺甚至话语类节目的低俗化倾向甚嚣尘上。有些节目内容苍白匮乏，形式上却搞得热闹时尚；更应当警觉的是，时下一些新闻节目也贴上了“贴近性”“平民化”“通俗化”的标签，在娱乐化的道路上渐行渐远。我们无意一味排斥新闻娱乐化，比如新闻的表达方式幽默些，内容软一些，包装花哨些，问题是现在不少新闻节目已经偏离了趣味性与娱乐化的轨道，尤其是以批判性立足的深度报道，其严肃性的应有之义被高度“毁容”，泛娱乐化的倾向已到了必须正视并加以治理的时候了。

2. 碎片化时代的浅表化倾向

新兴的互联网媒体与传统媒体在技术逻辑上有着根本的差异，新媒体时代的表达方式更加轻量化、浅层次，在无形中消解着传统电视媒体主导的严肃叙事。以微博为例，用户发布的内容被限制在 140 字以内，因此受众所接收的信息都是片段化的。人们分享着自己的生活碎片，宣泄着即时的情感，相比风靡一时的博客，微博缺乏理性的思考与表达。同时，互联网的匿名性也使人们的信息发布更加自由，浅层次的感官刺激被无限放大，媒体原有的认知、教育、审美等属性被冲淡。

电视新闻深度报道正在无形中迎合着观众不断改变的审美，比如用网络热词替代深度严肃的专业名词，或是减少需要深度理解的内容，使用图表等浅表化的表达形式。我们可以批评从业人员在新闻泛娱乐化的实践中降格以求，“频频触及道德底线”，但我们也必须正视这样一个事实，某些媒体的领导者在新闻娱乐化这条道上走得有点找不着“北”了。他们或面对激烈竞争的局面张皇失措，只有对下一味施压，不顾政治标准、公益标准和职业操守，唯收视率马首是瞻，“能多挤奶的就是好牛”；或新挂帅印者，为了急于做强做大建功立业，不顾新闻规律和行业特点，屡有惊人之举，设高指标，出“大手笔”，搞大动作，其结果只能劳民伤财，让属下放弃坚守的底线，在泛娱乐化这个泥潭中东捞西摸。

3. 后现代主义的普遍现象

随着新媒体的应用与普及，人类文化进入“后现代主义”时期，当人们面对着大众文化、消费社会等全新的历史文化情境时，会对个人审美的阐释失效产生焦虑情绪，“娱乐至死”则恰恰成为人们排解焦虑和压力的出口。娱乐成为衡量文化产品商业价值的重要指标，新媒体娱乐之下的隐喻也催生了新的文化产品。电视媒介要想成为具有商业价值的文化产品，就不得不取悦受众，改变传统的话语法则，利用网络流行语等“消费性符号”，为受众构建一种“虚拟的真实”。

电视新闻深度报道若是盲目“创新”，可能会导致新闻报道作用的失效，一条条新闻依附热点而生，随着注意力的消散而迅速消亡，真相不再重要，社会文化缺失深度与批判。因此，我们应对各种层出不穷的娱乐化行为保持警惕，时刻铭记新闻报道的初衷。娱乐不是大众传媒的唯一功能，我们不应也不能忽略大众传媒的其他功能。

三、社会认同

（一）理论详述

社会认同是由心理学、文化学、社会学发展起来的概念。在微观层面，社会认同是指个人对自我社会身份的理性认同；在宏观层面，社会认同是指社会群体中的成员对一定经验、情感、信仰的共有和分享，它是将一个共同体中不同的个体团结起来的内在凝聚力。

社会认同具有定位、互动、动态的特点。定位是指个体通过对自我身份和与他人关系的认识来确认个体在社会群体中的角色与地位。个体在特定的角色中需要遵守群体规范、履行该角色的职责，背离角色定位可能会有一定风险。互动是指身份认同来自个体与他人的社会互动，只有在复杂的社会互动中不断接受社会规范、自我学习，才能对个体在社会群体中的地位和角色有明确的判断。动态则是指社会认同并不是确定无疑的，而是随着个体与外部世界的不断互动而动态变化的。

社会认同是一种客观存在的社会关系，不仅影响着个体与社会群体的关系，也直接影响着社会秩序的运作与整合。现代社会在某种程度上说是“媒介化社会”，媒介能够通过构建共同记忆、传递共同价值来塑造社会成员、社会群体之间的关系与秩序，从而影响社会认同。但是，在社会文化高度媒介化的今天，社会分化、认同分歧等社会认同构建危机正在发生，在这种语境下，大众传媒必须承担起重塑社会认同、凝聚社会共识的重要职责。

（二）新媒体时代的社会认同构建危机

随着现代社会的发展，信息化、全球化的世界已经走向了后工业化的道路，人们的认知模式也逐渐向后现代转变。在大众传播时代，传播媒介通过说教式的单向传播向社会大众灌输着主流价值观，人们的观点和意见因此被左右，大众传媒直接影响着人们的社会行为与社会心理。随着信息技术的发展，受众的自主性被技术释放，人们不再倾向于认同大众传媒所宣传的宏大叙事，而是更加关注自我。社会大众开始关注不同个体间价值观的差异，并在不断寻找着归属感与认同感，但在新媒体环境下，虚拟网络空间中的符号误读以及新媒体的特性可能造成人们的社会认知混乱。

1.“拟剧论”下的身份迷失

戈夫曼的“拟剧论”认为，每个社会个体都会关心自己如何在他人面前塑造自己的形象，社会个体会使用各种技巧、扮演不同角色以在他人面前塑造良好的形象，但是无论使用了什么技巧，扮演了什么角色，社会个体总是无法逃脱制度与规则，总有一个角色将主导社会个体在他人眼中的普遍印象。在新媒体时代，不同的社会化媒体打造出了“拟剧论”中的舞台，强关系与弱连接在同一场景并存，社会个体在不同甚至同一场景中根据他人不同的社会期待扮演着不同的角色，呈现出割裂的形象。这就导致了社会个体对自我身份认知的迷失。

2.“内爆”下的非理性情绪

在高度媒介化的社会中，社会公众对媒介或多或少地产生了依赖，社会关系与社会行为的线上迁移导致时空界限不再明确，现实与虚拟的边界模糊，社会公众的生活方式被重构，社会人际关系也被改变。虚拟空间中的社会认同可能会超过部分社会个体与社会群体的认知范围，新媒体平台作为一种新型传播媒介，为社会公众提供信息传递的路径，信息以一种不确定的形式流动，在更大范围内影响了社会秩序的建构。多元意见的聚合，可能由于网络的匿名性而走向非理性。网络谣言、语言暴力等非理性的话语模糊了事实真相，社会公共意见不能得到有效讨论，从而引发社会矛盾。

3.“再部落化”导致群体冲突

在网络环境中，人们会根据自己的兴趣爱好、价值观以及部分线下的人际关系形成不同的社交网络，网络社会被分化成无数“圈子”，并形成各自的群体规范与行为准则。不同的网络社区之间可能存在着矛盾与对立，社会个体时常会陷入非此即彼的二元论。在社会公共事件发生后，社会个体更加倾向于支持“圈内人”的观点，或是倾向于支持与自己社会距离较近的一方，如社会弱势群体等。在这种情况下，不仅存在着社会认同建构危机，而且可能导致不同群体间的冲突与对立。

（三）电视新闻深度报道的社会认同整合路径

在新媒体语境下，现代社会呈现出一种高度个人化特征，电视媒介的作用就是通过媒介事件使较为孤立的个人重新认识社会，并作为对话的平台将多种意见表达出来，引导受众进一步扩大对他人的认知。在此过程中，人们逐渐能够尊重并接受多种差异，有序地展开讨论，这就是电视媒介对社会认同的建构与整合。

电视新闻深度报道建构社会认同的路径之一就是加强对话，平衡意见不均的问题。近年来，依托于互联网等新兴媒体平台的参与式新闻兴起，在参与式新闻的话语中，多样的话语风格、灵活的叙事方式为人们提供了更多话语阐释的空间。电视新闻深度报道应主动吸收和参考参与式新闻中的优秀报道，加强互动与对话，让受众获得更多的参与感。这不仅是对新闻边界的一种扩展，而且也能够优化电视新闻的话语阐释方式，获得更多社会认同；受众的参与也增强了新闻的传播效果，保证了电视新闻深度报道的舆论监督。受众一改以往的被动地位，成为电视新闻深度报道服务和接近的主体，在参与新闻对话的过程中也进行了情感表达与意见表露，一定程度上可以改变社会意见不均的现象，保证各种观点的平等交流。

电视新闻深度报道建构社会认同的路径之二就是整合媒介资源，协助政府参与社会认同共建。政府作为政策与信息发布的重要主体，从根本上影响着社会集体记忆的形成，但部分地方政府的舆论建设滞后，不能及时利用媒介话语维护自身形象，可能在舆论中处于被动地位，甚至使其陷入“塔西佗陷阱”。电视新闻深度报道应积极进行媒介资源整合，协助政府改善形象，在新闻报道中实现各部门间高效畅通的协作与融合，使政府关注民意、回应民情、贴近民心。当发生社会公共事件时，电视媒介作为展现官方话语与民间话语的平台，对于稳定舆情、平衡两个舆论场能起到至关重要的作用。只有协助政府增强传播效力，及时公布官方立场，才能把握舆论引导主动权，在特殊时期构建正向的集体记忆，重建社会认同。

本章小结：

1. 新闻编辑在新媒体语境下的工作调整与变迁为电视新闻深度与广度的融合提供了更多可能，逐渐向着平民化、多样化的趋势迈进。

2. 面对日新月异的新媒体竞争和思想文化的交织，电视新闻评论获得新的职能与发展契机。电视新闻评论应当不断探索分析，加强舆论引导建设，提升舆论引导力。

3. 刻板印象、“娱乐至死”、社会认同等理论在实际新闻工作和受众生活中都有所体现与运用，规范并警醒着电视新闻深度报道未来发展的方向。

关键术语：

1. 新闻价值：指事实的内涵能够在多大程度上引起受众普遍关注的素质，以及其传递价值观的能力，是新闻传播主体衡量、选择新闻事实的依据。

2. 刻板印象：刻板印象也叫“定型化效应”，是指个人受社会影响而对某些人或事维持稳定不变的看法。“它是对我们自尊心的保护，是投射在这个世界上的我们自身的意识、我们自身的价值观念、我们自身的立场和我们自身的权利”。

3. 娱乐至死：《娱乐至死》是美国传播学者尼尔·波兹曼的著作，书中对20世纪后半叶美国文化中的重大变化进行了探究和哀悼。印刷术时代逐渐没落，而电视时代蒸蒸日上；电视改变了公众话语的内容和意义；政治、宗教、教育和任何其他公共事务领域的内容，都不可避免地被电视的表达方式重新定义。电视的一般表达方式是娱乐。一切公众话语都日渐以娱乐的方式呈现，并成为一种文化精神。一切文化内容都心甘情愿地成为娱乐的附庸，而且毫无怨言，甚至无声无息，“其结果是我们成了一个娱乐至死的物种”。

思考与研讨题：

1. 在新媒体语境下，电视新闻深度报道如何平衡速度、深度、广度的关系？请举例论述。

2. 电视新闻评论在提升舆论引导力时应注意哪些问题？请举例论述。

3. 设计一个深度报道，在批判学的指导下合理选择报道对象、报道体裁、报道内容等。

延伸阅读：

1. 马尔库塞. 单向度的人［M］. 刘继，译. 上海：上海译文出版社，2008.

2. 郑双美，邹煜. 新媒体环境下电视新闻评论节目的突围及路径探析：对《新闻 1+1》系列专题节目的思考［J］. 新闻界，2014（9）：23-27.

第八章　电视新闻深度报道的品牌运营

▶章节大纲：

1. 新媒体时代的经济规律及媒介技术赋权问题；
2. 大众媒体社会性与经济性的有效协调问题。

▶章节内容：

本章介绍了传播策划在电视新闻的经营中是如何实施的，并讨论电视新闻深度报道如何运营自己的品牌。

第一节　新媒体时代的经济规律

当前我国的大众媒体正处于激烈竞争中，除了基本信息产品的有效生产与三大任务——印刷（制作）、发行（出版）、广告——的合理分配以外，努力开拓新的传播产品和吸引更多受众的注意力成为每个大众媒体取得竞争领先优势的关键。大众媒体既要显现作为国家事业单位的功能性，又要争夺受众注意力的经济性，深度开发电视新闻深度报道成为平衡二者的有效途径。

目前对传媒经济研究影响较大的理论主要有两个：注意力经济和影响力经济。

注意力经济的概念是美国学者迈克尔·高尔德哈伯在 1997 年发表的题为《注意力购买者》的文章中提出的。他认为，在信息社会中信息不是稀缺的，稀缺的是注意力，正是由于它的稀缺性，注意力才可以转化为财富。这种观点被 IT 业和管理界形象地描述为注意力经济。

2002 年，喻国明提出影响力经济学说。喻国明认为，传媒真正的市场价值在于“能够在多大程度上影响它的受众，并且这种对受众的影响力能够在多大程度上进一步地影响社会进程、影响社会决策、影响市场消费和人们的社会行为”[①]，即传媒的本质属性是影响力经济。从受众注意力的凝聚到媒介影响力的发展，都是以受众有效可支配注意力的投入为前提的。

媒介经济也是注意力经济，电视新闻品牌化的主要目的是在当前电视媒体竞争日益加剧的情况下能够引起受众的广泛关注，使受众对新闻栏目从认知到接受，聚合大量持续而稳定的注意力，取得良好的传播效果。

一、注意力的稀缺

在数字经济生态里，注意力的表现形式就是流量、点击量和数据。如何确保“注意力”？喻国明在《传媒经济学教程》中指出了媒介聚集注意力资源的两种途径：一是通过受众媒介接触行为与日常生活的彼此渗透，提高可支配注意力的时间长度；二是通过提升内容与广告之间的内在关联性及其与传播环境在培育社会偏好过程中的内在一致性来提高媒体所凝聚的有效可支配注意力。

对如何收获注意力，最直观的理解是：好看、有趣。比如国内一档女团选秀节目，在制作过程中难免受到来自公司、资本、收视率的影响，但就每期的呈现来看，从评委到艺人的倾力“配合”，有笑有泪有悬念，保证了赛制有趣、颜值好看、演出精彩。从播出的视频平台的点击率到各类广告“中插植入”，再到大众媒体的持续跟踪报道，可见该节目的“注意力经济”活跃，“商业变现”能力不凡。

受众的注意力作为一种稀缺的社会资源，是当今媒体竞相争夺的焦点。传播学中的议程设置理论也指出，大众传媒可以通过主动地提供信息或是相关议题来左右人们的认识或是意见。需要注意的是，电视栏目同质化的趋势日益明显，并且已经开始蔓延到电视新闻的竞争中，各大媒体都渴望自己打造的新闻栏目能够在吸引受众注意力的竞争中保持领先优势。然而，在品牌意识早已深入电视创作者与受众内心的同时，很多新闻栏目的品牌从定位到卖点都呈现出千篇一律的趋势，主要表现为一旦有某个新闻栏目有所创新，获得成功，其他媒体就会在已知的物质条件与文化环境的基础上盲目跟风。回归新闻本身，给予受众应知、预知、未知的信息才是电视新闻的核心竞争力。

---

① 喻国明. 影响力经济：对传媒产业本质的一种诠释［J］. 现代传播（中国传媒大学学报），2003（1）：1–3.

二、被赋权的受众

（一）赋权的概念

在人力资源理论中，赋权是一种参与的过程，是将决策的责任和资源控制权授予或转移到那些即将受益的人的手中。从广义上来说，赋权是选择和行动自由的扩展，它意味着增加对影响生活的资源、决策的权力和支配能力。当人们真正进行选择时，他们就能增加对其生活的支配能力。这里所说的赋权实际上是对管理风格的一种描述，含义非常接近于授权，主要是指让下属获得决策权和行动权。这意味着被赋权的人有很大程度的自主权和独立性。

赋权包括实践层面和心理层面。从实践层面来看，赋权意味着自我能力意识的增强，对社会政治环境进行理性分析，批判社会发展不完善之处，并采取行动来改善自己的生活状况。心理层面的赋权主要在于自我效能感的提升，以增强个体达成目标的动机。赋权也是一个增加个人权利、人际权利或者政治权利的过程，可以丰富个人和集体的资源。

（二）新媒体赋权

总的来说，新媒体是相对于传统媒体而言的，是利用数字技术、网络技术、移动技术，通过互联网、无线通信网、卫星等渠道以及计算机、电视、手机、数字电视等终端，向用户提供信息和娱乐服务的传播形态和媒体形态。[①]

受众不仅仅是传媒信息的使用者或消费者，他们还是构成社会的基本成员，也是参与社会管理和社会公共事务的公众。当我们把受众看作是社会成员和公众的时候，受众就拥有了各种各样的正当权利。

媒介技术的发展体现着一定的自由平等思想，传统媒体的信息传播垄断地位被打破，受众拥有“麦克风”，他们通过平行的媒介环境，聚合意见，参与社会公共事务，是新媒体语境下社交媒体赋予公众的传播权和监督权；在大数据、算法推荐等技术加持下获取个性化信息、寻找相同意见群体的行为，便是媒介技术赋予受众的知晓权和信息选择权。

---

① 陈宗章.“媒体融合”与社会主义核心价值观的传播路径创新［J］.重庆邮电大学学报（社会科学版），2016（4）：67-72.

（三）新媒体赋予公众权利的种类

1. 知晓权

知晓权，从广义上来说，指社会成员获得有关自身所处环境及其变化的信息、保障社会生活所需的各种有用信息的权利，从这个意义上说，它是人的生存权的基本内容之一。从狭义上来说，知晓权指公民对国家的立法、司法和行政等公共权力机构的活动所拥有的知情的权利，这是公民的一项基本政治权利，也意味着公共权力机构对公民负有信息公开的责任和义务。受众能够在第一时间了解到事件的内容，并通过媒体后续报道更加便捷、全面地了解事件的经过，极大地满足并提升了受众的知晓权。

2. 传播权

传播权指表现自由或言论自由的权利。社交媒体门槛低、易隐藏、跨空间的特点，让活跃在社交平台的受众拥有了传播权。受众通过媒体了解事件后，又能够通过新媒体平台发表自己对事件的认识和看法，对事件进行评论或转发，在社交平台上为公众事件发声、表达个人的看法、扩大事件的传播度和影响力。通过互联网，每个人都有平等的发声权利，即使是生活在社会最底层的弱势群体，也能直接参与社会治理活动，话语权得到了大幅提升。

3. 舆论监督权

舆论监督是指舆论通过自在的存在，对社会发生的事件、问题产生影响。舆论监督权指运用舆论的独特力量，了解政府事务、社会事务和一切涉及公共利益的事务，并促使其沿着法制和社会生活公共准则的方向运作的一种社会行为的权利。过去，舆论监督权掌握在新闻从业者手中。新媒体的崛起、媒介技术的革新打破了传统媒介对社会舆论的相对垄断，普通民众可以更加自由、真实地表达自己的意见，这让舆论监督权由集中走向分散；同时，网络也为人们提供了自由宽松的表达空间，主体匿名性也使得公众能够更为主动、真实地进行意见表达。目前，一些社会热点事件会通过社交媒体发声，社交媒介赋予人们舆论监督权以帮助弱者解决困难的方式，已被社会大众所接受。

4. 选择权

选择权源于媒体的竞争，指受众不再被动地接收信息，而是拥有了主动选择信息的权利。新媒体去中心化、个性化的特点打破了过去大众传播“一对多”的单一传播模式，提供了“多对多”的交互性传播模式，受众拥有更多的选择权。受众能够按照自己的兴趣、喜好自由地选择自己想要了解的内容，而非一味接收媒体传播的信息。社交媒体时代，受者对议程的设置从“无意注意”转变为“有意注意”。[①]

（四）媒介技术赋权的途径

1. 新媒体意见领袖的发言成为新的公众话语聚集地

随着互联网逐渐成为信息社会的基础架构，社交媒体意见领袖的生成机制也发生了变化。社交媒体意见领袖不再是意见的中介者，而是嵌入网络传播结构的关键节点，是活跃的网络行动者。社交媒体时代的意见领袖从信息传播者转变为意见的解读者和表达者，“大众传播—意见领袖—公众”是一条非常稳固的信息传递链，意见领袖最先获得信息的第一手资料，然后连同自己的观点倾向一起传递给公众，影响着舆论的发展方向。

意见领袖处于社交网络的中心位置，有着很大的话语权，他们对受众的影响不再是单向的：他们可以通过留言、评论等各种方式与受众互动，在大家共同关注的问题上交换看法。在新媒体时代，网民也能够像传者那样互动传播信息、发表观点。新媒体意见领袖的言论曝光量和影响力大，在其话语权之下，又衍生出了更多普通网友的话语权。

2. 为公众与政府直接对话提供机会

公众凭借媒介赋予的权利参与社会治理。官方媒体发布信息，公众可以对该事件进行留言、评论，根据自己对事件重要性的判断进行选择性转发，并且能够借助微博等平台表达自己的利益诉求，对政府的治理行为予以监督等；解决此事的过程将推动政府部门完善社会治理体系，更有利于政府的工作从群众中来，到群众中去。随着越来越多政务微博的开通，一些政务信息更加公开，信息的透明度也得到了提高，政务真正实现了“在阳光下进行”。

3. 传受界限逐渐消弭

在人人拥有传播渠道的电子媒介时代，任何人都可以自由出入新闻传播领域，扮演传播者、受众或者传受者的角色，他们常常是一些未经专业训练、专业知识和技能匮乏的业余爱好者或偶然介入者。以传者为中心的交流结构在网络等新媒体的时空范畴当中失效了，传统传受关系中的时间序列性、中心—边缘扩散模式及分离机制被颠覆，这一方面扩大了新闻生产的主体范围，但另一方面也瓦解了职业新闻从业者的专业身份。

互联网检索信息和发布信息的便利性使人人都有机会成为传播者，建构自己

① 靖鸣，郑爽. 技术赋权：受者接受信息的议程选择权挑战传者议程设置权［J］. 新闻爱好者，2018（5）：19-22.

的议程，同时也能针对特定事件表达自己的态度和看法。在互联网建构的公共领域中，受众“圈子”的边界也逐渐模糊，例如，在抖音、快手等视频平台上，平民的生活被搬上屏幕，无论从事何职业，他们都能够自由地使用设备拍摄、记录自己的生活并上传。在进行社会事务讨论时，任何人都拥有在新媒体平台上自由平等地发表意见、参与政治生活和社会治理的权利。

第二节　新媒体时代的新闻传播

彭兰在《网络传播概论》中指出，互联网正在重新定义大众传播。在新媒体时代下，受众以及传媒业的时间观和空间观都发生了改变。

新媒体时代的时间观正在从黄金时间向碎片时间转变。以电视为例的传统媒体，非常看重黄金时段，黄金时段的形成与固定终端时代人们的生活节奏密切相关。但在新媒体时代，媒体可以随时被带在身边，一切时间都可能是黄金时间。对于移动互联网用户来说，无论是什么样的传播活动都可能发生在各种零星时段、各种情境之下。对于用户整体来说，原有的共同节奏被打破，除非特殊时刻或者特别事件，日常情况下像电视观众那样有规律的统一行为在移动互联网中越来越少见。

在此时代背景下，相较于形式多样的新媒体，传统媒体应运用互联网思维进行新闻生产，提供深度新闻产品，同时借助新媒体平台为深度报道带来更多的机遇。以纸媒为代表的传统媒体在面临新媒体冲击时遇到的挑战有：受众碎片化的阅读习惯、深度报道内容同质化以及深度报道记者流失。电视新闻深度报道则在受众转移与新媒体接收渠道、电视收益与深度报道的投入、电视新闻从业人员高素质要求与现实境遇三方面面临挑战。

一、网络围观的机遇与挑战

互联网技术在全球构建了一个虚拟化的超真实社会，人们通过各种客户端——人类感官的延伸，以真实的情感甚至真实的身份参与“全民网络社会”的建设，将网络生活与日常生活紧紧连在一起，网络围观正是在自媒体时代所产生的一种特有的社会现象。

（一）网络围观的概念

网络围观是以网络平台为媒介支撑，以网络聚焦与放大功能为技术保障，以强大舆论攻势与舆论倒逼为围观手段，通过对事件的性质、进展产生实质性影响，以最终实现解决社会问题为目的的现象。[①] 网络围观彻底颠覆了威权治理体系下精英主导“信息源”与话语权的治理模式。

（二）网络围观的类型

近年来，网络围观事件层出不穷。就网络本身而言，互联网是一个开放性与包容性极强的互动平台。特别是互联网跨入 Web2.0 时代后，网民彻底打破了传统被动接收信息的困境，迈入了自主创造新闻的新时代。信息技术为畅通的网络互动提供了技术保障，而低廉的连接成本也使得网络的推广、普及不再是个遥远的梦。这为网络围观提供了技术可能。任何人在任何地方只要有网络，就可以利用各种终端，比如手机、平板电脑等，即时地与外界进行沟通。

对于工具型网络围观而言，根据围观主体本身的性质可将其分为两类。

一类是与事件有直接利益关系的行为主体。他们大多蓄意夸大其词、扭曲事实，通过所谓的“噱头”争夺注意力资源，披着“正义”“道德”的外衣，“绑架”政府行为，实现私人政治诉求。互联网从来不缺新闻，各种各样的新闻“来得快，去得也快”，他们往往利用这些新闻，以一种哗众取宠的方式，创造一种轰动效应，并通过不断制造新焦点，将事件推向高潮。即便在大量的事实、证据面前，他们也同样会采取一些所谓的“拍砖”“挑刺”“找茬儿”手段，企图保持事件的持续关注度，本质上是一种煽动舆论、绑架话语的敲诈行为。他们通过互联网的公共平台，博取“不明真相的群众”的同情，利用网络集体行动实现私人目的，其实质是利用公共资源为私人利益买单。

另一类是幕后推手在利益驱动下的市场营利行为。网络推手在幕后团队的操作之下，炮制舆论效应，达到营利目的。互联网的维持、运行需要一定的成本。网络本身是把“双刃剑”，一方面作为一种公共平台，为公众提供享受公共资源的机会；另一方面，作为一个市场化的产物，其本身的运作离不开一定的资金支持。因此，网络自诞生之日起，就不可避免地带有公共性与利益性的双重价值特性。幕后推手的这种市场化行为的背后，是以攫取丰厚利润回报为终极目标。

---

① 王君君. 自媒体时代的网络治理：网络围观现象解读［J］. 天津行政学院学报，2014（6）：24-28.

（三）理性看待网络围观

尽管目前由网络围观引发了一系列社会效应，造成各种正面、负面的社会影响，但总体网络围观的正向功能体现得更为彻底些。

1. 网络围观的存在具有客观性和必然性

新媒体时代的网络环境，具有安全性高、成本低、虚拟便捷等特点。围观现象的发生，是将互联网作为一个隐匿的网络场景，围观者用延伸的情感和视觉参与其中，表达自己的观点，发泄自我的情绪。网民通过网络获取信息时，通常会呈现出反应迅速、热烈互动的特点。于情，碎片化信息时代，网民的关注点放在与自己利益可能相关的事件上；于理，对于发生的事件，网民不能切身参与，只能用无声的目光表达他们的态度。网络围观不应该被简单地认为是"众声喧哗"，它对如何处置突发事件而言，虽然没有达到直接解决的目的，但可以通过聚集社会民意，施加社会影响，督促问题得以解决。

2. 网络围观不会改变主流价值观的权威性

网络围观的心理特点和行为方式看似不利，实则不然。虽然个人融入群体后部分个性会被湮没，群体思想会占据统治地位，也容易表现出排斥异议、极端化、情绪化等特点。但在新媒体环境下，价值观日趋多元化，不会存在网民个性被完全湮没的情况。网络围观不同于现实世界中围观参与者多集中于某一地域，网络围观的参与者覆盖地域广泛，只要有网络的地方就可能有网络围观。任何人，不管身份、年龄、性别、民族，都可以参与，草根与精英均可发出自己的评论。在大众的既定观念里，多重声音的发声会对公信力造成一定的冲击。然而，公信力是通过受众体验形成的，媒体公信力的形成有赖于日复一日、年复一年美誉度的延续、叠加和累计，最后表现在受众对媒体的忠诚度上。

3. 应将网络围观引向合理轨道

当事件与当事人的认知匹配度高的时候，人们的责任感就会很强，并作出积极的反应；但若是匹配度低，责任感就会相对减弱，面对困难往往会退缩。比如在面对环保问题时，网络围观带来的高关注度，往往能够使环境得到进一步改善；现代公益事业若想得到进一步的响应和支持，也应该主动提高网络围观的参与度；网络围观为反腐倡廉行动提供了更多的可能性；在民生问题上，如房价、油价、食品安全等方面，需要引入及时反馈机制，网络围观在某种意义上能够起到随时监督报告的作用。在刑事类和八卦隐私类事件中，多数情况仅仅是为了满足围观者的好奇心，对事件本身的关注并没有很大的社会意义，不过，有时可能会造成短期内的舆论偏向。因此，要针对事件的不同类别将网络围观引向合理的轨道。

二、深度报道对舆情的影响

传播学者怀特早在20世纪初就提出，大众传媒具有社会协调、解释功能、遗产传承和娱乐功能。在我国，媒体还肩负着党和政府的“喉舌”功能，主流媒体在影响力、公信力、传播力方面居于领导地位，在新闻信息的传播过程中占据核心位置，肩负着舆论引导的重要使命。

（一）舆情中深度报道的功能与价值

1. 整合受众认知

媒体最基本的功能就是收集、传递信息。新时期呈现出复杂的多元舆论格局，相较过去，民众发表意见的渠道增多，各种意见和观点交织，尤其是近年来突发性公共卫生事件频发，各种造谣信息、极端言论在网络平台上散布、转发，不利于社会安定，容易动摇、煽动人心。“横看成岭侧成峰，远近高低各不同”，人们迫切需要媒介为他们整合信息，提供全方位的认知。

我们所处的信息化时代是一个整合时代，随着网络的普及，各种信息层出不穷，就更加需要发挥深度报道的整合认知功能。对于一个热点事件进行深度报道，需要剖析事物的本质，反复、深入地探究事件背后的信息，也就是全方位、多层次、多角度地详尽报道事实，这样才会使报道内容更充实。

2. 进行舆论监督

1987年，在党的“十三大”上，“舆论监督”这一概念被正式提出，在党和政府的支持之下，同时期出现了一批电视新闻深度报道舆论监督栏目，以中央电视台的《焦点访谈》《新闻调查》为代表，它们制作出了许多优秀的舆论监督节目。朱镕基在视察《焦点访谈》时，为节目题词：“舆论监督、群众喉舌、政府镜鉴、改革尖兵”。可以说是对电视新闻深度报道走舆论监督方向的大力支持。

媒体通过对各种社会热点现象的揭露和走访调查，揭示被遮蔽的事实真相。深度报道的舆论监督功能是具有双向作用的，媒体的舆论监督一方面是代表人民对于公权力的监督，另一方面是党和政府了解民意的窗口，为领导制定决策提供依据。

3. 提供社会预警

社会预警是指依据对社会发展稳定状况的判断，按照社会系统整合关系的模型分析，对社会系统运行的质量和后果进行评价、预测和报警。传播学在强调大众传媒的功能时，最主要的一个功能就是环境监测，防患于未然，在事件出现苗头时，就预测事态扩大的可能性后果，这是有效应对危机的方式。在深度报道中，通过对事实的调查走访，科学分析，依据专家学者给出的意见，进行可能性推测，向社会发出预警信号。

（二）深度报道是主流媒体应对舆情的利器

深度报道集中凸显了时下的热点、焦点问题，吸引了大众的注意力。它可以是对重大问题的剖析，也可以是对当前社会热点事件或时事政治的报道。这与主流媒体的选题范围和报道重心高度契合。深度报道一直是作为主流媒体应对舆情的利器而存在的，在新媒体环境下，更是如此。

1. 剖析热点事件，站稳政治立场

关键时刻发出关键声音，重大事件彰显重大作用。新冠肺炎疫情暴发后，我国主流媒体进行系列深度报道，如《坚定信心坚决打赢疫情防控阻击战》《打响疫情防控的人民战争》《武汉胜则湖北胜 湖北胜则全国胜》等文章有力发挥了《人民日报》的引领作用。

2. 解读方针政策，提高主流媒体舆论影响力

主流媒体作为党和政府的喉舌，宣传党和政府的方针、政策，做好舆论引导工作是其主要社会职责。改革越向纵深发展，矛盾和问题就会越发凸显，民众对于国家政策的新走向就会越发关注。

3. 挖掘事实背后真相，提高信息“含金量”

深度报道的功能与主流媒体的社会责任相契合，这是主流媒体肩负的历史使命所在。深度报道能否真实地记录新闻事实，反映当前民众所关注的热点、焦点问题，能否不浮于事实表面，对事实进行深层次的挖掘，这都是深度报道形成的基本理论依据，也是主流媒体承担社会守望职能的表现。

有人说，深度报道是新闻背后的新闻。[①] 尤其是在信息化时代，人们已经不再满足于知道信息，更想知道信息背后的“含金量”到底有多少。媒体竞争日趋激烈，作为主流媒体更应该跳出对事实浅层次的“跟风式”传播，对新闻事实进行深层次的挖掘，这才能体现作为主流媒体的社会责任。

---

① 王颖，王怡. 展示主流媒体的独特魅力：观察《新华日报》深度报道［J］. 新闻通讯，2000（10）：10-11.

第三节 新媒体时代的品牌运营

曾经的电视新闻深度报道栏目靠创品牌、树特色、出精品，显示出了强大的社会影响力和市场号召力，然而随着经济和科学技术的不断进步，当前新媒体发展势头强劲，传统媒体市场呈现衰微态势。在此背景下，电视新闻深度报道也面临着许多挑战。如何从新媒体时代的电视节目中脱颖而出，在品牌之路上阔步前行，成为电视新闻深度报道面临的新问题。

一、SWOT 分析

新媒体在中国发展时间短，但是发展势头非常强劲。从 2011 年开始，新兴媒体的市场份额超过了传统媒体。新媒体的出现和快速发展对传统媒体造成了很大的冲击，媒体的报道方式也不可避免地受到影响，许多传统媒体不断寻求新的发展机遇，走向与新媒体的融合发展之路。在这样的背景之下，电视新闻深度报道的发展既存在优势，又存在劣势，既面临机会，又面临威胁（见表 8-1）。

表 8-1 电视新闻深度报道 SWOT 分析

优势（strengths） 优质生产，内容制胜 重视受众的需求和体验	**机会（opportunities）** 主流媒体试水“内容付费”
劣势（weaknesses） 人才流失严重 缺乏有效盈利模式	**威胁（threats）** 新闻来源优势不再 受众偏好改变，浅阅读盛行

（一）内部优势

1. 优质生产，内容制胜

在移动互联网时代，信息是无法被隔绝的。媒体在进行新闻报道时，仅仅简单地告知公众信息是不行的，特别是在重大事件发生时，事件的复杂程度或许超出了受众的理解范围，他们往往需要进一步地了解深层次的信息。电视新闻深度报道靠优质内容生产制胜，每当重大事件发生时，专业媒体凭借专业优势，派记者进行深度调查并由编辑部门层层把关，生产出高质量的新闻报道，节省了受众的时间和精力，为其提供了更全面、更有价值的信息。在这个过程中，媒体需发挥自身专业优势，对国内外重大事件进行深度解读，及时做好宣传和舆论引导工作。

2. 重视受众的需求和体验

随着人们生活的社会化程度极大提高，急剧变动的社会现实将呈“爆炸”态势的海量信息呈现在人们面前，在这一进程中，社会上出现了很多新现象、新问题和新矛盾，各种思想观念相互冲突、相互碰撞，大众迫切地需要从媒体上了解与个人利益息息相关的信息，以便对社会变革进行及时有效的解读。在这种强大的受众需求的催生下，“深度报道成为继党派新闻、客观报道之后的第三代主流报道形式——讲求从总体的联系和结构上把握新闻事实，把新闻事实‘还原’到现实的社会联系和社会发展中”①。

（二）内部劣势

1. 人才流失严重

电视新闻深度报道在中国发展的过程中，涌现了许多优秀的记者。他们经常是风里来、雨里去，很多时候可能身处险境，却毫不退缩；他们经常要耗费几周，甚至是几个月的时间才能完成一则深度报道。现实状况是，他们付出了很多的努力，却往往得不到应有的尊重，实际收入相较同行要低很多，从事深度报道的采编人员往往需要强大的精神支柱，满怀新闻理想才能支撑其往前进。

2. 缺乏有效盈利模式

从《2020 中国传媒产业发展报告》可以明显看到，新媒体的市场份额远远超过了传统媒体。投资人将目光瞄准了新媒体市场，新媒体得到了蓬勃发展。反观传统媒体，无论是用户规模还是运营收入都在下滑。在此背景下，许多传统媒体不断压缩成本，其中，最费力（人力、物力、财力）的深度报道部门面临被撤销的局面。

（三）外部机会

主流媒体试水“内容付费”。在知识经济时代，知识付费应该成为一种常识，而国内新闻界开始实施“内容付费”的举措才刚刚起步，2017 年 11 月 6 日，财经传媒开始启动全面付费财经新闻，试做行业带头人。2017 年《三联生活周刊》也开始了“内容付费”。在“内容付费”的背后，要求的是进一步提升内容质量，坚持以“用户为中心”，为受众提供更为优质的报道，只有这样，价值与服务才能对等。

---

① 孙玉胜. 十年：从改变电视的语态开始［M］. 北京：生活·读书·新知三联书店，2003：115.

当然不能一刀切地实行“内容付费”，主流媒体也会适当免费开放部分内容，以吸引新的受众。如财新网在实施“内容付费”时就进行了细化，除了即时收费和分时收费之外，还为受众保留了一部分免费内容。受众在享受免费的信息时，如果要获取进一步的服务就需付费，这样循序渐进，形成媒体的盈利模式。

（四）外部威胁

1. 新闻来源优势不再

过去新闻信息获取的渠道被传统媒体所垄断，新闻线索掌握在记者手中，这使得媒体发布的信息成为“独家”，但在新媒体时代，每当出现突发事件，身处事件现场的网民就可以直接爆料，传统媒体难以获得第一信息来源，丧失了独家深度报道的时机。另外，现在媒体进行深度报道的信息来源主要是借助互联网和各种自媒体平台，虽然有海量的信息呈现在我们面前，但是各种信息真假难辨，想要获得真正有价值、值得深度报道的信息如大海捞针，这也给确定深度报道信息来源真实性带来了较大困难。

2. 受众偏好改变，浅阅读盛行

新媒体时代，信息数量呈现几何级数增长，人们没有那么多的精力和时间来消化信息，因此一部分受众阅读新闻时只看标题，这就导致标题党和浅阅读的盛行。然而浅尝辄止的阅读方式只会使人们丧失深入思考的能力，对世界的认识也会显得支离破碎。在信息社会，人们的思想追求应该更高，这就要求阅读不应仅停留在消遣娱乐层面，更重要的是对知识的获取和深度解读，这也是深度报道在新媒体时代存在的重要基础。

二、战略矩阵

节目个性化、节目精品化，是电视新闻深度报道发展的战略选择。深度报道节目品牌是指电视新闻节目同类产品中的精品，这种产品具有受众公信度和市场号召力，它不仅仅是一种优质的节目产品，更创造了一种节目品牌文化。因为，节目品牌一旦形成，就会产生积极的社会舆论功效。要想打造中国电视新闻深度报道品牌节目，首先就要制定节目的宏观战略。

（一）主流舆论

电视新闻深度报道是表达公众信息和传播社会信息的载体，它一直在引导着舆论。舆论引导理念的内涵是十分丰富的。这里所指的舆论引导理念，就是要坚

持正确的舆论导向。由此，舆论引导的内容应涉及所有已经形成、即将形成的舆论，涉及可引发舆论的所有社会问题、社会事件、社会现象，涉及一切关系国泰民安、社会进步的公共意见。①

电视新闻深度报道的舆论引导，首先，必须以党和政府的路线方针政策为依据，不能违背国家的法律和政策行事。其次，必须尊重新闻规律，坚持按照新闻传播的规律办事。最后，必须尊重舆论引导的对象，即广大受众，了解受众的心理，注重引导艺术，提高舆论引导水平。

（二）权威路线

一个成功的电视新闻深度报道栏目，既要注重品牌效应，更要坚持走权威路线。这个“权威”包括栏目的周期性、稳定性。

周期性，是指除非有特殊情况或明显的改动需要，电视新闻深度报道栏目总是在每周的固定日期的某个固定时段播出。日期和时段的固定，有利于培养稳定的受众群。

稳定性指节目主持人的稳定和节目样式、风格的稳定。固定的主持人、固定的样式、固定的风格，是一档电视新闻深度报道栏目的品牌标志和外部质量标准，也为受众提供了信誉保证。在我国，这种稳定性无疑被极大地忽视了。

电视新闻深度报道栏目应注重对主持人的包装培养，突出主持人的作用。主持人的个性决定了栏目的个性，主持人的知名度决定了栏目的知名度。电视新闻深度报道栏目要做到平和自然、亲切到位，还要求主持人有与之相适应的外在条件与内涵修养；以真情吸引、诱导受众对节目的兴趣和投入，处理好与不同类型受众的关系，具备应付各种可能出现的意想不到的问题的能力，只有不断地调节自己，才能找到栏目中需要的“自我”。因此，名主持的应时而生，是体现电视新闻深度报道精品力作本色的重要因素。

电视媒体是大众传播工具，应该以大众化为主题；电视媒体具有教育功能、认识功能、提高社会审美水平的功能。作为电视新闻“排头兵”的深度报道必须肩负起提高受众文化素养的职责，所以，具有一定的文化品位是电视新闻深度报道必不可少的。文化品位是构筑电视新闻深度报道品牌的重要因素，也是一个媒体的灵魂。在栏目品牌的建设中必须重视和追求文化品位，丰富文化内涵。当然，文化品位必须根据栏目的性质、内容、受众来确定，既不能都浅而白，也不能都

---

① 吴高福，侯迎忠，等.报业发展与全面建设小康社会［M］.长沙：湖南大学出版社，2008：42.

深奥玄妙。品牌栏目的打造，文化软实力的提升是一个永无止境的过程，应将二者结合起来，在围绕中心、服务大局中找准定位，在面向基层受众群中塑造品牌形象，以全面提升电视新闻深度报道的核心竞争力。

（三）强势表达

深度报道作为电视新闻中的强势节目类型，其“强势”主要体现在节目的播出时长设置和时段编排上。节目的时长取决于受众对深度报道的关注度和停留时间的长短，节目的时长不仅可以体现节目的总体布局，还可以体现对目标受众的观照。在节目编排这个环节，首先要考虑的是电视新闻深度报道所占频道播出时间的比例，其次是节目之间的关联性。

电视新闻深度报道节目编排一般比较重视选取黄金时段，特别是晚间黄金时段，在这些时段里，节目的播出适合受众收视，有利于形成受众递增的趋势。这一时段的节目编排，应采用大众化节目和分众化节目交叉进行的方式，力求在锁定目标收视群体的同时，通过大众化节目提高整个时段的收视点数。

确定时段是节目表现“强势”的重要手段，它涉及以下几个方面：

要想形成节目资源的整体优势，可以通过不同的方式形成“节目群”，即根据某一宣传思想，把几个不同类型或几个相关类型的节目有机地组合在一起，使符合受众某种心理特征的节目集中安排在一个特定的时间内播出。整个电视新闻深度报道节目的创作必须为整体服务，考虑相邻节目之间的关系、衔接等。比如，关乎国内国际重大新闻事件的深度报道播出时间不能太晚，要注意时效性，尽可能在第一时间进行播报，并且根据事件本身的重要性考虑适当延长播出时间；财经类深度报道可以放在稍晚的时间段播出，这主要是考虑到受众的具体收视条件等。时间段的选择还应考虑到不同电视台相同类型的深度报道在播放时间上互相错开，以防“撞车”；还需注意的是，节目内容一旦确定，不应随意变化，否则会显得立足不稳，缺乏信心。

三、品牌塑造

电视新闻深度报道具有特殊且重要的“舆论领袖”地位。因此，从时代呼唤和受众需求的角度而言，都要求其出精品，创品牌。电视媒体应该从哪些方面着手塑造深度报道的品牌节目，是颇值得研究的。

（一）选题策划

1. 选题策划的重要性

“新闻报道策划”是媒体业务层面的必修功课。中国人民大学蔡雯教授对“新闻报道策划”做出了如下概括：“新闻报道策划是新闻编辑选择某些报道选题，为使这些报道获得预期的传播效果，对新闻传播活动进行规划和设计，并且在报道实施过程中不断接受反馈，修正原先设计的行为。”①

选题策划对于电视新闻深度报道节目来说，有助于体现报道的深度，在节目表现力方面可以通过事先的周密设计提高一定的水准。除提高节目层次的作用外，还具有两方面更为必要的作用：

第一，有利于加强前期控制。对于一些揭露性的报道，加强“前馈”是十分必要的。所谓“前馈”，就是在批评报道发表前，报道者要广泛听取各方意见，包括上级领导部门的意见和被批评者的意见，以此作为报道策划的重要依据，并且应把各方面不同意见反映给受众，以避免报道偏颇和新闻侵权。对于一些问题探讨性的报道，选题策划可以极大地开拓和有效利用各种新闻资源，从不同角度充分发掘出潜在的新闻价值。这样不仅可以敏锐地看到眼前发生的事实，而且可以回顾历史，科学地预测未来，找到过去、现在和未来之间的发展联系，保证在大的方向上有一个正确把握，避免明显的缺失。

第二，有利于节约成本。选题策划对于长时段的电视新闻深度报道尤为必要，因为每期节目的制作成本，包括投入的人力、物力都十分可观。央视《新闻调查》是较早引入策划机制的电视新闻深度报道节目，起初也是出于节约经费的考虑。如果没有经过周密的筹划、研究就匆忙投入拍摄，造成的损失将是无法挽回的。为此，《新闻调查》在节目制作步骤中增加了“前前期调研”。所谓“前前期”其实就是在真正开机拍摄之前预留的准备时间，并在此期间对某一选题的可操作性进行鉴别、斟酌。由于深度报道的大制作、高投入等特点，这个预留时间是避免盲目投拍、制作造成经济损失的必要缓冲阶段。

2. 选题策划的组织实施

在新闻实践中，新颖、重大的选题是电视新闻深度报道成功的关键。选题要新鲜，是指电视新闻深度报道要选择新事件、新角度、新变化进行报道。不仅要在最新出现、最新关注的问题上做文章，强调深度报道为社会解难的责任，还要在关系社会发展、国计民生的新发生的重大事件和改革上做足文章。

---

① 吴乐珺，唐泽. 解构深度：中外电视调查性报道研究［M］. 长沙：湖南人民出版社，2007：100.

选题策划是节目制作流程的重要部分，工夫主要花在选择做什么和预先设计怎么做这两个方面，通过周密思考、群策群力，依靠充分的准备和事先的构想达到理想的传播效果。

以下从选题策划的一些具体环节加以详细说明：

第一，消息来源。在新闻竞争日益激烈的今天，消息来源是保证新闻节目及时性和有效传播的一个关键因素，而独家新闻线索就如同茫茫沙漠中的绿洲一样，历来为新闻媒体所必争。

电视新闻深度报道的节目线索可以通过仔细甄别、筛选公开的一般消息获得。比如，可以从报道破绽或几组不同报道之间的相互矛盾中发现新闻线索，也可将公开存在的某些争议作为着手点，展开调查。但很多具有揭秘色彩的节目都是依靠特殊消息来源发现隐性线索，在实践中多为“线人”直接透露，或者再次经过媒体内部、相关机构的信息传递来实现。

第二，选题筛选。对于电视新闻深度报道来说，选题的鉴别和筛选是一个复杂的脑力劳动过程。选题筛选不仅考验了选择主体自身的见识、经验阅历的积累程度，而且也对其在特定报道环境下、特定报道时期内，将众多相关因素综合联系和分析判断的能力提出了挑战，把握起来有较大的难度。因此，建立完善的选题会议制度，确定明确的选题筛选标准是集思广益、避免缺憾的重要保证。

第三，节目定位。影响电视新闻深度报道选题策划的另外一个重要因素是节目的自身定位，包括节目内容定位和目标受众定位。节目内容定位直接影响着选题策划活动。电视节目品质的高低可以影响受众的喜好水准，反之，受众喜好水准的高低也可以直接影响电视节目制作者的创作思想，这是一个互动的过程。

我们应将电视新闻深度报道节目的目标受众定位为接受新生事物的能力较强、对未来抱有积极态度、关心媒体对国家政策变化的传播、从中窥测出社会变动的方向以便使自己适应社会的群体。从传播学角度讲，这些受众在节目中才有互动性和对话性，才能使节目达到最佳的传播效果。

（二）节目生产

电视新闻深度报道节目的生产是一个系统而繁杂的动态过程，与其他节目的生产有共性的一面，也有独特的运行机制。

1. 采访深度决定报道深度

电视新闻采访是电视记者为调查了解新闻事实并发掘其内部联系而进行的职业活动，也是电视新闻的报道手段之一。采访是新闻报道的前提和依据，可以说，采访直接决定着报道的成败。但是，在采访活动中，并不是所有记者都能够自觉地把采访作为制作新闻的第一要义，有时候有些记者会过于重视拍摄技巧、编辑手法和视听结构的完整性，他们常会摆不正自己作为新闻记者的位置，有意无意地忽略电视媒介作为重要新闻载体是要将最真实的一面展示给受众的，其事实属性在新闻本体上具有绝对的意义。在采访中，有些记者为追求画面的美感和情节的完整性会随意干涉新闻事件现场，摆布、导演的痕迹在电视新闻报道，特别是在深度报道节目中处处可见；为构图、用光等美学需要而忽略新闻事件中重要细节信息的情况也时有发生。这些无疑都会影响到新闻信息传递功能的发挥和受众对信息的接受。

第一，策划采访方案。采访如同打仗，仗怎么打，从哪里开始，选择什么突破口，怎样纵深发展，怎样扬长避短等，都应该在作战前设计一个好的方案。“凡事预则立，不预则废”，事前有周密的计划，采访才会掌握主动权。因此，在采访之前列一个采访提纲，考虑要选择哪些点进行采访，到底要表现人或事件等报道主体的哪一种特质，表现怎样一个主题等，对于记者，特别是对经验尚不丰富的记者尤为重要。采访方案不仅能避免记者到现场后手忙脚乱，顾东顾不了西，还有利于提高节目质量的保险系数，减少因前期准备不足而导致的制作浪费。

第二，注意采集同期声。在电视新闻深度报道中，只有记者拍摄的画面和声音才具有不容置疑的真实感和现场感，才能引起受众的共鸣。同期声是各种声音中最重要的声音之一，指在拍摄人物讲话的同时录下的讲话声和背景声，包括现场效果同期声（伴随新闻事件发生而同时发出的各种音响）和现场采访同期声（新闻现场中采访对象说话的声音）两种。生动、典型的现场同期声，特别是人物富有个性的语言和其他典型性的背景声，能够充分体现电视新闻声画互补、水乳交融的整体完善的宣传效果。

第三，注意采集能够深化主题的现场画面。一切可以诉诸受众视觉感受的电视图像元素称为电视视觉语言，即电视画面。电视画面侧重反映人物情感，“并通过构图、用光、色彩、节奏音响等多种艺术手段使这种情感信息得到强化”[①]。画面在电视新闻中，特别是在电视新闻深度报道中对表现主题、达到预期的传播效果起决定性作用。虽然电视画面包含很多内容，但最能打动观众，而记者在繁忙的采访中最容易忽略和最应该注意的地方是对新闻主体细节的摄取。“有价值，但很乏味”是对某一新闻报道最糟糕的评价之一。一些虽看起来细微平凡的画面细节，

---

① 王水利. 电视新闻学概论［M］. 北京：北京广播学院出版社，1990：110.

却内含丰富的现场信息，可以从某一侧面、某一角度或某一片段反映出具有深刻意义的东西，是能够让受众全神贯注地倾听和观看的。这些在采访中绝不能错过。

第四，记者注意现场提问和倾听的艺术。电视新闻面对面地交流使受众因视觉距离缩短，而产生真实感、参与感的心理认同。深度报道的现场采访，不仅要展现记者与采访对象的面对面交流，而且要把这一过程直接传播给受众，激发电视机前受众的参与感，甚至能调动起他们上电视接受采访、发表见解的参与欲。电视新闻的视觉传播使受众不是被动地观看新闻，而是被报道中的人和事所吸引，他们喜怒哀乐的情绪被屏幕形象调动起来，从而引发丰富的思维活动，引发情感的沟通。

电视新闻深度报道的水平往往取决于采访。一个优秀记者的高明之处不在于自己讲得如何，而在于如何让别人“说”得精彩，表现得精彩。没有愚蠢的采访对象，只有无知的采访者。采访是一门与人交流的艺术。记者的采访功底在采访对象语气、表情等细节的表现上起到至关重要的作用。

另外，学会倾听是提问的前提。在深度报道中，倾听不仅要听对方说什么内容，还要边听边思考，考虑对方所说的内容有多少是自己想得到的，有多少是自己能用的，有多少是可以继续深挖的。思考式倾听相当重要。在采访中，记者经常遇到这种情况：记者想让采访对象说出的内容，往往是人家不愿意说的；而采访对象想讲的又常常不是记者想要的。这时，记者的倾听就变得尤为重要，不能只想着提问。

2. 电视新闻深度报道品牌节目的文本结构

明安香认为：“新闻信息的联结不再是线性的，而是网状的；新闻报道与写作的文本结构不再是线性文字的，而是超文本结构的。所谓‘超文本结构’就是文本的构成，不仅有文字文本，而且有声音文本、图画文本直至影视文本。在超文本结构中，新闻报道中的每一个关键人名、地名、时间，甚至每一个词语、每一个句子都可以联结另一个声音文本、图画文本、动画文本或影视文本。”[①] 对节目的文本结构高度重视是近几年才开始的，一方面是激烈的传媒竞争环境所致，另一方面也是电视人自觉探寻节目提升空间和新增长点的结果。

以央视《新闻调查》为例，从文本结构的角度对其语言要素进行分析梳理，发现构成电视新闻深度报道品牌节目的文本构建包括以下几个方面：节目的定位是构建文本的基础；选题是文本结构的第一步；调查采访过程是文本结构的链条；

① 明安香，等. 信息高速公路与大众传播［M］. 北京：华夏出版社，1999：240.

语言是深度报道文本的重要元素；环境是深度报道中不可缺少的元素；现场是模拟叙事；细节是叙事的点睛之笔；节目时长是深度报道文本构建时需要考虑的结构因素；出镜记者或现场主持人是节目的灵魂。背景资料、音乐、音响、图示、文字等元素都可包括在深度报道的文本之中。

《新闻调查》的文本结构可以归纳为：对新闻场景进行编排时，采用叙事的结构，以记者展开调查的时间先后为顺序，通过记者串场的形式，将记者与多个采访对象之间交流的内容串联起来，最终形成一个完整的调查过程。叙述内容的表达形式有三种：零聚焦、内聚焦和外聚焦。零聚焦是指对事件进行全知全能式的叙述；内聚焦是指从特定的某个人物的角度叙事；外聚焦是指从旁观者的角度叙事，不涉及任何主观内容。深度报道习惯于采用“外聚焦”式的叙事结构来报道新闻事件，这种结构比较容易在人们之间建立认同感，并在讲述过程中发挥特别重要的作用。

3. 电视新闻深度报道品牌节目的运行机制

如果把制作电视新闻深度报道的过程看成一条组装流水线的话，那么选题、调查、采访拍摄、剪辑、合成则是组装线上的多个零部件。节目最核心的价值绝不是单纯靠收视率来体现的，而是由获知线索、信息甄别、申报选题、专题策划、前期调查、前期拍摄、后期编辑、初审、修改、终审直至最后合成播出的各个环节共同构成的完整体系。

节目人员构成及管理。电视新闻深度报道节目的管理模式是在多年的新闻实践中探索得出的，在具体节目制作的各个环节都有相应的责任人，环环相扣。这种方式能合理优化人力资源的配置，最大限度地提高效率和质量，也为培养高素质的策划、编导、记者、摄像提供了专业平台。电视区别于纸质媒体的本质特征是其独有的视听语言。对于电视新闻深度报道而言，拍摄绝不是简单地记录出镜记者的采访，而是要意识到拍摄本身也是采访，是调查的手段之一，应该充分运用镜头的运动形式、景深、光线、色彩、宽容度等寻求视觉的证据。

节目运作的标准化机制。新闻产品的程序化制作对控制节目的标准化生产提供了保障，当节目达到标准化生产水平后，就解决了传统的电视节目制作中最头疼的问题——节目质量对个别人的依赖，把电视节目生产中不确定的因素降到最低点。电视产品的个人化色彩强烈，10 个人做同一期节目会产生 10 个不同的风格，即使记者、编导的工作被人替代，但其思想、感情、知识和社会影响却是无法替代的，所以好的节目制作人会提升整个节目的品质，一旦离开他们，节目质量就难以得到保证。生产的标准化准则，会对节目的形式与内容、操作要求、管理规范和人员的职业规范都做出科学详尽的规定。一旦一个节目的定位、风格、形态、时长确立了相应的标准，选题方向、切入角度、叙述方式和叙事节奏等诸多因素也都有了自己的标准的时候，就有了每一个生产者进入操作时需要共同遵守的准则，以此来确保每一期节目的质量底线。

（三）节目品牌营销

任何节目品牌都有基础的共性特征，无论是新闻节目还是娱乐节目，都具有固定的时长、固定的播出时间、固定的结构、固定的风格等。电视节目是一种文化产品，作为一个品牌同样具有商业品牌的特征。谈到品牌，我们需要从品牌特征方面重新界定电视节目的本体共性特征。

1. 电视新闻深度报道节目的品牌战略

品牌战略是品牌经营者运用各种手段以最快的速度增强商品品牌力，努力使品牌做大做强，并尽力维持该品牌的行业领先地位，从而使品牌在其生命周期内发挥最大作用，创造最大价值。电视新闻深度报道节目的品牌战略具有全局性、长期性、导向性、系统性和创新性的特征。

电视新闻深度报道节目的品牌战略构成因素有：

第一，电视新闻深度报道节目品牌的战略目标。战略目标是品牌战略的主要内容，是企业在一定时期内在全国经营品牌方面所要达到的理想效果。电视新闻深度报道节目品牌的战略目标是对节目品牌战略经营活动取得的主要成果的期望值。电视新闻深度报道节目品牌战略目标的设定，同时也是节目品牌宗旨的展开和具体化，是节目品牌宗旨中确认的节目经营目的、社会使命的进一步阐明和界定，是对节目品牌在既定的战略经营领域展开战略经营活动所要达到的水平的具体规定。在电视新闻深度报道节目品牌中，战略目标表现为该节目品牌满足特定消费群体的内在精神文化需求、引导社会舆论、节目收视份额等。电视深度报道节目品牌的战略目标作为节目品牌战略的主要内容具有宏观性、长期性、相对稳定性、全面性、可分性、可接受性、可检验性和可挑战性的特点。

第二，电视新闻深度报道节目品牌的战略重点。在确定战略目标的同时，必须确定实现这一战略目标的重点，以点带面来达到既定的目标。电视新闻深度报道节目品牌的战略重点是品牌节目的角色定位，例如《焦点访谈》的品牌战略重点是品牌高端化战略，该节目品牌同时担任着相互联系但略有区别的几种角色，即观察者（代表受众的眼睛察看）、报道者（提醒、告知情况）、调查者（挖掘事件的内幕并推动问题的曝光）、宣布者（发布官方的权威信息）、分析评论者（重新构造事件的信息及思路，为受众设定关于事件的议程、角度和性质）、参与呼吁者（主张意见与态度，促使问题的解决）。

第三，电视新闻深度报道节目品牌的战略步骤。战略步骤指为达到一定的战略目标而采取的有计划的行动次序。任何有计划的战略行动都必然是有步骤的行动，前一个步骤为后一个步骤创造条件，从而使整个战略计划得以实现。采取恰当的战略步骤，是正确实施战略指导的必要条件。电视新闻深度报道节目品牌的战略步骤要结合节目的具体情况做出具体的部署。实施电视新闻深度报道节目的品牌战略，具体来讲要做好三个战略：

（1）电视新闻深度报道节目品牌的命名战略。首先，电视新闻深度报道节目品牌命名的步骤与程序。一般电视节目的命名都遵循这样的步骤与程序，即前期调查—选择适合的命名策略—动脑会议—名称发散—法律和语言审查—内部筛选—目标人群测试—确定名称，电视新闻深度报道节目品牌的命名同样适用。

其次，电视新闻深度报道节目品牌命名的原则。要符合语言文字规范，这是底线和最基本的原则；要遵循简单易记忆的原则；要遵循上口易传播的原则，如《调查中国》《社会纵横》等；要遵循预埋发展管线的原则，也就是说，当节目品牌发展到一定阶段时依然适用。

最后，电视深度报道节目品牌命名的策略。一是品牌的传播力要强。一个成功的电视新闻深度报道节目拥有家喻户晓、妇孺皆知的品牌，消费者在消费时能够第一时间提取出该节目品牌的名称。比如一说到电视新闻深度报道的节目品牌，观众就会想到《焦点访谈》《新闻调查》这样的名字。因此，对于品牌的命名来说，首要解决的是品牌名的传播力问题。二是，品牌名的亲和力要浓。品牌名的亲和力取决于品牌名称用词的风格、特征、倾向等因素。只有具备良好亲和力的品牌节目才能使品牌的传播达到最佳的效果。三是品牌名的保护性要好。一直以来市场中都不乏处心积虑的市场追随者，他们往往选择“螳螂捕蝉，黄雀在后”的竞争策略，故而在给节目品牌命名的时候要充分考虑对品牌名的保护问题。

（2）电视深度报道节目品牌的定位战略。首先，电视新闻深度报道节目品牌定位的目的与意义。定位是品牌战略的重中之重，对节目进行科学合理的定位是品牌创建战略的第一步。其次，电视新闻深度报道节目品牌定位的过程。品牌定位的过程实际就是市场定位的过程，节目可以根据自身战略和产品情况从子市场中选取有一定规模和发展前景，并且符合节目目标和能力的细分市场作为目标市场。

（3）电视新闻深度报道节目品牌的形象战略。品牌形象的有形内容又被称为

“品牌的功能性”，即与品牌产品或服务相联系的特征。从消费者的角度来讲，“品牌的功能性”就是品牌产品或服务满足其功能性需求的能力。例如一说到电视新闻深度报道节目，你就会想到传递新闻事实、深度挖掘的功能性形象。品牌形象的这一有形内容是最基本的，是生成形象的基础。品牌形象的有形内容把产品或服务提供给消费者的功能性满足与品牌形象紧紧联系起来，使人们一接触品牌，便可以马上将其功能性特征与品牌形象有机结合起来，形成感性的认识。

除了品牌形象的有形内容外，还有无形内容。品牌形象的无形内容主要指品牌的独特魅力，是营销者赋予品牌的，并为消费者感知、接受的个性特征。像《新闻调查》的为追求目标，崇尚理性、平衡和深入的精神气质就是它的无形内容。如果将电视新闻深度报道节目品牌形象的有形内容比喻成一个人的“形”的话，那么无形内容无疑是这个人的“魂”。

2. 电视新闻深度报道节目的营销战略

电视新闻深度报道节目品牌的营销战略就是通过营销的手段来实现电视新闻深度报道节目品牌的提升，促使电视新闻深度报道节目发挥舆论引导与监督作用，实现其自身的可持续发展，使社会效益与经济效益达到有机的统一。

品牌生命周期战略、品牌统一战略、品牌公关战略和品牌延伸战略是构成电视新闻深度报道节目品牌营销战略的四要素。

第一，品牌生命周期战略。任何一个电视节目品牌的发展都要经历从品牌孕育到品牌初创再到品牌成熟的历程，电视新闻深度报道节目品牌也不例外。节目品牌在不同的发展时期要采取不同的营销决策。

在孕育阶段，电视新闻深度报道节目应将时代的大背景与 STP 营销理论相结合，在准确的市场细分的前提下，找到电视新闻深度报道节目的目标市场，经过充分细致的调查研究来确定节目的市场定位：在节目的生产过程中，深入挖掘和开发节目的个性和特色，以区别于其他电视新闻深度报道节目。

在初创阶段，主要任务是打造声势，为其进入成熟期打好基础。优良的节目品质是一个节目品牌能够成功的最基本条件。

节目品牌进入成熟期以后，就会表现出市场占有率稳定、拥有很高的知名度和忠诚度、市场地位的确定和观众需求的稳定等特征。这一时期的营销策略就是要结合时代背景，洞察人民群众的心理变化和内在需求，深入发掘节目品牌的功能性特征，维持现有收视群体，缔造节目品牌的引力场，不断吸纳潜在收视群体，提升节目品牌的收视率，完善节目生产管理体制，降低生产成本，强化营销手段等。

第二，品牌统一战略。所谓品牌统一战略，就是通过对品牌形象的战略规划、标志设计等来实现节目品牌从分散到统一的战略管理，以形成品牌资产。例如一提到《焦点访谈》，人们就会想到它敏锐的视角、精细的选题、翔实的资料、深刻的分析、鲜明的观点，想到它关注社会大事、聚焦新闻热点、传达党的声音、反映人民的意愿，想到它庄重、大方、朴实、严谨、用事实说话的风格，想到它蓝绿之中一点红的 logo。

第三，品牌公关战略。品牌公关是指品牌主体在处理企业与社会、公众、媒体的关系时，充分利用公共关系的职能为产品或服务塑造良好的品牌形象，提高企业的品牌价值。品牌公关具有双向性：品牌主体与受众之间的双向交流、快速应对性。品牌公关常有突发情况，需要迅速作出准确的判断和决策。另外，媒体应该意识到，自己的节目、员工都是自身品牌的组成部分，对有损于自身品牌的事件或个人，应进行相应的惩戒，树立品牌意识，维护媒体品牌形象，从而将可能造成的损害降到最低。

第四，品牌延伸战略。狭义上，品牌延伸是指借助已成功的品牌，扩大品牌所涵盖的产品组合或产品延伸线，利用原有品牌进行产品组合或产品线延伸；广义上，品牌延伸是指利用成功品牌的声誉推出新产品的过程，是使新产品投放市场伊始即获得原有的品牌优势支持，并顺利地开拓和占领市场的过程。

对于电视新闻深度报道而言，适当的品牌延伸具有很大的现实效用。首先，借助母品牌节目的忠诚度和美誉度，能减少子节目新品牌的入市成本；其次，品牌延伸能综合利用所有品牌资源，树立行业综合品牌形象，实现产出投入比的最大化；最后，品牌延伸能丰富品牌种类，扩大品牌容量，增强品牌实力，从而提高市场占有率和品牌影响。

总之，电视新闻深度报道节目的品牌营销战略是一项重要且繁杂的系统工程，只有在对其内容具体且深刻的理解基础上，充分发挥人的主观能动性和客观创造性，不断地探索和创新，方可探寻出中国电视新闻深度报道节目的品牌之路。

本章小结：

1. 新媒体赋予公众权利的种类：知晓权、传播权、舆论监督权、选择权。

2. 电视新闻深度报道品牌节目与节目策划有很大的关系。经营与策划是电视产品生产范畴里战略与战术的两个方面，电视节目的策划应该注重接收端的需求，按照具体情况具体分析的原则执行品牌与营销的策略。

3. 电视新闻深度报道在策划的过程中，要以社会效益为首要目标，在追求经济效益的同时不要忘记社会“公序良俗”的制约。

关键术语：

1. 注意力经济：在信息社会中信息不是稀缺的，稀缺的是注意力，正是由于它的稀缺性，注意力才可以转化为财富。

2. 影响力经济学说：传媒真正的市场价值在于“能够在多大程度上影响它的受众，并且这种对受众的影响力能够在多大程度上进一步地影响社会进程、影响社会决策、影响市场消费和人们的社会行为”，即传媒的本质属性是影响力经济。

3. 社会预警：依据对社会发展稳定状况的判断，按照社会系统整合关系的模型分析，对社会系统运行的质量和后果进行评价、预测和报警。

思考与研讨题：

1. 面对新闻栏目定位等呈现千篇一律的趋势，电视新闻如何保持核心竞争力？

2. 结合现实案例，谈谈媒介技术赋权的各类途径。

3. 如何理解网络围观的存在具有客观性和必然性？

4. 举例论证深度报道与舆情之间的联系。

延伸阅读：

1. 彭兰. 网络传播概论：第 4 版［M］. 北京：中国人民大学出版社，2017.

2. 屠忠俊. 现代传媒业经营管理［M］. 武汉：华中科技大学出版社，2007.

参考文献

埃默里 M，埃默里 A，罗伯茨. 美国新闻史：大众传播媒介解释史：第 9 版［M］. 展江，译. 北京：中国人民大学出版社，2009.

波兹曼. 娱乐至死［M］. 章艳，译. 桂林：广西师范大学出版社，2004.

布雷迪. 采访技巧［M］. 范东生，王志兴，译. 北京：新华出版社，1986.

陈力丹. 新闻理论十讲［M］. 上海：复旦大学出版社，2008.

陈作平. 新闻报道新思路：新闻报道认识论原理及应用［M］. 北京：中国广播电视出版社，2000.

丁柏铨. 新闻采访与写作［M］. 北京：高等教育出版社，2004.

董广安. 现代新闻写作教程：第 2 版［M］. 郑州：郑州大学出版社，2010.

杜骏飞. 深度报道写作［M］. 北京：中国广播电视出版社，2000.

范敬宜，李彬. 马克思主义新闻观十五讲［M］. 北京：清华大学出版社，2007.

方汉奇. 中国新闻传播史［M］. 北京：中国人民大学出版社，2009.

费瑟斯通. 消费文化与后现代主义［M］. 刘精明，译. 南京：译林出版社，2000.

富兰克林，等. 新闻学关键概念［M］. 诸葛蔚东，等译. 北京：北京大学出版社，2008.

甘惜分. 新闻学大辞典［M］. 郑州：河南人民出版社，1993.

郭庆光. 传播学教程：第 2 版［M］. 北京：中国人民大学出版社，2011.

国务院新闻办，中央文献研究室，中国外文局. 习近平谈治国理政：第 2 卷［M］. 北京：外文出版社，2017.

哈贝马斯. 公共领域的结构转型［M］. 曹卫东，等译. 上海：学林出版社，1999.

哈贝马斯. 后形而上学思想［M］. 曹卫东，付德根，译. 南京：译林出版社，2001.

HALE-EVANS. 心理和脑与生活：训练脑与心智的 75 项窍门［M］. 宫宇轩，刘兰，译. 北京：科学出版社，2007.

季宗绍. 电视深度报道教程［M］. 上海：复旦大学出版社，2008.

金岳霖. 形式逻辑［M］. 北京：人民出版社，1979.

康德. 纯粹理性批判［M］. 邓晓芒，译. 北京：人民出版社，2004.

雷跃捷. 新闻理论［M］. 北京：北京广播学院出版社，2003.

李彬. 符号透视：传播内容的本体诠释［M］. 上海：复旦大学出版社，2003.

李良荣. 新闻学概论［M］. 上海：复旦大学出版社，2001.

李良荣. 西方新闻事业概论［M］. 上海：复旦大学出版社，1997.

李普曼. 公众舆论［M］. 阎克文，江红，译. 上海：上海人民出版社，2006.

刘海贵. 当代新闻采访：第 2 版［M］. 上海：复旦大学出版社，2003.

明安香，等. 信息高速公路与大众传播［M］. 北京：华夏出版社，1999.

芮必峰，姜红. 新闻报道方式论［M］. 合肥：安徽大学出版社，2001.

邵飘萍. 实际应用新闻学［M］. 北京：京报馆，1923.

STEELE，ILIINSKY. 数据可视化之美［M］. 祝洪凯，李妹芳，译. 北京：机械工业出版社，2011.

孙玉胜. 十年：从改变电视的语态开始［M］. 北京：生活·读书·新知三联书店，2003.

泰勒，佩普劳，希尔斯. 社会心理学：第 10 版［M］. 谢晓菲，等译. 北京：北京大学出版社，2004.

滕守尧. 审美心理描述［M］. 成都：四川人民出版社，1998.

王春泉. 新闻采访技巧：理论与实践［M］. 合肥：安徽人民出版社，2008.

王水利. 电视新闻学概论［M］. 北京：北京广播学院出版社，1990.

翁. 口语文化与书面文化：语词的技术化［M］. 何道宽，译. 北京：北京大学出版社，2008.

吴高福，侯迎忠，等. 报业发展与全面建设小康社会［M］. 长沙：湖南大学出版社，2008.

吴乐珺，唐泽. 解构深度：中外电视调查性报道研究［M］. 长沙：湖南人民出版社，2007.

亚里士多德. 形而上学［M］. 吴寿彭，译. 北京：商务印书馆，1959.

亚里士多德. 范畴篇　解释篇［M］. 方书春，译. 北京：商务印书馆，1959.

杨伟光. 电视新闻分类与界定［M］. 北京：中国广播电视出版社，1994.

余家宏，等. 新闻学简明词典［M］. 杭州：浙江人民出版社，1984.

泽特尔. 图像　声音　运动［M］. 赵淼淼，译. 北京：北京广播学院出版社，2003.

曾祥敏. 电视新闻学［M］. 北京：中国传媒大学出版社，2012.

詹姆斯. 实用主义［M］. 李步楼，译. 北京：商务印书馆，2017.

赵玉明，艾红红. 中国广播电视史教程［M］. 北京：中国广播影视出版社，2018.

曹劲松. 论拟态环境的主体建构［J］. 南京社会科学，2009（2）.

陈隽. 采访对象：深度报道故事的内部构建者：以《新闻调查》为研究个案［J］. 中国电视，2008（9）.

陈力丹. 深度报道“深”在哪儿？［J］. 新闻与写作，2004（4）.

陈宗章. “媒体融合”与社会主义核心价值观的传播路径创新［J］. 重庆邮电大学学报（社会科学版），2016（4）.

丁柏铨. 调查性报道的若干理性思考［J］. 当代传播，2013（4）.

方洁，颜冬. 全球视野下的“数据新闻”：理念与实践［J］. 国际新闻界，2013（6）.

“广播电视媒体融合先进经验”系列报道（一）［J］. 广播电视信息，2020（5）.

郭庆光. 大众传播、信息环境与社会控制：从“沉默的螺旋”假说谈起［J］. 国际新闻界，1995（2）.

郭晓科. 数据新闻学的发展现状与功能［J］. 编辑之友，2013（8）.

韩振亮. 故事化电视新闻报道的注意事项［J］. 新闻传播，2009（7）.

胡泳. 后真相与政治的未来［J］. 新闻与传播研究，2017（4）.

贾玉全. 谈电视新闻深度报道［J］. 新闻窗，2010（5）.

靖鸣，郑爽. 技术赋权：受者接受信息的议程选择权挑战传者议程设置权［J］. 新闻爱好者，2018（5）.

阚敬侠. 略论新闻报道程序、方法和语言的合法性［J］. 新闻战线，2001（7）.

李晓静. 中国预测性报道：现状、问题及前瞻［J］. 现代传播（中国传媒大学学报），2004（2）.

刘磊，刘瑞. 人工智能时代的教师角色转变：困境与突围：基于海德格尔技术哲学视角［J］. 开放教育研究，2020（3）.

史安斌，杨云康. 后真相时代政治传播的理论重建和路径重构［J］. 国际新闻界，2017（9）.

史灵君. 中央广播电视总台打造全方位矩阵式融媒体传播平台 献礼新中国成立 70 周年［J］. 广电时评，2019（20）.

苏越，徐方强. 归纳探索 聚焦点睛［J］. 新闻与写作，1993（9）.

苏越，徐方强. 演绎论证 真实有效［J］. 新闻与写作，1993（12）.

王君君. 自媒体时代的网络治理：网络围观现象解读［J］. 天津行政学院学报，2014（6）.

王颖，王怡. 展示主流媒体的独特魅力：观察《新华日报》深度报道［J］. 新闻通讯，2000（10）.

翁振月. 论电视新闻节目的审核把关［J］. 电视指南，2018（10）.

吴君. “广播电视媒体融合先进经验”系列报道（三）［J］. 广播电视信息，2020（8）.

吴君. “广播电视媒体融合先进经验”系列报道（五）［J］. 广播电视信息，2020（10）.

辛梓，杜志红. 可视化“数据新闻”：电视新闻报道新形态［J］. 中国传媒科技，2015（2）.

杨余.2019 年全国广电媒体融合调研报告［J］. 中国广播影视，2019（23）.

喻国明. 影响力经济：对传媒产业本质的一种诠释［J］. 现代传播（中国传媒大学学报），2003（1）.

张华. “后真相”时代的中国新闻业［J］. 新闻大学，2017（3）.

张磊. 突发与常态的辩证法：BBC 的新闻流［J］. 青年记者，2011（13）.

张斯琦. 正面报道：中国特色新闻实践的制度机理与策略选择［J］. 现代传播（中国传媒大学学报），2020（5）.

张吴韩. 新媒体时代深度报道的发展困境及突围路径［J］. 西部广播电视，2020（16）.

后　记

新媒体的“新”赋予了电视新闻深度报道新的形态，传播技术的进步为电视新闻深度报道媒介形态的发展提供了契机。《电视新闻深度报道（第二版）》基于新媒体融合发展的现实，对电视新闻深度报道的媒介形态转型与社会应用价值等内容予以修订，进一步对电视新闻深度报道如何在新媒体环境下拓展传播路径、创新报道方式作出思考。

本教材的编写试图从两个方面有所创新：一方面，除了在电视新闻深度报道理论中凸显电视的技术特征外，本教材着重探讨在新媒体时代电视新闻深度报道的新传播样态；另一方面，在案例的使用上本教材尽量列举最新的电视新闻深度报道栏目，多采用一些为人熟知的生活案例对相关概念进行解释。具体而言，在理论创新方面，编者结合近年来有关电视新闻深度报道研究的新成果，以深度报道概念为基础，对电视新闻深度报道出现的交互、个性化、可视化等新媒体技术特征加以讨论；在案例使用方面，编者以近两三年的电视新闻深度报道实践为主要对象，探讨“后真相”环境下电视新闻深度报道的应用价值。

因内容调整需要，本教材原副主编郑达威、编委苗阳不再参与教材修订工作。本版教材第一章、第二章由郑州大学新闻与传播学院王振宇负责编写；第三章、第八章由郑州轻工业大学刘君负责编写；第四章、第五章由河南工业大学新闻与传播学院刘阳负责编写；第六章由郑州大学新闻与传播学院张楠负责编写；郑州大学新闻与传播学院高智晖、郭琪负责第七章的编写和全书案例的搜集、更新工作。

为方便学生学习与使用，编者在第一版的基础上做了较大调整：在内容上，追求思想性、知识性、实用性的结合，力求案例新、内容新；在形式上，力求图文并茂，生动有趣；在创新性上，对近年来电视新闻深度报道发展中的新思想、新理论、新形态、新技术等进行汇编，使教材的应用价值紧跟时代步伐。

编　者

2022 年 3 月

图书在版编目(CIP)数据

电视新闻深度报道 / 王振宇主编. -- 2版. -- 北京: 中国传媒大学出版社, 2022.8
新闻学与传播学“十四五”规划教材. 基础课程系列
ISBN 978-7-5657-3223-2

Ⅰ. ①电…　Ⅱ. ①王…　Ⅲ. ①电视新闻—新闻报道　Ⅳ. ①G222.2

中国版本图书馆 CIP 数据核字（2022）第 111930 号

电视新闻深度报道（第二版）
DIANSHI XINWEN SHENDU BAODAO (DI-ER BAN)

主　　编　王振宇
副 主 编　刘　君　刘　阳
策划编辑　李水仙
责任编辑　李水仙
责任印制　李志鹏
封扉设计　风得信设计 · 阿东

出版发行　中国传媒大学出版社
社　　址　北京市朝阳区定福庄东街 1 号　　邮　　编　100024
电　　话　86-10-65450528　65450532　　传　　真　65779405
网　　址　http://cucp.cuc.edu.cn
经　　销　全国新华书店

印　　刷　三河市东方印刷有限公司
开　　本　787mm × 1092mm　1 / 16
印　　张　14.75
字　　数　273 千字
版　　次　2022 年 8 月第 2 版
印　　次　2022 年 8 月第 1 次印刷

书　　号　ISBN 978-7-5657-3223-2/G · 3223　　定　　价　59.80 元

本社法律顾问：北京嘉润律师事务所　郭建平